政德教育

张晓玉　主编

山东大学出版社

图书在版编目(CIP)数据

政德教育/张晓玉主编. —济南:山东大学出版社,2015.6
ISBN 978-7-5607-5319-5

Ⅰ.①政… Ⅱ.①张… Ⅲ.①公务员—职业道德—中国—学习参考资料 Ⅳ.①D630.3

中国版本图书馆 CIP 数据核字(2015)第 162830 号

责任编辑:陈海军
封面设计:张　荔

出版发行:山东大学出版社
社　址　山东省济南市山大南路 20 号
邮　编　250100
电　话　市场部(0531)88364466
经　销:山东省新华书店
印　刷:山东新华印务有限责任公司
规　格:720 毫米×1000 毫米　1/16
18.25 印张　335 千字
版　次:2015 年 6 月第 1 版
印　次:2015 年 6 月第 1 次印刷
定　价:36.00 元

《政德教育》编委会

序

为加强新形势下的干部政德教育，济宁市委党校组织编写了《政德教育》一书，这是一件很有意义的事情。

“国无德不兴，人无德不立。”政德作为干部的思想行为准则和从政道德规范，是干部的立身之本、为官之魂、从政之基。政德建设始终与国家兴衰、政权安危紧密相连，始终与民风纯正、社会和谐休戚相关。我们党历来高度重视干部政德建设，作为永葆党的先进性和纯洁性的关键举措，摆在党的建设的重要位置，列为干部教育培训的重要内容。党的十八大提出，要抓好道德建设这个基础，教育引导党员干部讲党性、重品行、做表率，做社会主义道德的示范者、诚信风尚的引领者、公平正义的维护者，以实际行动彰显共产党人的人格力量。习近平总书记多次论及政德建设，强调要把思想道德建设放在十分突出的位置，教育引导党员干部自觉践行社会主义核心价值观，始终保持道德品行的纯洁性，用自己的模范行为和高尚人格感召群众，引领社会风尚。这为我们加强新形势下党员干部特别是领导干部政德建设指明了方向，提供了遵循。

济宁作为“孔孟之乡”，是中华文明的重要发祥地和儒家文化发源地，在弘扬优秀传统文化、传统美德方面资源丰富。由孔子创立、孟子等后世儒家发扬光大的儒家文化，是中华传统文化的主干和基础，蕴含着一系列治国安邦、为官从政、修身养性的原则和规范。儒家思想主张德政、仁政，“为政以德，譬如北辰，居其所而众星共之”，“仁者爱人”；主张以民为本，“民惟邦本，本固邦宁”，“民为贵，社稷次之，君为轻”；主张俭以养廉，“君子谋道不谋食，君子忧道不忧贫”；推崇君子人格，“君子喻于义”，“君子坦荡荡”，“己所不欲，勿施于人”；主张自省慎独，“君子必慎其独也”，“吾日三省吾身”；主张率先垂范，“其身正，不令而行；其身不正，虽令不从”；等等。这些政德思想在中国文化史和政德建设史上占据重要地位，在今天依然具有重要价值，也为新时期加强党员干部政德建设提供了宝贵的文化和思想资源。

近年来，市委党校认真贯彻落实市委关于加强干部教育培训工作的部署要求，坚持把干部政德教育作为重中之重，不等不靠，奋发作为，积极打造、培育政德教育基地，把孔子研究院、“三孔”“两孟”等作为主要现场教学点，并以政德教育基地建设为牵动做了大量开拓性的工作，创出了干部政德教育的亮点和品牌。我们所进行的政德教育及基地建设是学习贯彻落实习近平总书记关于继承弘扬中华优秀传统文化系列重要讲话精神的举措，是新时期干部培训内容和培训形式的创新与突破。为更好地推进政德教育基地建设，市委党校组织编写了《政德教育》专用教材，包括政德综述、古今政德箴言、政德典范、党和国家领导关于政德的重要论述等，内容十分丰富，针对性、实用性很强，是党员干部加强政德建设的好教材。希望市委党校积极适应教学实践创新的要求，积极探索创新新形势下加强干部政德教育的新路子、新途径。希望广大党员干部认真阅读思考，自觉加强道德修养，做到学与思、知与行的统一，永葆共产党人高尚的道德操守。

中共济宁市委书记

2015年6月3日

目　录

政德概论

政德箴言

政德典范

党和国家领导人论政德

新时期政德规范

政德概论

一、政德内涵

(一)政德的基本含义

我国自古以来就是一个重德、尚德的国家。人们无论从事何种职业,都需要遵循一定的道德规范:行医要讲医德,为师要讲师德,经商要讲商德,从政要讲政德……正所谓“人无德不立,国无德不兴”。

政德,又称“官德”,是指从事国家公务活动的公务人员所应遵守的职业道德,是公务人员工作生活、思想行为的规范与准则,是公务人员的立身之本、为官之魂、从政之基。孔子曰:“为政以德,譬如北辰,居其所而众星共之。”(《论语·为政》)孟子曰:“以德服人者,中心悦而诚服也。”(《孟子·公孙丑上》)荀子曰:“德不称位,能不称官,赏不当功,罚不当罪,不祥莫大焉。”(《荀子·正论》)司马光在《资治通鉴》中写道:“夫聪察强毅之谓才,正直中和之谓德。才者,德之资也;德者,才之帅也。”(《资治通鉴》卷一)从政为官者只有先“修身、齐家”,尔后才能“治国、平天下”。“内圣外王”是传统儒家思想的基本特征之一,是指通过修身以成圣贤之德,实现“治国、平天下”的理想。也就是说,权力只有以德为指导,才有正确的方向,因此“治人”必先“修己”。道德是一定时期社会经济发展的产物,永恒不变的伦理规范与道德教条是不存在的,但为政讲德、为人修德却一直是中华文化的优良传统。

新中国建立后,中国共产党取得了执政地位,对政德也赋予了新的时代内涵。习近平总书记指出:“所谓官德,也就是从政道德,是为官当政者从政德行的综合反映,包括思想政治道德和品德作风等方面的素养。”[①]中国共产党作为执政党,其领导干部作为国家和社会各领域的管理者,政德状况直接关系到党执政基础的巩固,关系到科学执政、民主执政、依法执政的效能。党执政六十多年来,始终重视政德建设,把依法治国与以德治国有机结合起来,在干部队伍的管理和建设上采取了一系列的重要措施,取得了积极的成效并积累了丰富的经验。但是,按照中央关于保持党的先进性、纯洁性的要求和新形势、新任务的需要,干部队伍特别是领导干部在政德建设方面还存在明显不足,反映在领导干部从政方面的问题还很突出,因此,加强对领导干部政德建设的专门研究,大力推进政德建设,不断提高党员干部的思想政治素质,是党的建设一项现实而紧

---

① 习近平:《用权讲官德,交往有原则》,《求是》2004年第19期。

迫的重要课题。

2012 年 2 月 6 日,《人民日报》头版接连刊发了六篇"换届之际说政德"的系列评论——《领导干部要有历史担当》《是与非不容含糊》《公与私岂能混淆》《真与假衡量政治原则》《实与虚考验人品党性》和《干部之德在为民》,引发广泛的社会关注。该组评论被舆论解读为党报发文释放信号,显示中央高度重视换届政德问题,引发强烈反响,围绕政德问题展开进一步讨论。

加强政德建设是巩固党执政基础的迫切需要。任何社会,政德的状况都与政权的安危紧密相连,政德兴,则政权安;政德衰,则政权危。必须看到,面对各种现实考验和利益的诱惑,确有不少领导干部甚至是高级领导干部,在政德上迷失了方向,出现了许多严重问题。党员干部由于政德不彰导致的各种问题,对党和人民事业的伤害是致命的。近年来发生的一系列官员腐败案件,犹如一出出"连续剧",不断地刺激着社会大众的敏感神经,不断地累积着民怨,侵蚀着党执政合法性的基础,其中折射出的一些官员政德缺失的问题,已经到了非痛下决心解决不可的地步。

加强政德建设是匡正民风、引领社会风尚的迫切需要。现代民主政治的理论和实践告诉我们,执政党领导干部的政德水准,直接关系到整个社会的道德风尚,影响民德,左右民风。俗话说,"上梁不正下梁歪,中梁不正塌下来"。一个社会、一个地方的风气正不正,党员干部特别是领导干部的政德就是风向标。道德是维系社会稳定最普遍、最经常性的力量,而政德则是整个社会道德网络的经纬结点,这个结点越紧、越多,社会稳定这张网才能越牢固。毫无疑问,如果不能采取有力措施制止由于少数领导干部失德而导致的社会道德风尚败坏的情况,任其滋长蔓延,社会稳定就无从谈起,社会发展进步的进程将会受到阻碍。由此可见,政德之重,关乎人民福祉、社会进步和国家前途命运;治国必先治党,治党必先治官,治官重在治德。

加强政德建设是从源头上预防腐败、爱护和保护干部的迫切需要。多年来不断有领导干部在各种考验和诱惑面前倒下,使领导干部在道德等领域成了"高危人群"。必须指出的是,就出问题干部本人的情况看,问题往往不是出在"才"或者能力上,而是出在"德"上,是人品不良、政德不彰。现实警示我们,加强领导干部的政德建设,不仅是党和国家事业的迫切需要,也是真正保护和爱护干部的现实课题。

(二)政德的历史发展

政德是由古代官德发展而来的。自古以来,中国就有"以吏为师"的习惯。官德是官员应遵守的道德规范。官是阶级社会的产物。中国是世界上最早建立官僚机构的国家。官的历史最早可以追溯到商代，王廷里设有百官（总称“多尹”）辅佐商王进行统治，官员成了阶级统治、阶级压迫的工具。社会主义制度在我国建立以后，阶级压迫与剥削被彻底消灭，官的含义发生重大变化，官成了国家的公务员、人民的公仆，官德向政德转变。

1. 中国历史上官德建设的思想

中国历史上官德建设的内容主要有：以“忠君”为核心的政治品德、以“廉洁”为核心的职业道德、以“节俭”为核心的社会公德和以“孝悌”为核心的家庭美德四个方面。

（1）以“忠君”为核心的政治品德

中国古代官德是统治阶级基于封建统治的需要，对官吏的从政行为作出的道德要求和行为规范。其根本目的是维护封建君权，产生着强大的社会影响力，在中国古代人民生活的各个方面发挥着重要作用。在中国历史上曾经出现过数十个封建王朝，封建王朝的更迭使统治者十分重视政治道德的建设，不断发展传统政治道德，使传统政治道德不仅涵盖了占主导地位的儒家文化中的政治道德思想，而且还吸收了各个学派和思想家的道德学说和思想认识，使之形成了独特的道德体系。从维护封建统治的角度出发，中国历史上官吏的政治品德核心是“忠君”，基本要求是“忠诚”和“民本”。

忠君思想，是中国古代官吏政治品德的核心。在中国古代传统道德体系中，“忠君”不仅被看作个人的“修身之要”，而且被定义为社会道德的最高原则，其原因就在于忠君思想直接关系到天下兴亡、社稷安危。官吏是中国古代政治领域活动的主体，是传统政治道德的塑造者和践行者。对官吏所作出的政治道德要求，直接目的是规范其从政行为，减少各种不良的政治思想和行为，确保他们尽职尽责，保证其履行为官的义务。历经数千年的发展，中国古代官吏的政治品德不仅在内容上趋于完善，而且和风俗习惯、民族文化等密切结合，融入到中国古代官吏生活的各个方面，成为一种惯性心理和民族性格，全面影响着他们的政治行为。在中国传统文化中，“忠”与“孝”是两个特别重要的道德标准。“忠”强调的是君权至上，个人要在国家大义面前无私奉献，甚至牺牲生命。“孝”最早的意思是祭拜祖先，后引申为子女对父母尽心奉养并顺从的意思。“忠孝两全”，是一般老百姓的基本道德观，也是中国封建士大夫所追求的理想目标。孔子曰：“事父母，能竭其力；事君，能致其身。”（《论语·学而》）这个“致”字要求很高，不仅要求毫无保留地“事君”，而且还要求“忠君”，必须真心实意和由衷真诚。中国有句俗话叫“自古忠孝难以两全”，就是说忠君往往需要投身于政务，难以分身于家庭，尽孝的机会就少了，甚至有些英雄人物为了尽忠而不惜舍弃家庭，杀身成仁。“忠”是儒家文化政治思想中的核心内容。曾参认为“夫子之道，忠恕而已矣”(《论语·里仁》)，意思是孔子最大的道德标准就是忠诚和宽恕。儒家文化的重要思想家孟子认为，“忠诚”是人最大的善，强调“教人以善，谓之忠”。荀子则认为，要消灭个人的私欲，应提倡“以公义胜私欲”“生死无私，致忠而公”(《荀子·臣道》)。东汉马融将“忠诚”上升为人性的第一道德品质，所著的《忠经》被誉为忠德这门学问的无上经典，“忠能固君臣，安社稷，感天地，动鬼神，而况于人乎?”(《忠经·天地神明》)这里把“忠”作为天地间第一位的道德品质，是能够上达天听、下达鬼神的人间正道，是评价一个人的道德是否合格的第一标准，强调的是为社会尽责、为天下尽忠的献身精神，在中国古代长期的封建社会中对士大夫阶层发挥着重要作用。西汉贾谊认为，人生的第一大义就是忠诚:“国耳忘家，公耳忘私，利不苟就，害不苟去，惟义所在。”(《汉书·贾谊传》)当私利与公义、个人的生死与国家、民族大义发生矛盾时，个人应该把忠诚放在第一位，为君权、社稷尽忠，应当舍小家顾大家，舍私利顾大义，即便是牺牲生命也在所不惜。身为官吏，就要为天下兴亡和社稷安危尽职尽责，时刻以“忠君爱国”为从政的道德标准，发扬推崇公义、精忠报国的精神。

中国历史上官德以“忠君”为最基本的要求和内容，有其本身的局限性，但是“忠君”思想在长期的发展中也不断受到“民本”思想的影响，进而出现了“天下兴亡，匹夫有责”的政治观念，“民本”也就在古代官吏政德中占据了重要的地位。我国古代很早就有民本思想，认为人民是国家唯一的重心，人民利益得到充分实现是治理国家的核心归属，关系到国家的长治久安，有“民惟邦本，本固邦宁”的说法。孔子明确提出了“为政以德”的政治道德标准，“为政以德，譬如北辰，居其所而众星共之”。他认为封建统治者要想获得民心，必须使用道德、礼教去引导人民，使他们从内心深处认同和追随，“道之以德，齐之以礼，有耻且格”(《论语·为政》)。孔子还认为，必须充分尊重人民的利益诉求，将“因民之所利而利之”作为官吏从政活动的根本宗旨。孟子提出了“民为贵，君为轻”的政治思想，强调必须在政治上重视人民的需求，将人民的需求放在第一位，才能保证君权统治的长久。孟子提出要“与民同乐”。唐太宗李世民以此作为治理国家的根本之策，时常警示自己“水能载舟，亦能覆舟”，推行轻徭薄赋、休养生息的政策，缔造了大唐盛世的辉煌，也为后世王朝的政治伦理发展提供了重要依据。到了近代，革命先驱孙中山在《三民主义》一书中指出:“要维持民族和国家的长久地位，还有道德问题，有了很好的道德，国家才能长治久安。”[①]经过几千年的发展，传统的民本思想逐渐由重视人民需求演变为热爱人民、教化人民和改善民生的一系列政治原则，对封建君臣伦理和士大夫阶层的政治思想发展

① 《孙中山全集》第9卷，中华书局1986年版，第243页。

带来了巨大影响。中国古代官员政德观念中的民本思想已经成为从政行为的重要原则，是维护君权和社会安定的基本原则，也是制定相应的法令政令的基本要求。只有把人民看作是国家的根本，制定国策从人民的需求出发，推行德政，国家才能安定。由于古代生产力发展水平相对低下，人民的利益和封建统治者的利益在一定程度上是不矛盾的，这也就决定了“民本”思想在古代政治生活中占据重要的地位。尽管从本质上看，儒家的民本思想归根到底还是以君为本，对民的重视是立足于保障君主的利益，其最终目的是为了君权的稳固和家天下的长久。然而，“民惟邦本”的思想在中国政治思想发展史上仍具有积极的价值，客观上起到了使统治者更多地重视人民的意志和愿望，更多地考虑人民利益的作用。在重视维护君权统治的同时，儒家代表人物也认识到了“民”的社会作用，认为人民是社会财富的创造者，是国家存亡的根本，也是社会发展的重要决定力量，并相应地制定了一系列利民、惠民、富民的具体措施。先秦儒家提倡“以民为本”，说到底就是为官者应推行顺应民心的政策，争取民众的拥护。尽管在历史上“以民为本”的思想并未得到彻底的落实，但我们并不能因此否定它的合理性和进步性。我们应该看到“民本”思想在一定程度上的进步性，借鉴其中的先进思想，推进领导干部政德建设。

(2)以“廉洁”为核心的职业道德

中国古代官吏职业道德的核心是为官廉洁，基本要求是公正廉洁，以贤选官。

公正廉洁是对古代官员的基本要求。官吏是封建王朝统治国家的工具，是特殊的职业，对上要维护君权，对下要管理好民众。由于封建官吏既要对皇帝负责，保证政令畅通，同时又要保证为民作主，确保民心所向，这就对古代官吏提出了为官要公正廉洁的职业要求。中国历史上著名的《官箴》有句名言：“吏不畏吾严，而畏吾廉；民不服吾能，而服吾公。公则民不敢慢，廉则吏不敢欺。公生明，廉生威。”“公正”是指官吏在行使职权的过程中，做到不徇私情，不因私废公，一切都按照规章制度办理，绝不偏袒。“廉洁”是指不贪财货，立身清白。孔子认为，官吏的公正与否关系到政令的畅通与否和民风的好坏，“其身正，不令而行，其身不正，虽令不从”(《论语·子路》)。他还指出，官吏自身的道德修养十分重要，身为官吏首先要正己，只有己正才能去正民，进而形成良好的道德风气。公正是取得事业成功、国家大治的必要条件之一。同时为官者还必须做到廉洁，廉洁是为官之本。荀子曰：“贪利者退而廉节者起。”(《荀子·君道》)把“廉”作为官员的职业道德规范，最早见于西周：“一曰廉善，二曰廉能，三曰廉敬，四曰廉正，五曰廉洁，六曰廉辩。”(《周礼·天官》)在这里，“廉”是对官吏的最基本要求，统筹道德品行、从政能力、敬业精神、处事公正、遵纪守法和认识能力的发挥。历代统治者都把“廉”作为对官吏职业道德的必然要求，要求官吏在从政过程中要坚守廉洁规范，自觉抵御腐败等以权谋私的行为。历代政治家和思想家也将廉洁的职业道德规范不断完善，提出“廉者，政之本也”等思想，认为廉洁是国家政治生活中的基本原则，是从政目的得以实现的基础性要求，希望官吏在从政过程中能够洁身自好。“廉”是中国古代官吏最基本的职业道德要求，强调官吏必须以高度的觉悟去面对诱惑，在掌握权力时能树立高尚的操守，能够抵制住利欲的诱惑，做到“心不动于微利之诱，目不眩于五色之惑”(《佛祖历代通载》卷二二)。中国古代传统政治思想认为，“廉”能够对全社会的政治生活产生良性影响，有“廉则政清，政清则民服”的说法。这种对廉洁规范的倡导，实际上是把“廉”作为官吏的职业操守和道德规范，鼓励官吏从政以“廉”，通过廉洁自律的行为来获得相应的名声、地位和满足感。“公正廉洁”作为古代官吏最基本的职业操守，对维护封建统治具有重要意义。中国历来有“创业难，守业更难”之说。封建王朝的建立多历经长年征战，往往是“一将功成万骨枯”。作为封建统治工具的官吏，为维护封建统治必须获得人民的支持。中国古代推崇贤良，办事公正则不负民望，处事清廉则获民爱戴。

贤良，即道德高尚而才能出众的人，是人中之杰、国家之栋梁。维护国家统治仅仅依靠统治者自己的才能是远远不够的，还需要一大批官吏来共同治理国家。因此，历代统治者对于官吏的一个重要要求就是要做到“举贤才”。孔子认为，人才是治国的先决条件，只有贤者在位，能者在职，才能将国家治理好。他认为官吏可以分为“直”和“枉”两类，“举直错诸枉，则民服；举枉错诸直，则民不服”(《论语·为政》)。孟子则提出了“尊贤使能，俊杰在位”(《孟子·公孙丑上》)，就可“无敌于天下”的思想。他认为，贤能之士在国家政治生活中的作用十分巨大，处于领导位置上的应该是贤能之士，这样社会才能安定繁荣，能否使用贤良之人关系到王朝的生死存亡，封建统治者“不用贤则亡”。他还指出，只有人民认可的人方能称为“贤人”，对贤能之士的选拔应遵循“国人皆曰贤，然后察之，见贤焉，然后用之”。在选贤原则上，韩非子提出了“内举不避亲，外举不避仇”(《韩非子·说疑》)的主张。这些都是任人唯贤的进步主张。在他们的影响下，“求贤若渴”成为许多有作为的统治者的共同特点。因此，中国古代形成了一套完整的培养和选拔官吏的制度。“德教为先”是为德治服务的教育理念，而历代各种选拔官吏的形式与制度，都要求不仅要有治国之才，还要有安邦之德，德才兼备才是正选。同时，所谓贤良，绝非闲云野鹤，而是“先天下之忧而忧，后天下之乐而乐”的忠贞之士。贤良，必然能够做到爱岗敬业。孔子认为“敬业”是为官者的天职，荀子则对各种官职的权限和职责进行了详细的划分。儒家学派认为敬业是一种精神境界，是官吏所应具备的基本品质。而敬业的外在表现就是要有政绩，荀子认为在考察一个官员是否称职时主要看其政绩和实效。因此，选拔贤良的意义不仅仅在于能找到一批为君分忧、为民解冤之士，更在于能找到一批忠于职守的官吏，为国为民效力。

(3)以“节俭”为核心的社会公德

官吏作为历代统治者治国理政的执行者，不仅具有直接的管理国家事务的作用，还有着引导社会风尚、构建社会文化的作用。孔子明确提出了“为政以德”的主张，指出国家的长治久安取决于各级官吏的道德水平，要求官吏注重加强自身道德修养，做好道德的楷模。孟子提出了要施行“仁政”的思想，“老吾老以及人之老，幼吾幼以及人之幼”(《孟子·梁惠王上》)；“君仁莫不仁，君义莫不义，君正莫不正，君正而国定矣”；“上无礼，下无学，贼民兴，丧无日矣”(《孟子·离娄上》)；“惟治乱，在庶官”(《尚书·说命》)。他们认为治国最根本的是提高为官者的道德修养，这样才能提高全社会的道德水平。因此，官吏必须在日常的社会生活中注意自身行为可能对周围人群产生的影响，通过日常生活中的道德表率作用，提升社会的道德水平，保障国家的长治久安。

节俭是中华民族的传统美德，也是古代官德的基本规范。所谓节俭，指的是人们对待个人生活欲望的态度，它要求人们节制自己的生活欲望，约束自己的消费行为，俭约生活，节约财用。所谓“玩物丧志”“惟俭养德”都强调了节俭对个人道德修养的作用。孔子终其一生都在践行节俭的道德标准。在周游列国的过程中，即便是吃粗粮、喝白水的流离生活，孔子也能欣然接受，甚至是“乐在其中矣”。孔子认为，崇尚节俭、反对奢侈是士大夫的基本生活要求，“礼，与其奢也，宁俭”，“奢则不孙，俭则固。与其不孙也，宁固”(《论语·述而》)。孟子则将节俭上升为古代官吏的基本道德规范，认为“养心莫善于寡欲”，强调为官必须节俭从政。荀子则提出了“节其流，开其源”的著名观点，要求“去无用之费”，认为官吏节俭省用和爱国富民在本质上是一致的，官吏不能形成奢侈浪费的习惯，而应该在生活的各个方面都做到节俭。道家强调“无为”，主张在生活上要做到“无欲”，认为物欲会影响人的天性，使人成为物质欲望的俘虏，要求人们克制奢侈的欲望，崇尚节俭的生活，保持人的自然本性，最终才能回归“无为”的道法自然。三国时期，诸葛亮提出了“静以修身，俭以养德”(《诫子书》)的修身养德之道，认为节俭是高尚之人的必然选择，是在生活中不断培养道德、修身养性的重要手段。清代曾国藩笃行封建伦理，强调节俭对人和事业的重要作用，在家书中反复告诫家人要坚持节俭，认为“无论大家小家，士农工商，勤苦俭约，未有不兴，骄奢倦怠，未有不败”①。由此可见，节俭是中国古代官吏最基本

① 魏舒婷编：《传统家训》，黄山书社2012年版，第48～49页。

的职业道德要求,是为官清廉的道德保证。正如唐朝诗人李商隐在《咏史》中所说:“历览前贤国与家,成由勤俭破由奢。”

守法是指古代官吏在日常生活中遵守法律的道德品行,是古代官吏政德水平的重要体现。封建统治主要依靠的是官吏系统,推行的是封建司法,虽然有其局限性,难以实现公平,但是却在一定程度上保障了封建王朝的安定。中国历来有“王子犯法与庶民同罪”的说法,虽然在历史上并未能严格实现,但也可以看出封建司法的严格。遵守法纪是封建官吏政德的基本内容,是“忠君”的直接要求和“廉洁”的客观保证。封建司法起源于法家思想。法家认为精英政治的结果必然导致社会的动荡,认为将社会治理寄托于少数人是不符合现实的,少数群体的力量不足以改变社会风气,必须依靠法律的力量对权力进行约束,才能达到长治久安的目的。封建王朝动荡不安的最根本原因,就在于把国家的繁荣昌盛完全寄托于明君贤臣。法家思想从根本上否认仁义道德的价值,认为它并不足以实现国家的大治,对国家的长治久安也无益处。只有维持法律秩序,才能以最准确的程序、最有效的方法、最短的时间来达到治国安邦的目的。法家主张运用法律手段来维护君权,通过惩治犯罪形成仇恨罪恶、畏惧刑罚的社会风气,通过法治来实现社会大治。法家主张治国以治奸民为对象,不以治良民之法治奸民,而以治奸民之法治良民,正如商鞅所言:“国以善民治奸民者,必乱至削;国以奸民治善民者,必治至疆。”(《商君书·去强》)法家的法治思想,在中国历史上曾起到了一定的积极作用。但是,法家的重刑罚、轻教化,全盘否定道德和道德教育的社会功能的思想,过于片面和极端。儒家文化在漫长的发展过程中,逐渐认识到只是做到“为政以德”,依靠少数人的力量就可以实现社会大治的思想存在着弊端,接受并融合了法家“以法治国”的思想。儒家文化认为法家主张的重刑罚、轻教化的思想过于严酷而难以治本,主张应当刑法适中,形成了“德主刑辅”的德治思想。孔子说:“刑罚不中,则民无所措手足”(《论语·子路》);“不杀无辜,无释罪人,则民不惑”(《孔子家语·贤君》)。荀子强调赏必当功,罚必当罪。他提出:“赏不欲僭,刑不欲滥;赏僭则利及小人,刑滥则害及君子。若不幸而过,宁僭无滥;与其害善,不若利淫”(《荀子·致士》);“刑当罪则威,不当罪则侮”(《荀子·君子》)。儒家强调运用合理恰当的刑罚方式治理国家,对官吏提出了守法的政德要求:“夫生法者,君也;守法者,臣也;法于法者,民也。君臣、上下、贵贱皆从法,此谓为大治。”(《管子·任法》)虽然传统官德依然强调维护君权,但是从要求官吏遵守法规制度的角度讲,已经是相当大的进步了。

(4)以“孝悌”为核心的家庭美德

在中国古代,“家”是社会生活的最基本也是最重要的单元,也是社会文明的最基本载体。在“四书”“五经”中，“齐家”和“治国”紧密相联，“家国一体”是封建道德的重要特征，不仅形成了一系列“上不负君恩，下不愧子孙”的封建伦理观念，而且形成了一整套以为国家尽忠、为社稷尽责的道德教育模式和方法。儒家认为家庭是道德养成的基础，重视封建家庭和宗族在社会道德体系中的特殊地位和重要作用，主张以血缘关系和亲情观念作为封建道德的基础，将封建道德的教化贯穿于家庭、宗族、学校、社会和国家政治生活的全方位，在不断学习和实践的过程中巩固“家国”观念，自觉维护封建伦理道德。数千年的封建统治，导致封建氏族具有强大的社会影响力，这也就决定了家庭是中国古代道德教育的重要阵地。孔子认为封建道德的本质是“仁”，表现在外为“礼”，在处理家庭关系时为“孝悌”，扩展到处理君臣关系、社会关系时为“忠恕”。但官吏毕竟不是普通人，他们是社会治理的主导者，这就决定了对他们必须有特殊的道德要求，这些特殊的道德要求也就是先秦儒家所倡导的官德的基本内涵及框架。

“孝悌”，分为“孝”和“悌”两个方面，“孝”指还报父母的爱，“悌”指兄弟姊妹之间的友爱。孔子非常重视“孝悌”，认为它是做人、做学问的根本。“弟子入则孝，出则弟，谨而言，泛爱众，而亲仁，行有余力，则以学文。”(《论语·学而》)我国古代以家庭为基本生产单位，家庭的建设对社会的稳定起着举足轻重的作用。古人认为，“一家仁，一国兴仁；一家让，一国兴让”(《大学》)。孔子提出了“修身、齐家、治国、平天下”的道德内容，将家庭作为个人道德修养的起点。“其为人也孝弟，而好犯上者，鲜矣；不好犯上，而好作乱者，未之有也。君子务本，本立而道生。”(《论语·学而》)孟子指出：“人之所不学而能者，其良能也；所不虑而知者，其良知也。孩提之童无不知爱其亲者，及其长也，无不知敬其兄也。亲亲，仁也；敬长，义也；无他，达之天下也。”(《孟子·尽心上》)孟子认为家庭对国家的政治生活产生着至关重要的作用，“天下之本在国，国之本在家”(《孟子·离娄上》)，强调要重视家庭在封建伦理形成过程中的基础地位。《孝经》被誉为古代孝道的经典著作，认为“孝”是人区别于动物的第一本性，是各种道德和观念产生的基础，必须重视孝道的养成和教化。汉代之后，国家大一统的稳定局面开始形成，历代统治者充分认识到“孝”作为封建家庭伦理的核心，对于巩固君权和维护社会安定具有重大的基础性意义，提出了“以孝治天下”的思想，推动封建家庭伦理观的建设，使之成为封建文化的卫道者。“悌”，往往与“孝”同时出现，目的在于维护封建的宗法关系，保证家庭的和睦。儒家非常重视“孝悌”的功能，把“孝悌”看作是实行德治的根本条件。

公私分明是我国传统道德中的重要思想。孔子强调“克己”，要求克除自己心中的私欲，就是公私分明。“公”一般指公义，“私”一般指私利。公义一般是反映一定社会整体利益的普遍通行的道德准则。中国古代官德要求官吏做到公私分明，在公私利益发生矛盾时，要能做到以公克私，在必要时牺牲个人利益，甚至牺牲自己的生命来维护国家整体的利益。公私之别在古代又被称为公义与私利的区别，也就是“义利之辨”。在中国古代官德思想中，“义”是非常重要的规范，对古代的价值伦理产生着重要的作用。“义”是中国古代重要的社会价值观“五常”的重要内容，最早由孟子提出“仁、义、礼、智”的说法，后经董仲舒改进发展为“仁、义、礼、智、信”，是古代中国人为人处世的基本原则。孔子认为“义”是人对于合理价值的追求，“君子之仕也，行其义也”(《论语・微子》)，在这里“义”实质上是指符合道义。孔子摒弃不义之财，有“不义而富且贵，于我如浮云”(《论语・述而》)的传世之言，但是并不排斥对于“利”的追求，只要是合理的、符合“义”的要求，君子逐利也是很自然的事情，“君子爱财，取之有道”(《论语・里仁》)。孟子继承和发展了这一思想，认为“义，人之正路也”，“大人者，言不必信，行不必果，惟义所在”(《孟子・离娄下》)。荀子的突出贡献在于对“义”和“利”的关系进行了一定的界定，认为“义”和“利”都是人最基本的生活需要，但是过于强调“利”会导致社会混乱，“放于利而行，多怨”(《论语・里仁》)。“义”则能对“利”起到调节作用，提出了“以义制利”的思想。董仲舒则强调人要节欲，认为人最大的本质需求是“义”的实现，“天之为人性命，使行仁义而羞可耻”。可见，中国古代官德规范要求官吏的一切从政行为都必须以公义为前提，确保从政行为的公正性。

2. 中国共产党关于领导干部政德建设的思想

中国共产党历来高度重视领导干部的政德建设，把它作为党的建设的重要内容，作为永葆党先进性与战斗力的关键环节。在我国革命、建设、改革的不同历史时期，以及同一时期的不同历史阶段，我党对领导干部的政德建设都提出了具有时代性和针对性的具体要求。

(1)关于“全心全意为人民服务”的思想

“全心全意为人民服务”是我党关于领导干部政德建设的最高标准，这一思想主要体现在毛泽东的政德建设思想中。表现在三个方面。

第一，确立了“为人民服务”的宗旨意识。新民主主义革命时期，毛泽东写下了《为人民服务》等著作，从历史唯物主义的基本观点出发，对中华民族的传统道德进行批判性继承，使“为人民服务”成为共产党人的人生信条。毛泽东提倡以“全心全意为人民服务”作为无产阶级政治道德的核心，把是否“全心全意为人民服务”视为衡量党员干部的最高标准。他认为：“全心全意地为人民服务，一刻也不脱离群众；一切从人民的利益出发，而不是从个人或小集团的利益出发;向人民负责和向党的领导机关负责的一致性;这些就是我们的出发点。”[①]中国共产党所从事的一切工作和事业,都是为了实现人民的利益,都是为群众谋利益的。毛泽东认为,中国共产党是为人民谋利益的政党,它本身是无任何私利可图的,所以领导干部的“一切言论行动,必须以合乎最广大人民群众的最大利益,为最广大人民群众所拥护为最高标准”[②],这是衡量领导干部政德的重要评价标准。领导干部在现实生活中处理个人与集体、局部与全局、眼前利益与长远利益关系时,必须坚持“全心全意为人民服务”的宗旨,并作为领导干部政德的基本原则。毛泽东对于领导干部的具体要求是,领导干部的个人利益和社会集体利益、人民群众的利益发生矛盾和冲突时,必须以集体利益和人民利益为重,自觉地以个人利益服从集体利益和人民利益,必要时为了集体利益和人民利益而牺牲个人利益;领导干部应该把国家的长远利益放在首位,不能为追求片面的、临时的个人利益而置国家的长远利益于不顾;要有全局的、长远的政治眼光,兼顾国家、集体、个人三者的利益。要在实现好全党、全民、全国的长远利益的基础上,保障个人的合法利益得到充分的实现。

第二,提出了政德建设的路径。毛泽东创造性地提出了关于领导干部良好道德修养的途径和方法,实现了理论与实践、外在的道德教育与内在的道德修养的有机统一。这些途径、方法在当时的历史条件下对培养和造就领导干部的优良政德品质发挥了突出作用。一是必须注重加强道德和思想教育。道德和思想教育是领导干部政德建设的重要途径。毛泽东明确指出:“掌握思想教育,是团结全党进行伟大政治斗争的中心环节。如果这个任务不解决,党的一切政治任务是不能完成的。”毛泽东认为,领导干部政德的培养是通过理论学习和实践锻炼来获得的。领导干部要努力学习马列主义理论,把理论学习同加强思想意识修养有机结合起来,用先进的世界观和方法论武装自己,抵制和克服思想意识中的旧的、腐朽的观念。这样才能坚定自己的无产阶级立场,纯洁自己的思想意识。二是良好的政德品质的形成还要靠主观上的自我改造,也就是从自我教育中得到发展和提升,从“全心全意为人民服务”的实践中进行道德的自我修养和自我改造。三是开展批评与自我批评。毛泽东批判地继承了中国传统思想文化中的精华,强调道德修养的重要性,提倡用批评和自我批评的方式来加强道德修养。毛泽东要求领导干部要经常开展自我批评,并且养成习惯。通过批评与自我批评来切实提高领导干部的思想觉悟,培养良好的道德品质,在生活、工作、学习中做到自我监督和自我约束,从而自觉地抵制各种诱惑的侵蚀。

---

① 《毛泽东选集》第3卷,人民出版社1991年版,第1094~1095页。

② 《毛泽东选集》第3卷,人民出版社1991年版,第1096页。

第三，强调领导干部政德的表率作用。毛泽东认为，党是整个社会的表率，党的各级领导干部又是全党的表率。所以对于中国共产党来说，党要管党，最关键的还是管好干部。毛泽东将中国传统道德思想中对于官员“修己”和“达人”的要求与“全心全意为人民服务”的宗旨结合起来，制定出了严格的领导干部的政德规范。要求领导干部必须做到大公无私，不谋私利；实事求是，忠诚老实；谦虚谨慎，不骄不躁；清正廉洁，艰苦奋斗；埋头苦干，勤政敬业；团结合作，顾全大局。通过严格的政德规范和严格的政德教育来提升全党的思想道德素质，使广大党员干部率先垂范，充分发挥其道德表率与示范作用，教育和感化广大民众，促进良好社会风气的形成。

(2)关于政德建设法制化的思想

政德建设法制化主要体现在邓小平的政德建设思想中。邓小平的政德思想是对毛泽东政德思想的继承与发展。他认为领导干部的官僚主义和腐败行为的产生绝非仅仅是官员个人的思想作风和道德品质问题，失德行为的产生往往与某些制度上的缺陷和弊端有着紧密的联系，相关制度得不到完善，政德失范的行为就难以杜绝。因此，必须始终坚持把制度建设摆在突出位置。他认为可以通过改革，建立健全制度来消除领导干部政德失范行为滋生的体制基础，从而遏制其发生和发展。这是邓小平政德建设理论的创新所在。正是基于对法制体系不完善可能造成的恶劣后果的判断，邓小平提出了法治和德治相结合、重在法治的基本治国之道。在他看来，制约权力和克服腐败，制度和法制是根本。没有制度和法纪的保证，思想、政治、道德教育就会显得空洞乏力。他强调法制，但并不是不要道德。恰恰相反，他认为法制要有道德来支撑，要以思想、政治、道德教育为基础，离开了思想道德，制度和法纪同样会举步维艰。

邓小平政德建设思想是在改革开放和社会主义市场经济条件下对于政德建设思想的新发展，具有较强的针对性和时代性。

第一，“克己奉公，当好公仆”的政德标准。邓小平将领导干部的政德标准归纳为“克己奉公，当好公仆”，这一基本道德原则是对“全心全意为人民服务”的政德核心的深化与发展。它表明了领导干部面对党的事业、国家利益和人民利益应有的态度，也表明了领导干部对人民群众应有的态度。在社会主义国家，广大人民群众是国家的主人，领导干部不论职位高低，都是人民的勤务员，是代表人民掌权的“公仆”。领导干部都要遵循这一原则，处理好国家、集体、个人三者的利益关系，把国家利益、人民利益放在高于一切的位置上。邓小平倡导领导干部要践行社会主义集体观念，通过集体带动个人、个人促进集体的方式提升全社会的道德水平。

第二，“三个有利于”的评价标准。邓小平创造性地提出了社会主义条件下政德建设的评价标准，即“三个有利于”的标准。道德评价是一定社会或阶级用以调整人与人之间的关系，维护社会秩序稳定的重要形式。道德是一种社会意识，道德评价是一种社会存在，凡是道德关系存在的地方，就有道德评价。邓小平创造性地提出了“三个有利于”的评价标准，即衡量一切工作是否正确的标准应该主要看是否有利于发展社会主义生产力，是否有利于增强社会主义国家的综合国力，是否有利于提高人民的生活水平。“三个有利于”的评价标准既是政治标准，同时也是一个道德评价的标准，是判断人们行为是非、对错的标准。这一标准是党的“全心全意为人民服务”的宗旨意识的具体体现，其实质就是告诫全党和领导干部，我们办任何事情都要立足于人民的根本利益，要充分体现人民群众的愿望和意志，要以国家和人民的最根本利益为衡量标准。

第三，强调政德建设法制化。邓小平在吸收、借鉴古今中外反对腐败等政德失范行为的经验、教训后，提出要建立一套具有强制性的领导干部道德规范体系。他提出，为了保证领导干部政德建设的各项要求落到实处，必须靠自律、靠教育、靠监督、靠党纪国法。一是加强思想道德教育，提高道德修养。他指出，道德水平的提高，首要前提是学习，“不注意学习，忙于事务，思想就容易庸俗化。如果说要变质，那末思想的庸俗化就是一个危险的起点”[①]。二是建立监督机制。邓小平一贯重视民主、法制监督，他认为有效的监督来自四个方面：党内监督、群众监督、民主党派和无党派民主人士的监督、舆论监督。三是加强制度建设。邓小平认为提高道德素质，除了加强道德自律与他律以外，还需要有相应的制度作保障。他说：“我们过去发生的各种错误，固然与某些领导人的思想、作风有关，但是组织制度、工作制度方面的问题更重要。这些方面的制度好可以使坏人无法任意横行，制度不好可以使好人无法充分做好事，甚至会走向反面。”[②]要求对各级领导干部的职权和政治、生活待遇，要有明确的规定，要制定各种条例，最重要的是要有专门的机构进行铁面无私的监督检查。四是严肃党纪国法。党有党纪，国有国法。各级领导干部只能在宪法、法律和党纪许可的范围内活动。邓小平明确要求各级领导干部，特别是高级领导干部，更应该严格遵守党章、遵守《关于党内政治生活的若干准则》。

(3)关于“以德治国”的思想

“以德治国”的政德思想体现在三个方面。第一，明确提出“依法治国”和“以德治国”相结合的战略决策。“以德治国”同“依法治国”是相辅相成的。道德与法律作为上层建筑的重要组成部分，都是维护社会秩序、规范人们思想和行为的重要手段，它们相互联系、相互补充。正如江泽民同志所阐述的那样，“对一

---

① 《邓小平文选》第1卷，人民出版社1994年版，第316页。

② 《邓小平文选》第2卷，人民出版社1994年版，第333页。

个国家的治理来说，法治和德治，从来都是相辅相成、相互促进的。二者缺一不可，也不可偏废。法治属于政治建设、属于政治文明，德治属于思想建设、属于精神文明。二者范畴不同，但其地位和功能都是非常重要的。我们应始终注意把法制建设与道德建设紧密结合起来，把依法治国与以德治国紧密结合起来”①。

第二，高度重视提高全民族的思想道德素质建设。努力提高全民族的思想道德素质，是促进人的全面发展的重要方面。江泽民同志在庆祝中国共产党成立80周年大会上的讲话中指出：“要努力提高全民族的思想道德素质和科学文化素质，实现人们思想和精神生活的全面发展。”推进人的全面发展，同推进经济、文化的发展和改善人民物质文化生活，是互为前提和基础的。人越全面发展，社会的物质文化财富就会创造得越多，人民的生活就越能得到改善，而物质文化条件越充分，又越能推进人的全面发展。社会生产力和经济文化的发展水平是逐步提高、永无止境的历史过程，人的全面发展程度也是逐步提高、永无止境的历史过程。这两个历史过程应相互结合、相互促进地向前发展。在我们这样的社会主义国家里，人民是“治国”的主体。充分发挥人民“以德治国”的主体性，必须坚持不懈地提高人民的“治国”能力，其中包括不断提高全民族的思想道德素质和参与公共行政的伦理水平。为此，在“以德治国”战略决策提出八个月之后，即2001年9月，中共中央颁发了《公民道德建设实施纲要》。

《公民道德建设实施纲要》特意提炼出公民基本道德规范：“爱国守法，明礼诚信，团结友善，勤俭自强，敬业奉献。”这一基本道德规范的形成，是我们党对建立与社会主义市场经济体制相适应的道德体系的最新认识成果，标志着我国公民道德建设进入一个新的发展阶段。这一基本道德规范，言简意赅，科学准确，易懂易记，既包含了中华民族的传统美德，包含了我们党领导人民在长期革命和建设实践中形成的优良道德传统，又借鉴了世界各国道德建设的成功经验和先进文明成果，具有鲜明的时代特色。它涵盖了社会生活的各个领域，适用于不同社会群体。大力倡导这一基本规范，是进一步推进“依法治国”与“以德治国”相结合、促进物质文明与精神文明协调发展的重大举措。

第三，突出强调党员领导干部的从政道德建设。在中国的具体国情下，“法治”“德治”的行为主体，主要是掌握公共权力的官员，即各级党政领导干部。如果“主体”们没有对“法”“德”的敬畏和遵循，“依法”“以德”便都会成为空谈。在“依法治国”和“以德治国”思想的指引下，我们党对干部的政德建设进行了新的探索，以“讲学习，讲政治，讲正气”为主要内容的“三讲”教育活动，一个重要目

① 《江泽民文选》第3卷，人民出版社2006年版，第200页。

标就是加强领导干部的政治品质和道德品行修养，解决存在的“不讲学习”“不讲政治”“不讲正气”的问题。我们党更加重视干部队伍的“革命化”问题，更加强调干部“德”的重要性，在选拔使用干部上更加注重“德才兼备”的标准。江泽民同志多次指出，“人格的力量很重要”，各级领导干部要“努力把真理的力量和人格的力量统一起来”。这里，揭示了领导干部道德修养的目标。1993 年 9 月，江泽民同志为国家行政学院题词：“永做人民公仆。”这是对我们党从政道德观的科学概括。

(4)关于“以人为本”的思想

面对世纪之交新的国内外形势，以胡锦涛为总书记的党中央，提出了“以人为本”的执政理念，从理论上回答了干部从政道德的核心，是要正确认识权力的来源、解决好“为什么人”的问题，解决了政德建设的主题即为谁掌权、用权的问题。强调党员干部特别是领导干部必须在思想上有“权为民所赋”的高度政治自觉和“权为民所用，情为民所系，利为民所谋”的高尚道德情怀，“常修为政之德，常思贪欲之害，常怀律己之心”，在实践中做到“为民、务实、清廉”。在干部工作中坚持“德才兼备，以德为先”的方针，进一步强调了“德”在干部素质中的灵魂和统领地位，对干部选拔、任用、教育、监督和管理等各个方面，进行了一系列新的改革探索，包括对干部“德”的问题进行考核的探索。

第一，强调“权为民所用”。“权为民所用”就是要求党的领导干部树立和实践正确的权力观。领导干部必须牢记我们手中的权力是人民赋予的，只能用来为人民谋利益，而绝不能用来为自己谋私利，要始终为人民掌好权、用好权。我们党在革命战争时期是代表人民并领导人民去夺取政权的，革命胜利以后则要代表并领导人民掌握和行使好国家的各项权力。我国是社会主义国家，人民是国家的主人，中国共产党的执政地位、社会主义国家的一切权力，都是来自于人民的。人民群众与领导干部的关系是主仆关系，领导干部必须运用人民赋予的权力为国家的富强服务，为人民群众的富裕服务，而绝不能把它变成谋取个人或小团体私利的工具。

第二，强调“情为民所系”。“情为民所系”就是要求党的领导干部树立和实践正确的情义观。人都有自己的感情世界，但只有对人民群众的感情为最高境界。群众在我们心里的分量有多重，我们在群众心里的分量就有多重。党同广大人民群众的血肉联系，更多的是通过领导干部来体现的。胡锦涛指出：“领导干部必须深入基层，深入群众，特别是要到最困难的地方去，到群众意见多的地方去，到工作推不开的地方去。”[①]这三个必须去的地方，是检验领导干部“情为

① 胡锦涛：《在“三个代表”重要思想研讨会上的讲话》，2003 年 7 月 2 日《人民日报》。

民所系”的试金石。

第三，强调“利为民所谋”。“利为民所谋”就是要求党的领导干部树立和实践正确的利益观。胡锦涛指出，群众利益无小事。凡是涉及群众切身利益和实际困难的事情，再小也要竭尽全力去办。坚持“利为民所谋”，就必须强化群众利益至上的思想，想问题、办事情、做决策，都要从群众利益出发，切实增强为群众谋利益的积极性和主动性。凡是涉及群众切身利益和实际困难的事情，都要尽全力去办；凡是对群众有利、有益于调动群众积极性的事，即使再琐碎，也要不厌其烦地去做好；凡是有损于群众利益、客观上可能引起群众不满的事，就绝不能去做。胡锦涛在谈到加快推进社会建设时说，社会建设与广大人民群众的切身利益紧密相连，必须摆在更加突出的位置。加强社会建设，要以解决人民最关心、最直接、最现实的利益问题为重点，使经济发展成果更多体现到改善民生上。

(5)关于“为民、务实、清廉”的思想

2011 年 12 月，习近平同志在全国组织部长会议上强调，对干部“德”的考察，要坚持把个人述职、民主测评、个别谈话、民意调查、实绩分析和年度考核、巡视监督、关键时刻考验等多方面、多渠道的考察有机结合起来，全面、历史、辩证地评价干部的“德”，考察的中心内容就是为民、务实、清廉。

第一，把“为民”作为政德之本。以人为本、执政为民是检验党一切执政活动的最高标准，“为民”是为政之德的核心。当前，我国正处于改革发展的重要战略机遇期，又处于社会矛盾凸显期，党员干部比以往任何时候都要更加注重加强政德建设，切实把“为民”作为一种政治追求，努力争当密切联系群众、为民奉献的表率。一是树立正确的利益观。要坚持人民的利益高于一切，党员干部要常修“为民”之德，尊重人民群众的主体地位，把为人民谋利益作为自己全部活动的出发点，把鞠躬尽瘁为人民服务作为人生最高追求，把个人的理想抱负融入党和人民的事业之中，以自身良好的道德风范赢得人民的尊崇，永葆共产党人的高尚品德。二是树立正确的权力观。坚持正确的权力观，就是要坚持“领导就是服务，权力就是责任”的观点，把群众呼声作为第一信号，把群众需要作为第一选择，把群众满意作为第一标准，把群众利益作为第一原则，深怀爱民之心，恪守为民之责，善谋富民之策，多办利民之事，努力塑造人民公仆的良好形象。三是树立正确的政绩观。政绩观直接反映党员干部从政的价值取向。作为一名党员干部，必须牢固树立“为人民群众创造政绩”的理念，一切从人民群众的根本利益出发，努力创造出党和人民需要的政绩、全面建成小康社会需要的政绩、构建和谐社会需要的政绩，真正做到“为官一任，造福一方”，以实实在在的政绩赢得广大人民群众的普遍认可和赞誉。

第二，把“务实”作为政德之道。“务实”是政德、官德修养的基础。习近平总书记在参观《复兴之路》展览时提出“空谈误国，实干兴邦”，这不仅是给全党同志的忠告和警醒，也是对党员干部为什么要修“务实”之德的一个注释。在新的历史时期，党员干部必须切实转变工作作风，自觉把“务实”作为一种政治担当，努力争当真抓实干、敢做善成的表率。一是在“求真”上下功夫。“求真”是“务实”的前提，没有正确的认识，就没有正确的行动。要自觉摒弃急功近利的思想，力戒官僚主义、形式主义、享乐主义、自由主义，以认真负责的精神、实事求是的态度、科学严谨的方法，脚踏实地，真抓实干，一步一步地把事业推向前进。二是在“务实”上求突破。努力在“实”字上下功夫，怀务实之心、讲务实之言、做务实之事、兴务实之风、求务实之绩，坚决防止和克服违背客观规律、急功近利、急于求成的浮躁心态和短期行为。三是在解决问题上有实效。转作风、求实效，最终要体现在解决问题、促进发展、保障民生上。要大力弘扬求真务实的精神和作风，坚持问题导向，善于发现问题，重视解决问题。勇于探索、敢于攻坚和善于创新，着力解决只重形式、不讲效果的问题和难题，树立不务虚名、注重实效的新风尚。讲究科学工作方法，找到解决实际问题的有效办法，着力解决实践中面临的各种重大问题，推进工作取得实际成效。坚持调查研究，摸清实情，掌握事物的内在规律和特点，增强工作的预见性和针对性，高效率地推进和完成各项工作。

第三，把“清廉”作为政德之基。“公生明，廉生威。”清廉是为政之德的内在要求，也是每一个领导干部的为官之要。要做到规避风险，紧把“关口”、守住“底线”、远离“红线”、把握“界线”、不碰“高压线”，就要“廉政风”常吹、“警示钟”常敲、“预防针”常打，主动把“清廉”作为一种从政准则，努力争当严于律己、廉洁奉公的表率。一是加强道德修养。党员干部必须强化道德意识，陶冶道德情操，锤炼道德意志，提升道德境界，始终做到自重、自警、自省、自励，慎言、慎独、慎微、慎初，耐得住寂寞，管得住小节，守得住根本，经得住考验，抵得住美色、金钱等各种诱惑，自觉筑牢思想道德防线。二是加强纪律修养。党的纪律是党组织和党员行为的规范，是党的各级组织和全体党员必须遵守的行为准则。党员干部要增强党纪意识，从严执纪，严格按照党章办事，严守党纪国法，自觉贯彻落实党的一系列廉政建设制度规定，做到任何时候都稳得住心神、管得住行为、守得住清白。三是加强自律修养。自律是一种境界、一种美德。党员干部必须严于律己，清清白白做“官”，堂堂正正做人，自觉自愿地接受党内监督、法律监督、社会监督、舆论监督和群众监督，始终保持昂扬向上的精神状态、锐意进取的干事激情和清正廉洁的政治本色，永葆共产党人的浩然正气和清廉形象。

第四，把“党的群众路线教育实践活动”作为提高政德修养的重要之举。2013 年 6 月开始，在全党开展以“为民、务实、清廉”为主要内容，以“照镜子、正衣冠、洗洗澡、治治病”为总要求，为期一年的“党的群众路线教育实践活动”。整个活动进展有序、扎实深入，达到了预期目的，取得了重大成效，广大党员干部政德修养明显提高。

广大党员干部受到了马克思主义群众观的深刻教育，贯彻党的群众路线的自觉性和坚定性明显增强。通过活动，广大党员、干部精神上补了“钙”，进一步认识到人民是历史的创造者，我们党来自人民、植根人民，各级干部无论职位高低都是人民公仆，必须全心全意为人民服务；进一步增进了同群众的感情，拉近了同群众的距离，增强了同群众同甘共苦的自觉性；进一步掌握了贯彻群众路线的工作方法，看到了在联系、服务群众中的差距，增强了做好群众工作的本领；形式主义、官僚主义、享乐主义和奢靡之风得到有力整治，群众反映强烈的突出问题得到有效解决。对“四风”问题进行大排查、大检修、大扫除，刹住了“四风”蔓延势头，党风、政风和社会风气为之一新。这次活动教育了干部，也保护和挽救了一批干部；恢复和发扬了我们党批评与自我批评的优良传统。广大党员干部深入查摆问题，深挖问题根源，自我剖析触及了痛处。上下级之间不顾忌身份、不隐瞒观点，提意见开诚布公。领导班子成员脱去“隐身衣”，捅破“窗户纸”，相互批评不留情面。专题民主生活会和组织生活会敢于揭短亮丑、真刀真枪、见筋见骨，广大党员干部经历了一次严格的党内政治生活锻炼，思想受到洗礼，灵魂受到触动。

第五，把“三严三实”专题教育作为政德之魂。2014 年 3 月 9 日，习近平总书记在参加第十二届全国人民代表大会第二次会议安徽代表团审议时，在关于推进作风建设的讲话中，提出了“既严以修身、严以用权、严以律己，又谋事要实、创业要实、做人要实”的重要论述。2015 年 4 月 10 日，中共中央办公厅印发《关于在县处级以上领导干部中开展“三严三实”专题教育方案》，对在县处级以上领导干部中开展“三严三实”专题教育作出安排。“三严三实”体现着共产党人的价值追求和政治品格，明确了领导干部的修身之本、为政之道、成事之要，它是我们党员干部的政德之魂。“三严三实”简洁凝练、内涵丰富、指向明确，反映了新形势下党的建设的内在规律和本质要求，体现了世界观和方法论的有机统一、内在自律和外在约束的有机统一，为党员干部修身做人、为官用权、干事创业提出了明确要求。

严以修身，严在理想信念。做官先做人，做人必修身。对党员干部来说，修身做人就是要做合格的共产党员，做社会的先进分子。严以修身的关键是加强道德修养，坚定理想信念。“四风”问题、不敢开展批评和自我批评，根子都在信仰迷茫、精神迷失。“钙”失则神散，“钙”足则志笃。有了坚定的理想信念，就能做到“石可破不可夺坚，丹可磨不可夺赤”[①]。党员干部不管走多远都不能忘了共产党人的出发点，不管遇到什么困难都不能丢掉共产党人的灵魂，必须自觉加强党性修养、增强政治定力，铸牢理想信念这个“主心骨”，使道路自信、理论自信、制度自信真正刻骨铭心。

严以用权，严在规范规矩。人民赋予我们一定的权力，是一种信任、一种重托。越是职位高、权力大，越要牢记权力的本质。严以用权的要害是坚持权力属于人民、用权造福人民。权力是责任，是信任，也是重托，只有出以公心，秉公用权，为人民谋福祉，为百姓解忧难，才能保证权力行使的正确方向。党员干部要守纪律、讲规矩，讲原则、守底线，不为私利所困，不为私情所惑，真正做到一身正气、两袖清风，堂堂正正做人、干干净净用权。

严以律己，严在慎欲慎行。人生道路很长，但关键时刻往往就是几步，放松自律，一时糊涂，就会铸成大错。自己管得住自己，常思“严”之益，常念“纵”之害，才能防止精神沦陷、“自己扳倒自己”。严以律己的核心是自重、自警、自醒，清正廉洁。少数领导干部社交圈复杂、生活作风不检点，个人修养不高、举止不端，对自身要求不严格。所谓胜人者力，自胜者强。党员干部要心存敬畏、手握戒尺，时刻记住“举头三尺有神灵”，举头有天，天上有眼；要慎独慎微、勤于自省，做到遵纪守法、为政清廉。

谋事要实，实在落实好党的思想路线。自古至今，“实言实行实心，无不孚人之理”（吕坤《呻吟语·诚实》）。从实际出发、实事求是，是我们党重要的思想路线。谋事要实的根本是从实际出发，与百姓利益高度契合。只有使点子、政策、方案符合实际情况、符合客观规律、符合人民意愿，才能创造出经得起实践、群众和历史检验的实绩。有些干部好大喜功、急于求成，热衷于提概念、喊口号，不务实事，不求实效。这方面的教训很多，也很深刻，我们不能忘记。党员干部要严谨科学决策，按客观规律办事，一切为群众着想、为群众而干，树立“功成不必在我”的理念，多做打基础、利长远的事情，不搞竭泽而渔的短期行为。

创业要实，实在干事作风。邓小平同志讲过，马克思主义千言万语就是一个字“干”，不干，半点马克思主义也没有。实干兴邦，空谈误国。如果只说不做，光谈认识不见行动，那是“空道理”；如果说得好、做得差，认识了问题不好好解决，那是“假道理”；只有即知即改、见诸行动，那才是“硬道理”。创业要实，要义是真抓实干、敢于担当。党员干部想干事、肯干事、多干事、干实事，是义务，是本职，是最起码的要求。

做人要实，实在道德品行。老实做人、做老实人，是共产党员先进性的内在

---

① 《笔记小说大观》(一)，江苏广陵古籍刻印社1983年版，第190页。

要求,是领导干部“政德”的外在表现。周恩来同志曾教导干部,世界上最聪明的人是最老实的人,因为只有老实人才能经得起事实的历史的考验。做人要实的本质是忠诚老实、言行一致。所谓“忠诚老实”,就是要襟怀坦白,光明磊落,忠于党,忠于祖国,忠于人民,在政治上、思想上、行动上同党中央保持高度一致。所谓“言行一致”,就是要对党、对组织、对同志讲真话、讲实话、讲心里话,就是要言必行、行必果,以行动验证表态、用实践兑现承诺。

二、政德的主要特征和价值功能

政德除了具有一般道德的特征外,还具有其自身的主要特征,即显著的政治性、鲜明的时代性、强烈的示范性、有效的规范性和影响的广泛性。政德的主要特征是由政德的本质属性所决定的。

(一)政德的主要特征

1. 显著的政治性

人类的政治生活总是受到一定的思想观念与价值体系的支配和规范的,这种思想观念和价值体系通过政治行为和规章制度得以表现出来。官员作为政治权力的行使者,是以某种政治价值观念的承担者身份来参与政治活动的,因而,政德反映了政治理想、价值观念、执政理念等深层次内容,赋予特定社会的政治统治以伦理上的合理性。政德区别于公民道德的最主要的特征就是它的政治性。作为国家权力的掌握者和执行者,总是与政治的核心内容——国家权力联系在一起,总是要以执行国家意志为主要任务。政德正是官员在处理他们与国家权力以及国家权力的委托者——民众的关系过程中形成的道德认知、道德情感、道德意志与道德行为。因而,政德在其形成和表现的过程中总是潜在地包含着一定政治意识和政治倾向,表现为一定的政治价值追求。历朝历代的统治者无不以要求官员忠于国家政权为最根本的行政准则。

无论是在革命战争年代,还是在和平建设时期,我们党都十分重视领导干部的政治素养和道德,并把政治性放在选拔、任用和考核干部的第一位。毛泽东提出的“又红又专”之“红”是强调领导干部首先在思想政治素质方面要过硬。周恩来强调“政治上可以信任是挑选干部的先决问题”。邓小平同志明确提出了干部队伍的“革命化、年轻化、知识化、专业化”的方针,把“革命化”放在第一位,强调要“把政治标准放在首位,注重对干部思想政治素质的考察,坚决防止和纠正重才轻德的现象”。陈云同志提出选拔干部要“德才并生,以德为主”。

后来我们党提出了“德才兼备，以德为先”的用人标准。我们反复强调“领导干部一定要讲政治”，也深刻体现了对政德政治性的内在要求。

2. 鲜明的时代性

马克思指出：“在不同的占有形式上，在社会生存条件上，耸立着由各种不同的、表现独特的情感、幻想、思想方式和人生观构成的整个上层建筑。整个阶级在它的物质条件和相应的社会关系的基础上创造和构成这一切。”[①]政德作为一种上层建筑和意识形态，受经济基础制约，随着生产方式的变更而变更，随着社会历史的发展而不断变化。没有永恒不变的、适用于一切时代、一切阶级的政德。官员是国家产生后才出现的。原始社会里，生产力发展水平低下，个人服从氏族集体，原始氏族的首领除了氏族整体利益之外，没有自己特殊的利益，因为“酋长在氏族内部的权力，是父亲般的、纯粹道义性质的；他手里没有强制的手段”[②]。也就是说，原始社会里没有产生政德的历史条件。随着私有制和阶级的出现，人类社会的利益被划分成统治阶级的利益和被统治阶级的利益，掌控国家机器的官员在维护和扩展其阶级利益的同时，逐步形成了他们的官德。但与氏族首领比较而言，“文明国家的一个最微不足道的警察，都拥有比氏族社会的全部机构加在一起还要大的‘权威’；但是文明时代最有势力的王公和最伟大的国家要人或统帅，也可能要羡慕最平凡的氏族酋长所享有的、不是用强迫手段获得的、无可争辩的尊敬。后者是站在社会之中，而前者却不得不企图成为一种处于社会之外和社会之上的东西”[③]。在阶级社会里，不同社会制度下的官德虽然有其共同特征，但奴隶社会的官德、封建社会的官德、资本主义社会的官德和社会主义社会的官德都基于特定的生产方式和社会形式而有特殊的时代内涵。

3. 强烈的示范性

同植物的向光性、学生的向师性一样，民众对于领导者天然地有种崇拜和向往。领导者在国家和社会生活中处于比较关键的地位，他们的一举一动都为人们所关注，也容易为人们所效仿和推崇。政德较一般社会道德来讲是一种较高层次的道德。“大德敦化，小德川流。”(《中庸》)因此，政德对一般社会道德而言，对整个社会道德风尚有着直接的光环效应、示范效应和凝聚效应。

政德的主体——公职人员通过行使公共权力对整个社会的公共事务进行管理，在这个过程中，公职人员所体现出来的道德涵养在社会道德体系中，位于

---

① 《马克思恩格斯选集》第1卷，人民出版社1995年版，第611页。

② 《马克思恩格斯选集》第4卷，人民出版社1995年版，第84页。

③ 《马克思恩格斯选集》第4卷，人民出版社1995年版，第172页。

示范引导的位置，正如孔子所说："为政以德，譬如北辰，居其所而众星共之。"公职人员的示范效应表现在正反两方面。公职人员只有具备良好的道德素养，以高尚的道德魅力和人格魅力感染群众，才能真正做到以德服众，推动社会风气健康发展。相反，如果公职人员道德缺失，会对社会造成极大的负面影响。因而，政德建设既要充分发挥政德示范的正面效应，同时又要严肃对待不良政德，降低政德示范的负面效应，减少不良政德对社会风气的影响。

4. 有效的规范性

政德作为一种特殊的道德规范，除了具有道德的一般特征之外，还具有一定的规范性。这种规范性主要表现在有些政德是写在党和国家的有关法规、纪律、政策上的。这要求我们广大的党员干部在履行职责过程中，其言行必须符合党和国家的有关法规、纪律和政策。违反了这种规范，就要受到法律或者党纪的处罚。另外，公职人员还要受到国家和社会公众的监督和约束。

5. 影响的广泛性

经济基础的性质决定了社会道德的性质，有什么样的经济基础，就有什么样的社会道德。领导干部作为代表人民管理国家经济文化和社会事业的执政主体，本身具有不可忽视的表率作用。当前，社会上存在着一系列对党的政策不理解、对领导干部不信任的现象，最根本的原因就是部分领导干部的政德出现了问题，这不仅影响到全体领导干部的形象，甚至还对社会主义道德产生了恶劣影响，造成信任危机等一系列道德问题。当前，改革开放不断深化，中国特色社会主义事业持续深入，要求领导干部要在诱惑面前毫不动摇，在困难面前勇于向前，要以与时俱进的时代精神推进社会发展。领导干部政德能够对社会主义道德产生巨大的感召力，能够引导人们以领导干部的模范行为为榜样，约束自己的行为，引导社会风尚良性发展。

(二)政德的价值功能

道德是人类社会发展到一定阶段的必然产物，又反作用于人类社会发展。它弘扬人性，规范、协调人与人之间、人与社会之间的关系，具有较强的教化和调节功能。历史唯物主义的基本原理告诉我们，社会生产方式决定着历史发展的进程，"政德"作为上层建筑的重要因素之一，在推动社会历史发展的过程中，也同其他上层建筑如法律、宗教一样，对社会发展起着极其重要的作用。概括地讲，政德的价值功能主要表现在以下几个方面：

1. 价值导向功能

价值在不同意义上的应用使得它在很多领域具有特定的形态，如社会价值、个人价值、政治价值、经济价值、法律价值、艺术价值等。在道德领域,道德对价值的引导有“双向性”,即积极的方面和消极的方面。这里分析的政德对人们价值取向的引导主要是指积极的引导,而且主要是政治价值方面的引导。

政德在一定程度上总是反映着执政者的价值取向,赋予特定社会的政治统治以伦理上的合理性,这就体现为政德的价值导向功能。在阶级社会里,统治阶级的道德是占统治地位的道德,其价值观的输出主要靠大批官员。官员是统治阶级的代言人,以追求和维护统治阶级的根本利益为最基本的价值尺度。在历朝历代,往往在上升时期都涌现出一大批杰出的领袖人物,他们倡导积极向上的官德规范,以维护本阶级的整体利益。如西汉的“文景之治”、唐朝的“贞观之治”、清朝的“康乾盛世”等时期,无不是在统治集团倡导较开明的政治理想的基础上,廉政为民、励精图治而实现的。

政党政治是现代民主政治的普遍形式。政党、民众和公共权力共同支撑起政党政治大厦,政党是民众和公共权力之间的桥梁,政党只有代表民意、整合民意,才能获得民众的信任和支持,才能有更多的执政合法性资源。在政党政治中,执政合法是一个复杂的多层次的核心概念,官是其中的一个方面。政德的价值导向功能主要体现在政党执政合法性功能、政治社会化功能以及政治录用功能上。政德往往规范和代表着国家政治活动的道德选择和道德追求,决定着政治目标的设计、政治权力驾驭的方式等等。因此,现代政党政治中,政德的价值导向功能也十分明显。

2.权力约束功能

作为政德主体的公职人员较其他职业主体最大的特点在于手中的公权。权力天然具有腐蚀性,孟德斯鸠曾一针见血地指出:“一切有权力的人都容易滥用权力,这是万古不易的一条经验。有权力的人们使用权力一直到有界限的地方才休止。”[①]西塞罗也直言不讳地指出:“绝大多数人,当他们热衷于谋取军权或政权时,就会沉湎于其中而不能自拔,完全不顾自己的行为是否符合公正的要求。”[②]因此,如何最大限度地约束官员滥用权力,成为古今中外政德建设的重要动因。正确处理“公与私”的问题是官员必须面对的重大课题。清正廉洁是政德的核心内容。清正,即清白、正派,不损公肥私,不徇私舞弊;“不受曰廉,不污曰洁”,廉洁即不贪污受贿,不贪赃枉法。历朝历代都十分重视官德对官员权力和行为的约束,重视对吏治队伍的整饬。时至今日,腐败仍然是一个世界性难题,仍然是困扰人类社会的一大公害。反对腐败是一项宏大的社会政治系统

① [法]孟德斯鸠:《论法的精神》上卷,许明龙译,商务印书馆1961年版,第154页。

② [古罗马]西塞罗:《论老年 论友谊 论责任》,徐奕春译,商务印书馆1998年版,第100页。

工程，必须坚持标本兼治，从多方面进行综合治理。我们提倡构建反对腐败的惩戒机制、精神动力机制、权力监督机制，其中政德建设是一项带有基础性的反腐工程，是治本环节，它使掌控公共权力的执政者不想贪，因为政德从世界观的层面对为官者进行思想指导和改造，使他们对人民委托的公共权力有庄严感、敬畏感。因此我们说，法律是道德的底线；惩戒腐败，相对于法律来讲，政德在预防腐败环节更有效，在反腐成本方面更节约，在效果方面更持久。不仅我国历朝历代十分重视官德对权力的约束作用，世界上绝大多数国家都有类似的政德建设规范。另外，政德对官员的日常行为也有很强的约束力。按照政德的原则要求，官员在处理"是与非""公与私""权力与义务"等关系时，就要公正用权，要维护公共利益，做好公共服务，要过好"权力关、金钱关、亲情关、名利关、美色关"。

3. 政治调节功能

任何社会的政治系统都是由众多错综复杂的政治网络构成的，在不同的政治网络中，各种政治力量、政治角色相互影响和较量，从而影响着整个国家和社会的政治走向。调和政治关系有两大杠杆：法律和道德。孔子讲："道之以政，齐之以刑，民免而无耻；道之以德，齐之以礼，以耻且格。"（《论语 · 为政》）孔子认为，刑罚只能使人避免犯罪，不能使人懂得犯罪可耻的道理，而道德教化比刑罚要高明得多，既能使百姓循规蹈矩，又能使百姓有羞耻之心、归服之心。调节政治关系是官德的一项重要功能。任何社会的官德都服务于一定的政治目标，它不是随意的、无序的，而是有很强的目标性、实践性。在现代国家，为官者、民众、政治家等政治主体和政党、政治团体、政府机关等政治组织是主要的政治角色，基于不同的政治利益，它们之间的矛盾不可避免，有时甚至不可调和、异常激烈。政德作为为官者的道德规范体系，自然以共同的政治信仰为统领，重点协调政治系统中各种政治力量的权利义务关系，稳定整个政治系统。马克思主义认为，没有无义务的权利，也没有无权利的义务。道德义务是从人们所处的社会关系中产生的对他人、对社会负有的使命和职责。这种权利义务关系很大程度上依靠道德来引导和约束。政德在引导官员履行道德义务、正确处理与其他政治主体关系中具有不可替代的作用。

4. 形象塑造功能

所谓形象，是指事物的某种外在的形态。形象问题至关重要。领导干部的形象是指领导干部作为国家公职人员展现给外界的整体风貌，是外界通过直接或间接感知而形成的一种直接的、综合性的印象和评价。形象是一面旗帜，是领导者执政"软实力"的重要表现。

领导干部形象塑造有多种途径和方式，政德是其中一种非常重要的方式。

政德作为特殊的职业道德，在塑造领导干部形象方面具有不可替代的作用。领导干部的个体形象和群体形象就是政德的外在表现。剥削阶级的官德具有两面性，一方面有实际奉行的为本阶级根本利益服务的道德内容，另一方面，有伪善的、以欺骗被剥削阶级的一面。在阶级社会里，为了在适当范围内调节、缓和阶级矛盾，维持统治秩序，统治阶级总是以"为民""清廉""勤政"的正面形象昭示天下。在现代社会里，"为民""务实""清廉"的政德，在塑造执政者在民众中的良好形象方面仍然发挥着至关重要的作用。比如，我们的习近平总书记，他恪尽职守、忧国忧民。人民大会堂、医院、工地、校园、田间地头，甚至灾区现场……到处有他忙碌的身影。他凝重的表情、坚定的手势、自信的语气、郑重的承诺，给人民以平易近人、亲民爱民的形象，感动着无数中华儿女。相反，近年来查处的一些贪污腐败官员，因其官德败坏，或者滥用公权，或者生活腐化糜烂，这些极其卑劣的行径严重地损害了领导干部在广大民众心中的形象，严重削弱了党和政府的公信力，造成极其恶劣的社会影响。因而，树立和维护良好的社会形象是政德建设的重要目标，也是政德的重要价值功能。

三、政德的基本原则和要求

政德具有丰富的内容。对于领导干部来说，要提高政德素质必须明确地把握它的基本原则和主要要求。

(一)政德的基本原则

1. 理想信念原则

"行源于心，力源于志。"科学的理想信念是人们的思想动力和精神支柱。邓小平指出："为什么我们过去能在非常困难的情况下奋斗出来，战胜千难万险使革命胜利呢？就是因为我们有理想，有马克思主义信念，有共产主义信念。"[①]他又指出："最重要的是人的团结，要团结就要有共同的理想和坚定的信念。……没有这样的信念，就没有凝聚力。没有这样的信念，就没有一切。"[②]党的十八大报告明确提出："对马克思主义的信仰，对社会主义和共产主义的信念，是共产党人的政治灵魂，是共产党人经受任何考验的精神支柱。"坚定的社会主义信念和共产主义理想是党员和领导干部的灵魂和主心骨。否则，就是政治上的

① 《邓小平文选》第3卷，人民出版社1993年版，第110页。

② 《邓小平文选》第3卷，人民出版社1993年版，第190页。

不合格，就是“墙上草，随风倒”的庸人，就失去了领导群众的资格。

社会主义的理想信念是建立在历史发展规律基础之上的科学理论和真理追求。《国际歌》中的“为真理而斗争”，就是为实现共产主义的理想而斗争。“不畏浮云遮望眼，只缘身在最高层。”只有坚定理想信念，才能站得高，看得远，既立足现实又洞察未来，不管风云如何变化，前进的道路多么曲折，都能沉着坚定，保持清醒的头脑和革命的锐气，把握历史的航向，而不致消极、颓废，误入迷途。只有坚定理想信念，才能树立科学的世界观、人生观和价值观，面对错综复杂的形势，经受住各种权位、名利和美色的考验，“出淤泥而不染”，保持革命的坚定性和道德的纯洁性。只有坚定理想信念，才能凝聚人心，团结群众，清正廉洁，勤政为民，把建设社会主义的伟大事业落到实处，为人民建功立业。要让群众有高尚的理想信念，领导干部首先要有高尚的理想信念；要让群众坚定，领导干部首先要坚定。对理想信念矢志追求，奋斗不已，这是党员领导干部必备的政治品格和政治优势。

2. 服务人民原则

“为人民服务”是社会主义道德的核心，也是搞好干部群众关系的中心内容。我们追求的理想和从事的事业就是为人民谋福利的事业。邓小平说，领导就是服务。“党的全部任务就是全心全意地为人民群众服务”，服务人民是我们党的宗旨和立党之本，是社会主义制度区别于其他制度的根本标志，也是共产党的干部区别于旧社会那些旧官吏的试金石。

“民惟邦本，本固邦宁。”(《尚书·夏书》)“得人心者得天下，失人心者失天下。”(《孟子·梁惠王下》)这是古训。在社会主义条件下，领导干部如果脱离群众，甚至欺压群众，必将被群众所抛弃。经常听到干部讲，“干部和群众是矛盾的统一体”，抽象地讲并不错。但是，统一的基础是群众满意不满意、高兴不高兴、支持不支持，而决不是干部的胡作非为。所以，领导干部要为人民服务，就要增强爱民、为民、富民、利民、安民的意识，为人民掌好权、用好权，自觉处理好以下几个关系：

一是主人与公仆的关系。必须明确，人民群众永远是历史和社会主义国家的主人，各级干部永远是人民的公仆，决不能主仆颠倒，把自己变成凌驾于人民群众头上的老爷。领导就是服务，服务就是领导干部的价值所在。

二是权力与义务的关系。领导干部的权力是人民给的。领导干部只有利用这种权力为人民谋福祉的义务和责任，而决没有任何以权谋私的权力。领导就是责任，领导的责任就是让群众得利、满意、高兴。

三是对上级负责与对群众负责的关系。上级的正确决策和指示代表了群众的利益和愿望，应认真结合本地区的实际贯彻执行。如果这种决策和指示有不切实际的地方，就应及时向上级反映，提出建议。不这样做，既不是对上级负责，也不是对群众负责。一定要把党的利益和人民的利益统一起来。

四是索取与给予的关系。群众是我们的“衣食父母”，取之于民，用之于民，是完全必要的。但是，更重要的是“给予”，帮群众解决困难，得到实惠，发展生产，走富裕之路。要多为群众办实事，办好事。“为官一任，造福一方”，这是领导者的天职。

3. 发扬民主原则

政治问题说到底是对群众的态度问题，是发扬民主的问题。现在一些中青年干部，“长在红旗下，当着和平官”，没有战争年代一旦脱离群众就无立足之地、就有被杀头危险的亲身体会，却享有执政党权力、地位所带来的群众的尊重和信赖，因而往往缺乏与群众保持血肉联系的紧迫感。必须清醒认识到，执政党的地位和权力有两重性：一方面可以使我们的干部更有条件密切联系群众，为人民造福；另一方面也可以成为某些人滋长官僚主义和脱离群众危险的温床。周恩来同志曾指出，我们不怕工作失误，最怕的是脱离群众，失去民心。要发扬民主，我们的领导干部首先要紧密联系群众。

社会主义的政治关系，是以社会主义民主原则为基础的。没有民主就没有社会主义。领导干部作为人民的公仆，必须尊重人民当家作主的权利，坚持用民主的工作方法和态度去分析和处理问题。早在新民主主义革命时期，邓小平就深刻指出：“假如说中国是一个半封建的缺乏民主的国家，则反映到党内的是：共产党员一般缺乏民主的习惯，缺乏民主政治斗争的常识与锻炼。”封建主义在当今还是有影响的。搞家长制、一言堂、强迫命令、目无法纪、目无群众，这些都是发扬民主所不容的。要坚持发扬民主的政治道德原则，还必须处理好民主与党的领导、依法办事的关系。发扬民主是基础，党的领导是关键，依法办事是保证，这三者是一个有机整体。

4. 公平正义原则

当今中国，取得了举世瞩目的成就，也面临着更高层次的挑战。经济发展起来以后，社会领域的利益纠葛、无序竞争、行为失范等问题日益凸显；物质生活逐渐丰盈，人们的权利意识水涨船高，对公平正义有新的诉求。这就是为什么我们在培育和践行社会主义核心价值观的过程中，如此强调社会层面的价值共识，将“倡导自由、平等、公正、法治”，作为社会的共同价值取向。党的十八大报告提出：“必须坚持维护社会公平正义。”党员干部要树立“以维护公平正义为己任”的价值观，自觉当好社会公平正义的维护者，坚守社会公平正义这条底线。

公平正义是古往今来人们衡量理想社会的标准之一，也是人类社会发展进步的重要价值取向。就当代中国而言,公平正义在构建社会主义和谐社会的进程中处于十分关键的基础地位。没有公平正义,社会的诚信友爱、安定有序等也都无法实现。因此,高扬公平正义的旗帜,从我国社会各个层面体现和推进公平正义的治国理念,应该成为构建社会主义和谐社会的重要内容。

领导干部作为发展的排头兵和引导者,能否实现公平正义,怎么实现公平正义,不仅直接关系到党的路线、方针、政策的落实,而且关系到党在群众中的威信、认同感和忠诚度,关系到党的事业的兴旺发达,关系到党内良好党风和社会风气的形成。所以说,公平正义的深层含义值得我们每一个领导干部深思,更值得我们每一个领导干部用实际行动践行承诺,牢固树立公平正义的理念,让公平正义的光辉普照大地是每一位领导干部肩负的重要使命和履行的重要职责。

公平正义应体现在社会管理各个环节,广大党员干部要树立公平正义的价值取向。各级干部特别是领导干部掌握着一定权力,在决定政策、制定规则、裁定是非等方面,居于主导位置。维护公平,要通过依法依规的管理来实现;主持正义,要依靠各级干部的工作来落实。一个地方和单位能不能做到公平公正,在很大程度上取决于领导干部有没有公平意识,能不能按法规和制度办事。领导干部要意识到自己的责任,在社会管理各项事务中,自觉践行公平正义。

5.诚实守信原则

诚信是最基本的道德规范,也是重要的社会政治资源,更是领导干部的为官之道。《中庸》曰:“诚者,天之道也;诚之者,人之道也。”诚乃立身之本,自古以来就是中国人的一个重要伦理观念。“居下位而不获于上,民不可得而治也。获于上有道:不信于友,弗获于上矣。信于友有道:事亲弗悦,弗信于友矣。悦亲有道:反身不诚,不悦于亲矣。诚身有道:不明乎善,不诚其身矣。”(《孟子·离娄上》)孟子认为,要想“获于上”“信于友”“悦于亲”,就必须率性真诚,发挥人与生俱来的真诚品格,做到以诚待人,以诚做事。对领导干部来说,就要对党、对人民、对同志忠诚老实、襟怀坦荡、公道正派,做老实人,说老实话,办老实事。中国自古就有“得民心者得天下,失民心者失天下”的明训,这些话至今仍然是至理名言。各级领导干部依靠什么去团结人民呢?靠的就是明智的政策和正确的信念,诚信便是取信于民、团结人民的人文精神和道德信念,诚信对任何一个领导干部来说都是至关紧要的。

首先是发展社会主义市场经济的需要。市场经济呼唤社会诚信体系建设,诚信环境也是投资环境的重要组成部分,失去诚信就等于失去市场。因此,领导干部带头讲诚信有利于建立健全市场体系和市场机制,增强政府宏观决策的有效性,改善投资环境。

其次是建设社会主义先进文化的需要。诚实信用是衡量一个社会文明程度和道德水准的重要标尺,也是社会主义精神文明建设的一项重要内容。各级领导干部争做讲诚信的表率,就会树立良好的社会形象,从而对全体社会成员起到约束、激励和带动作用,使“人人都是社会形象,处处都是投资环境”蔚然成风。

再次是加强党同人民群众联系的必然要求。从根本上讲,领导干部讲诚信,核心是对群众负责。党和政府是不是能够取信于民,群众主要是看领导干部对其作出的承诺能不能兑现,看领导干部能不能解决他们的实际问题,帮他们谋福利、奔小康。

各级领导干部一定要从对党、对人民负责的高度,从经济发展、社会稳定的高度,从建设先进文化的高度,带头讲诚信、守信用,做诚实守信的道德模范。

(二)政德的基本要求

1.科学明智的权力意识

领导干部来自群众,而与群众的不同之处就在于,他们被群众委以一定责任,赋予一定的权力。作为掌权者,他们的活动总是与一定的政治权力联系着。在历史上,剥削阶级从其私有观念和偏见出发,总是把政治权力神秘化,把政治权力看成高人一等的资本。这就形成了以权力崇拜为特征的权力私有意识,于是大小官吏都以权为荣耀,并将其作为谋私利的手段。这种腐朽的权力意识,在我们的政治生活中仍有恶劣的影响。不少人在政治生活中投机钻营,跑官、卖官、买官,说到底就是为了一个“权”字,为了谋取私利。马克思主义认为,作为社会现象的政治权力并没有任何神秘的性质,它是随着历史的发展,由于产生了阶级和国家,才逐渐具有了相对独立的社会意义;它总是为一定的社会利益和阶级利益服务的。在社会主义社会,党政干部必须反对权力崇拜和权力私有意识,树立科学而明智的权力观念,反对特权化现象,这是政治道德的一个要求。

树立科学明智的权力意识,要正确认识和处理好下述几个方面的关系:

第一,正确认识和处理个人权力与社会利益的关系,反对以权谋私。领导干部的权力是人民给予的,而不是掌权者的私有物,只能以权为民,不能以权为私。现实的政治生活经验说明,权力私有观念是领导干部腐败的一个思想基础。

第二,正确认识和处理权与法的关系,树立严格的法治观念,决不允许“以言代法”“以权乱法”。领导干部必须模范地遵纪守法,自觉接受法律的监督,做到“在法律面前人人平等”,决不允许有超越法律的特殊人物。这是政治行为中一条不可动摇的道德准则。

第三，正确认识和处理权力与真理的关系，确立“在真理面前人人平等”的观念。权力和职位本身并不给人带来知识，更不是拥有真理多寡的标志。领导干部不能视权力高于真理，而要虚心听取不同意见，在任何场合都要服从真理，做个开明的领导者。

2. 忠诚积极的服务观念

是为人民服务，还是当官做老爷，这是两种截然不同的政治道德。官僚主义是剥削阶级政治制度的必然产物。其主要特点是：人身依附，吹牛拍马，不学无术，滥用职权，作威作福，养尊处优，意志衰退，饱食终日，无所用心，麻木不仁，等等。官吏官僚化是社会的毒瘤，就是在旧社会也为人民所不齿。“当官不为民作主，不如回家卖红薯”，就是辛辣的讽刺。社会主义制度已经从根本上消灭了产生官僚主义的社会基础。但是，由于剥削阶级私有观念和特权意识影响的存在，社会主义政治体制的不完善，社会主义法制不健全，因此还会出现官僚主义现象。这主要表现在：一些领导干部以特权者身份自居，摆官老爷架子，成天吃喝玩乐，对群众疾苦熟视无睹，对工作能推就推，例行公事；而为了谋私利，则多方钻营，拉关系，找门子，甚至为所欲为，贪赃枉法，欺压群众。

领导就是服务，这是一个政治原则。对于领导干部来说，确立忠诚积极的公仆意识，就要牢固树立马克思主义的群众观点，反映群众的意愿，代表群众的利益，为群众办实事、办好事，全心全意为人民服务。这样，才能逐渐根除官僚主义恶习，防止官僚化，做一个人民拥戴爱护的优秀干部。

3. 光明磊落的政治行为

旧社会混迹官场的官吏，往往都是一些政客。他们都爱用“光明正大”来标榜自己，实际上，这不过是他们搞阴谋诡计、政治欺诈的遮丑布。这些政客的政治道德信条是：残忍、阴谋、权术、两面三刀、虚伪狡诈、“不说谎话办不成大事”。政客实际上是政治活动的阴谋家。目的上的卑劣决定了他们手段上的卑劣。对上阿谀逢迎，对下愚弄群众，欺上瞒下，拉帮结派，耍两面派手法，是其主要的特点。

社会主义社会的领导干部，是人民的公仆和勤务员。他们没有不可告人的目的和野心，他们的政治行为都是严格依照党纪国法办事；他们把对党负责和对人民负责统一起来，一切以人民和党的利益为出发点和落脚点。无私才能无畏，理直才能气壮，坚持正确的立场才能不走歪门邪道。因此，他们是胸襟坦白的、光明磊落的、顾全大局的。光明磊落的政治行为，实质上是对党的事业的忠诚，对人民群众的信赖，也是自觉接受党和人民监督的表现，是廉洁自律、勤政为民的表现。

4. 贤明严肃的用人之道

领导机关的责任是出主意、用干部。领导干部以什么标准来选拔、使用干部，这个“用人之道”也是政治道德的基本要求。在我国，历来有“任人唯贤”和“任人唯亲”两种做法。“任人唯亲”就是把忠于自己、投自己所好作为用人标准，这当然是有害于事业的，也是以权谋私的一种反映。“任人唯贤”就是要求在选任干部时要坚持全面、客观、严肃的态度，真正出自公心，以事业为重，并通过一定的组织程序，防止个人说了算，以达到“举贤才”的目的。

领导干部对于自己的下级，要克服上尊下卑、人身依附的不良倾向，关心干部、爱护干部，充分发挥部属的作用。要坚持上下级之间平等的原则。恩格斯在谈到对工人阶级领导者的要求时指出：“任何一个身居高位的人，都无权要求别人对自己采取与众不同的温顺态度。”①这也是政治道德的一个基本要求。

5. 艰苦创业的政治本色

我们所从事的社会主义事业就是艰苦奋斗的事业。我们党是靠艰苦奋斗起家的，也是靠艰苦奋斗不断发展壮大起来的。艰苦奋斗里面出政治，出模范，出强大的凝聚力。毛泽东说：“根本的是我们要提倡艰苦奋斗，艰苦奋斗是我们的政治本色。”“人是要有一点精神的，无产阶级的革命精神就是由这里头出来的。”②我们搞“四个现代化”，要老老实实地艰苦创业。邓小平指出：“艰苦奋斗是我们的传统，艰苦朴素的教育今后要抓紧，一直要抓六十年至七十年。我们的国家越发展，越要抓艰苦创业。提倡艰苦创业精神，也有助于克服腐败现象。”③江泽民同志对艰苦创业的精神作了全面的科学的概括，他指出：“解放思想、实事求是，积极探索、勇于创新，艰苦奋斗、知难而进，学习外国、自强不息，谦虚谨慎、不骄不躁，同心同德、顾全大局，勤俭节约、清正廉洁，励精图治、无私奉献，这些都应该成为新时期我们推进现代化建设所要大力倡导和发扬的创业精神。”④领导干部应该成为艰苦创业的模范。江泽民同志提出的这八句话的创业精神应成为领导干部的座右铭。

习近平总书记指出，全体共产党员特别是党的领导干部，要始终谦虚谨慎、艰苦奋斗，始终埋头苦干、锐意进取，弘扬党的光荣传统和优良作风，坚决反对形式主义、官僚主义，坚决反对享乐主义、奢靡之风，坚决同一切消极腐败现象作斗争，永葆共产党人政治本色，矢志不移为党和人民事业而奋斗。

---

① 《马克思恩格斯全集》第 38 卷，人民出版社 1972 年版，第 72 页。

② 刘金田主编：《清廉领袖毛泽东》，江苏人民出版社 2013 年版，第 186 页。

③ 《邓小平文选》第 3 卷，人民出版社 1993 年版，第 306 页。

④ 江泽民：《论党的建设》，中央文献出版社 2001 年版，第 246 页。

6. 胸怀宽广的政治气魄

领导干部在政治交往中，应表现出与其地位和责任相适应的政治度量和气魄。《古文观止》选了苏轼的一篇《留侯论》，文中特别赞扬了汉代政治家张良的胸怀和气魄。苏轼写道："天下有大勇者，卒然临之而不惊，无故加之而不怒，此其所挟持者甚大而其志甚远也。"他还说张良能"忍小忿而就大谋"。这的确是政治家应有的广阔胸怀和道德勇气。当然，苏轼把张良的政治气魄归结为能忍，这是有局限性的。但是，在政治生活中必要的忍耐，还是值得的。以史为镜，张良的政治度量，作为一种政治道德品质，无疑是可借鉴的。

在这方面，马克思的伟大政治胸怀和气魄是我们学习的榜样。恩格斯在谈到马克思时指出："我敢大胆地说：他可能有过许多敌人，但未必有一个私敌。"① 在革命队伍内部，能够经受住政治误解和逆境的考验，能够从大局出发不计较和纠缠个人恩怨，甚至具有漠视毁誉的道德勇气，这对领导干部来说不仅是可贵的品格，也是必须具有的品格。对待曾经反对过自己的人，要采取宽容的态度，有容人之量。"有容乃大，无欲则刚。"对于直接面对广大群众和乡镇干部的各级领导干部来说，要防止小肚鸡肠，斤斤计较，要立足全局，着眼大事，团结广大干部和群众，创造民主的、宽松的政治气氛，这对于推动改革开放事业是非常重要的。

7. 勇于担当的责任意识

敢于担当是中国共产党人的鲜明品格，是领导干部的时代责任，也是政德建设的根本要求。党的十八大对未来发展作出战略部署，十八届三中全会开启全面深化改革的新征程，面对繁重而艰巨的历史任务，领导干部必须有为党尽责、为国奉献、为民分忧的担当精神。

担当的本质要求是坚持原则、认真负责。领导干部敢于担当就要坚持党的事业第一、人民利益第一，做到守土有责、守土尽责。面对重大原则问题要立场坚定、旗帜鲜明；面对改革发展中的深层次矛盾问题要迎难而上、攻坚克难；面对急难险重任务要豁得出来、顶得上去；面对各种歪风邪气要敢于较真、敢抓敢管。担当的背后是品格、是能力，敢于担当就要做到自身硬。要有敢于担当的政治定力，始终坚守正确的理想信念，有坚守才能有担当。要有敢于担当的理论素养，增强道路自信、理论自信、制度自信，有自信才会有力量。要有敢于担当的无私情怀，做到一心为公、事事出于公心，无私才能无畏。要有敢于担当的浩然正气，带头讲修养、讲道德、讲廉耻，胸怀坦荡才会有底气和胆气。要有敢于担当的过硬本领，提高科学决策、履职尽责的能力，有了硬本领才能真担当。

① 《马克思恩格斯选集》第 3 卷，人民出版社 1995 年版，第 778 页。

习近平总书记的一系列重要讲话中始终贯穿着强烈的历史担当精神。党的十八届一中全会选出新一届中央领导集体后，习近平代表新一届中央领导机构成员向世界发出“中国声音”：“新一届中央领导集体接过了党、国家、人民交给我们的沉甸甸的接力棒，我们一定要接好这一棒。全党同志的重托，全国各族人民的期望，这是对我们做好工作的巨大鼓舞，也是我们肩上的沉沉的担子。”习近平强调，中国共产党团结带领人民前仆后继、顽强奋斗，把贫穷落后的旧中国变成日益走向繁荣富强的新中国，中华民族伟大复兴展现出前所未有的光明前景。要接过历史的接力棒，继续为实现中华民族伟大复兴而努力奋斗，使中华民族更加坚强有力地自立于世界民族之林，为人类做出新的更大的贡献。

四、政德建设的主要内容

党的十八大报告强调指出：“要坚持依法治国和以德治国相结合，加强社会公德、职业道德、家庭美德、个人品德教育，弘扬中华传统美德，弘扬时代新风。”习近平总书记指出：“国无德不兴，人无德不立。”做官先做人，从政德为先。为政之德属于职业道德的范畴，对于党员干部来说，是从政之基、立身之本，是思想与行为必须遵循的基本准则。

（一）政治品德

政治品德是国家公务人员、党员干部从政为民的基石，是讲政治、顾大局、守纪律的前提和基础。良好的政治品德，对国家公务人员、党员领导干部来讲，主要体现在对党忠诚、与党同心同德上，体现在保持纯洁的思想品质、正确的价值取向和高尚的品行操守上。加强政治品德修养，自觉锤炼政治品德是国家公务人员、党员干部立身做人、为民从政的永恒课题。

1. 坚定理想信念

习近平总书记指出，理想信念就是共产党人精神上的“钙”，没有理想信念，理想信念不坚定，精神上就会“缺钙”，就会得“软骨病”。坚定理想信念，就是要坚定共产主义理想和中国特色社会主义信念，前者是我们党的最高理想和最终目标，后者是我们党在现阶段旗帜、道路、理论体系的高度统一和全国人民的共同理想。当代国家公务人员、党员干部要始终做到以党的旗帜为旗帜、以党的宗旨为宗旨、以党的意志为意志、以党的方向为方向，切实筑牢高举旗帜、听党指挥、履行使命的思想政治基础，任何时候、任何情况下都始终做到对党忠诚、听党指挥、跟党前进。

在坚定信仰和立场的同时，还要注重党性修养。国家公务人员、党员干部能否自觉加强党性修养，直接关系到党的路线、方针和政策的落实。加强党性修养，要以党的事业为重，坚决与不良倾向作斗争，讲真话、实话，在信念上忠于党、忠于国家、忠于人民，积极投身改革开放和中国特色社会主义建设事业，当好“排头兵”“掌舵手”。

2. 提升理论思维

恩格斯指出，一个民族要想登上科学的高峰，就一刻也不能没有理论思维。邓小平同志指出，党执政以来面临的最大危机就是本领的危机，最大的恐慌就是知识的恐慌。克服本领危机和知识恐慌的唯一途径，就是不断学习，把学习意识的培养和学习能力的提升作为一种工作需要来坚持，作为一种使命来强化，勤于学习、善于学习。增强国家公务人员、党员干部的学习意识和学习能力，首先要解决好“学什么”的问题，要本着“干什么，学什么；缺什么，补什么”的原则和“学干结合，学用相长”的方法，认真学习党的基本理论、基本路线、基本纲领、基本经验，增强政治素质、理论素养和政治敏锐性，提高理论水平和执政本领。

列宁指出：“只有以先进理论为指南的党，才能实现先进战士的作用。”[①]国家公务人员、党员干部特别是领导干部，要深刻认识人类社会发展的客观规律，正确把握国际、国内形势的发展大势，善于从政治视角思考和谋划工作，遇事站得高、看得远、谋得深，切实担当起重任，就必须不断提高理论思维能力。最重要也是最根本的，就是始终坚持把中国特色社会主义作为伟大旗帜来高举，作为正确道路来坚持，作为科学理论来运用，作为共同理想来追求；始终坚持用中国特色社会主义理论体系武装头脑、指导实践、推动工作，在改革开放和现代化建设实践征程中，增加认识度，增强认同感，增进认知力；把学习运用党的创新理论的过程，变成不断提高把握国情、掌握民意的洞察力，分析问题、判断形势的认知力，驾驭全局、破解难题的执行力，令行禁止、执政为民的贯彻力的过程。

3. 坚持原则立场

坚持原则立场是国家公务人员、领导干部从政为民的最基本素质。坚持原则立场要以身作则、旗帜鲜明和坚持一视同仁、人人平等，不仅在一般问题上坚持原则立场，而且在特殊事件和突发问题上更要坚持原则立场，保持浩然正气，树立可亲、可信、可敬的良好形象。坚持原则立场必须旗帜鲜明，国家公务人员、党员干部在关键时刻、是非曲直面前，要敢于坚持党的原则，不做“墙头草”，

① 《列宁选集》，人民出版社 1972 年版，第 242 页。

对违反党的原则、损害人民群众利益的事要敢“言”，对复杂矛盾、棘手问题要敢“碰”，对工作疲沓、不负责任的人要敢“批”，带头学好原则、用好原则、维护好原则，不说违反原则的话，不做违反原则的事，不搞无原则的迁就照顾。原则体现着大多数人的利益，坚持原则就要坚持人人平等，维护大多数人的利益。讲原则还要一视同仁，原则面前无特权，原则面前无例外，自觉维护原则的严肃性。避免对一部分人讲原则，对另一部分人则失去原则；也不能在这件事上坚持原则，在另一件事上却不讲原则。国家公务人员只有敢于坚持原则立场，对群众才会有说服力，在社会上才能实现公平正义。

4. 增强大局观念

习近平总书记指出：领导干部“必须牢固树立高度自觉的大局意识，自觉从大局看问题，把工作放到大局中去思考、定位、摆布，做到正确认识大局、自觉服从大局、坚决维护大局”①。大局观念是衡量从政为民政治品德的重要尺度。每一位国家公务人员、党员干部所从事的工作，都是整个党的事业的一部分，只有统筹全局，将自己所担负的责任和大局联系起来，才能洞悉全局，处理好局部和全局的关系，工作才会有方向、有成效、有章法。大局观念事关战略部署，事关整体合力，事关人心向背，意义重大。树立大局观念，做到了解大局、把握大局，思考大局、融入大局，心系大局、顾全大局，立足大局、推动大局，以宽阔的视野、振奋的精神、扎实的作风，维护好大局，服务好大局，是对国家公务人员、党员干部的政治要求。坚持大局观念还要辩证看待和处理好“得”“失”关系，要懂得在一定条件下，某些局部或一时的“失”，正是为了全局或长远的“得”。

5. 增强忧患意识

“君子安而不忘危，存而不忘亡，治而不忘乱。”(《易经·系辞下》)当今世界正在发生广泛而深刻的变化，当代中国正在发生广泛而深刻的变革，我国正处在经济体制转轨、社会发展转型时期，经济社会深层次矛盾凸显，各种思潮相互激荡，意识形态领域的斗争尖锐复杂，影响社会和谐的不安全、不稳定因素依然很多，中国特色社会主义建设仍然面临新的考验和挑战。特别是我们国家公务人员、党员干部自身的能力素质与广大人民群众的要求还存在很大差距。所以形势好了、条件好了，国家公务人员、领导干部更应该增强忧患意识。要看清形势，认清任务，始终保持高度的政治警觉，无论遇到什么艰难险阻，都要坚定信念努力工作，以只争朝夕的精神，把忧患意识转化为开拓进取的锐气和动力，把本职岗位作为提升素质的课堂、锻造本领的平台、展示才华的天地。

---

① http://politics.people.com.cn/n/2014/0717/c1001-25295733.html。

(二)职业道德

职业道德是一种受社会普遍认可，长期以来自然形成的职业规范。模范地遵守社会主义职业道德是党员干部、国家公务人员起码的责任，培育社会主义职业道德是党员干部义不容辞的责任。《中国共产党章程》在关于党员义务的条文中规定，共产党员要“在生产、工作、学习和社会生活中起先锋模范作用，带头维护社会秩序，发扬社会主义新风尚，提倡共产主义道德”。共产党员在职业道德建设中发挥先锋模范作用，是维护行业纪律、搞好行业作风，促进社会风气好转的重要环节。共产党员对职业道德的建立、倡导的态度如何，对于各行各业、整个社会的道德风尚影响极大。只要广大党员，尤其是党员领导干部，都来关心、倡导和培育社会主义职业道德，并在各自的岗位上以身作则，身体力行，就可以带动、影响周围的群众自觉遵守职业道德，从而有力地纠正行业不正之风，促进整个社会风气的好转。

1. 加强职业道德学习，提升自身素质

加强国家公务人员、党员领导干部的职业道德建设，是提高党的执政能力、巩固党的执政地位、维护政府形象的需要。国家公务人员、党员领导干部作为党的路线、方针、政策的实际执行者，人民利益的实现者、维护者，其职责就是把党的路线、方针、政策贯彻到实际工作中去，使党的意志变成人民群众推动经济和社会又好又快发展的自觉行动，最终实现、维护和发展好人民群众的根本利益。各级国家公务人员和党员干部只有具备高尚的道德，心系百姓、勤奋敬业、清正廉洁，才会具有强大的人格魅力、产生无穷的鼓舞作用，才能把人民群众紧紧地团结在党的周围。这样，党的执政能力就会不断提高，执政地位就会不断巩固。爱岗敬业，是职业道德的最基本要求。既然我们选择了这份事业，就要对自己的选择无怨无悔，积极进取，开拓创新，力求做好自己的本职工作，尽职尽责地完成每一项任务，不求最好，但求更好，不断地挑战自己，超越自己，把人民利益的最大化作为实现个人价值和党员领导干部职业道德追求的最好方式。

由于自身工作的特殊性，国家公务人员、党员领导干部必须把握做人的准则和标准，严守职业道德。一要做诚实守信之人。“人而无信，不知其可也。”(《论语·为政》)“诚者，天之道也；诚之者，人之道也。”(《中庸》)领导干部做诚信之人，不仅要对家人、朋友、下属以诚相待，言必行、行必果，更要对党、国家、人民忠诚，立志投身于共产主义伟大事业。二要做品端行正之人。古语讲，“先修身而后求能”。一个品行不端之人，仕途上也许能够上升到一定层面，但最终经不起时间的考验。领导干部做端正之人，就是要正直、严谨、公道。三要做宽厚善良之人。“人之为善，百善而不足；人之不为善，一不善而足。”(杨万里《庸

言》)领导干部的心要宽容,正所谓“宰相肚里能撑船”;要厚道,厚道是人性中的真善美;要善良,时时把群众的冷暖挂在心上。四要做勇于担责之人。人生于天地间,各有责任。“高尚、伟大的代价就是责任。”世界文学泰斗托尔斯泰曾说过,“一个人若是没有热情,他将一事无成,而热情的基点正是责任心”。针对外忧内患的明朝,顾炎武曾振臂直呼:“天下兴亡,匹夫有责。”

2. 做好本职工作,践行道德规范

要树立良好的职业道德,国家公务人员和党员干部必须从自己做起,从小事做起,通过努力实践“全心全意为人民服务”的宗旨,团结互助,团结同志,共同把工作做好,要刻苦学习,勤奋敬业,不断加强知识积累和经验积累,努力做好本职工作。为此在工作中,要牢固坚持立党为公、执政为民的工作理念,进一步密切党群关系,维护人民群众的根本利益。把实现好、维护好、发展好人民群众的根本利益作为思考问题和开展工作的根本出发点和落脚点,着力解决人民群众最关心、最直接、最现实的利益问题。积极深入基层、深入实际,努力为群众做好事、办实事、解难事,做到权为民所用、情为民所系、利为民所谋。坚持原则、秉公办事,公正、公平地运用党和人民所赋予的权力,在处理个人和群众以及群众之间的关系问题上,有明确的是非观、善恶观,知道工作中什么为重,什么该做,对服务对象不论职位高低、关系亲疏,一律热情服务,一律按政策法规办事。在本职岗位上进一步努力发挥领导干部的示范带头作用,自觉提高职业道德素质,以积极行动引领良好的职业道德风尚。

国家公务人员和党员干部要认认真真地履职,扎扎实实地干事,要为党、为人民、为社会有所作为、有所建树。“人有不为也,而后可以有为。”(《孟子·离娄下》)就是说人生在世,应该有所建树。马克思指出:“作为确定的人,现实的人,你就有规定,就有使命,就有任务。”[①]恩格斯的话讲得更彻底:“有所作为是生活中的最高境界。”教育家吴玉章常说:“人生在世,事业为重。”王国维对文学创作提出了三种境界,党员领导干部在其位、谋其政、有所为也应有这三种境界。第一种境界是“昨夜西风凋碧树,独上西楼,望尽天涯路”,是指要站得高一点,看得远一点,把自己的一时放在一生的长河中来看,把自己的一生放在历史的长河中来看;第二种境界是“衣带渐宽终不悔,为伊消得人憔悴”,是指要有一种奋斗的精神,要创业,要有所作为;第三种境界是“众里寻他千百度,蓦然回首,那人却在灯火阑珊处”,是指经过一番奋斗后,你必然有所收获。国家公务人员、党员领导干部也应当学一学这三种境界。

国家公务人员、党员领导干部要有所作为,首先要善于谋事。毛泽东说过,

① 《马克思恩格斯全集》第3卷,人民出版社1960年版,第31页。

领导者的责任总结起来，主要是出主意、用干部。谋事要求站得高、看得远，所谓“为一身谋则愚，为天下谋则智”。凡成大事者，都有一个共同的特点，那就是一事当前，必先考虑全局之成败。在中国革命和建设史上，毛泽东、周恩来、邓小平等老一辈无产阶级革命家之所以成为伟人，是因为他们具有把握社会发展规律的远见卓识，具有领导亿万人民艰苦创业的非凡能力，具有热爱祖国、热爱人民的伟大情怀，说到底就是谋事站位高人一筹。其次要勤于干事。所谓领导，是相对群众而言的。“领”，就是带领群众，“导”就是引导群众。领导干部是事情和事业的指导者、组织者和监督者，做事既不能事无巨细，陷入事务主义；又不能当甩手掌柜，放任自流。领导者具体亲力亲为，主要是抓决策、抓组织、抓协调，抓重点、抓关键、抓典型，抓指导、抓督促、抓落实。要切实按照“基层工作法”的基本要求引导群众干实事，扑下身子干大事，扎扎实实干成事。要创先争优，争做“五个模范”的优秀共产党员。再次，要勇于成事。“门对门，户对户，群众看干部。”群众看干部，主要是看你在干什么，又干成了什么。古语说“君子成人之美”。领导干部成事，要成好事，成实事，成群众衷心拥护之事，成群众能享实惠之事，成经得起历史检验之事，那些热衷于“数字秀”“口号秀”“报告秀”“政绩秀”“镜头秀”的领导干部，最终会被群众拉下马，为历史所唾弃。掌握着公共资源的领导干部成正事，益莫大焉；成歪事，害莫大焉。

3. 树立榜样作用，营造良好氛围

国家公务人员，特别是党员领导干部，既要坚持八小时之内切实加强职业道德修养，把人做好，把德立好，把事办好，把己管好，严守廉政底线，以高尚的品德、优良的职业道德和出色的工作业绩回报党、回报人民。同时，下班时间或休假期间也不能放松对自己职业道德的约束，既要把道德规范体现在做好分内工作或完成分内任务上，体现在对自己的约束上。同时，对自己工作职责之外的事情，决不持无所谓的态度。要将职业道德作为自己的一种人生境界、一种人生价值、一种灵魂深处的“刚性”约束，在社会需要和日常生活、工作、处事中将职业道德升华为一种奉献精神，作为一种光荣和幸福，而且是更高层次、更深意义上的幸福。只有这样，才能实现和提升人生价值，体现高尚人格和品质，赢得尊重和幸福，才能创造一个温馨和谐的工作、学习和生活环境。

“为政以德，譬如北辰，居其所而众星共之。”中华文明古国，历来提倡做人必见人格，做官须有官德，高官厚禄甚至九五之尊向来都是“有德者居之”。我们党从成立之日起，历来重视共产党员的自我修养，从党提出“德才兼备”到“以德为先”的用人标准来看，莫不是把“德”放在为官者的首要位置。李源潮同志提出了“四个不用”，即选用干部既要重能力，更要重品行，“不用那些以权谋私、为己干事、干部群众信不过的人，不用那些不负责任、拉私人关系、投机钻营的人，不用那些不讲原则、不分是非的‘老好人’，不用那些不干实事、无所作为混日子的人”。这“四个不用”，言简意赅，既道出了“德”在选人用人中的首要地位，树立了新形势下选用干部的正确导向，又给那些“无德者”敲响了警钟。纵观近年来一些领导干部腐败落马的案例，有这样一个特点：工作能力较强，干了不少实事，为地方经济发展做出了一定贡献，但同时也有一个共同路径：从操守不严、道德失范开始，一步步滑向违法乱纪的深渊。

国家公务人员、党员领导干部以何立德？一要坚持学习以明德。《大学》讲：“大学之道，在明明德。”要“明明德”于天下，最终要靠“致知”，也就是要靠读书来增长知识，明辨是非。吐哺为公的周公旦，铁面无私的包拯，两袖清风的于谦，竹雨民声的郑燮，甘为公仆的焦裕禄，心为民系的孔繁森……这些从政为官的道德楷模都应该成为领导干部道德追求上的标杆。二是坚持为民以树德。“德莫高于爱民，行莫厚于乐民。”（《晏子春秋·问下》）坚持权为民所用、情为民所系、利为民所谋，这是领导干部最大的“德”。党章明确规定，全心全意为人民服务是我们党的根本宗旨。广大党员干部从事的岗位虽然不同，但职为民守、责为民尽、利为民谋、益为民求、业为民兴、绩为民创的道德要求却是共同的。三要坚持务实以践德。“空谈误国，实干兴邦。”领导干部的重要职责是发展经济、造福人民，让改革开放的成果惠及最广大人民。崇尚实干、注重实效是领导干部从政道德之要义。四要坚持清廉以养德。“万分廉洁只是小善，一点贪污即为大恶。”（真德秀《西山政训》）国家公务人员要“干干净净为国家和人民工作”。干干净净体现在哪里？那就是从政者要保持的“廉政”这一底线。国家公务人员、领导干部不能对自己手中的权力存非分之想，谋额外之利，寻权力之租。2013 年 3 月 8 日，习近平总书记在参加十二届全国人大一次会议江苏代表团审议时强调，面对纷繁的物质利益，要做到君子之交淡如水，“官”“商”交往要有道，相敬如宾，而不要勾肩搭背、不分彼此，要划出公私分明的界限。

（三）社会公德

社会公德是全体公民在社会交往和公共生活中应该遵循的基本行为准则。社会公德反映了人类社会生活最一般的关系，能否遵循它是衡量社会进步和人类文明的重要标志。社会公德作为社会主义道德范畴的一个方面，是以为人民服务为核心，以集体主义为原则，以爱祖国、爱人民、爱劳动、爱科学、爱社会主义为基本要求的。在《公民道德建设实施纲要》中，社会公德被定义为全体公民在社会交往和公共生活中应该遵循的行为准则，涵盖了人与人、人与社会、人与自然之间的关系。其主要内容为：文明礼貌、助人为乐、爱护公物、保护环境、遵纪守法。我们党自成立之日起，无数共产党人就身先士卒、义无反顾地站在时代前列，大力倡导和坚决维护社会公德。在新时期，维护社会公德的“接力棒”传到新一代共产党人手中。

1. 自觉弘扬社会公德

健康向上的社会公德，是增强民族凝聚力和向心力，全面建设小康社会，加快推进社会主义现代化建设，开创中国特色社会主义事业新局面不可或缺的精神基础，也是精神文明建设必须长期贯彻和坚持的重要遵循。

党的十八大号召全党、全军和全国各族人民大力加强社会公德、职业道德和家庭美德建设，只有每个国家公务人员、党员干部积极响应、带头宣传、模范践行，对广大群众才有巨大的号召力和吸引力；只有每个国家公务人员、党员干部自觉维护社会公德，公民基本道德规范才能具有生命力和约束力。因此，国家公务人员、党员干部应该自觉保持党的先进性，强化责任意识和表率意识，不断清除思想上的“俗气”和“尘土”，不断和自身的私心杂念作斗争，带头维护社会公德，走在全社会的前列，当好社会公德建设的排头兵。践行和维护社会公德，还应该确立高标准，时时处处毫不懈怠，在日常道德行为养成上敢做楷模，敢做标兵；在社会公德建设的重任前身体力行；在破坏社会公德的现象面前敢于仗义执言、扶正压邪、以身护德。只有这样，从我做起，从点滴做起，从日常养成做起，才能真正以自身的正义之举和示范之行感染群众，团结和带领群众为净化社会风气、促进社会文明、加强社会公德建设多做贡献。

2. 建立健全有效载体

马克思主义伦理学认为，无产阶级的阶级利益是无产阶级判断善恶的基础。凡是有利于无产阶级和人民群众利益的行为，凡是有利于改革开放和社会主义现代化建设的行为，凡是遵循或合乎共产主义道德原则规范的行为，就是善的、道德的，反之就是恶的、不道德的。《公民道德建设实施纲要》中已明确规定了社会公德建设应该把握的核心、原则及其主要内容等，我们应该以此为依据，出台更具有操作性的、符合社会发展现阶段需要的评价标准，以区分善与恶、美与丑、对与错，并更好接受来自社会各界的监督，切实达到解决目前社会公德建设中存在的问题和惩恶扬善、治病救人的目的。

加强国家公务人员、党员干部的社会公德建设，主要靠教育，还要有制度依托。要通过进一步建立健全有关加强党员干部社会公德建设的学习制度、整改制度、责任制度、监督制度等，用制度的手段促进党员干部社会公德建设的开展。同时，还要结合党员先进性教育、“三严三实”学习教育实践活动等多种载体，多渠道、全方位、立体化开展社会公德建设，认真落实有关加强党员干部社会公德建设的目标任务。

3.切实加强自律意识

道德的基础是人的精神的自律，社会公德的基本特点在于它的非强制性，是人们主动为自己立法并自觉遵守的内在自觉性。社会公德规范是基于对社会应然秩序的觉解而提出的对社会成员的普遍要求，它的应然性和普遍性对个人既是一种制约，又是一种引导，是道德规范内化的结果。通过提高党员干部自律意识和自律能力，把社会公德观念根植于党员干部心中，把遵守社会公德变为其内在自觉性，而不是他律，从而自觉抵制腐败，崇扬清正廉洁之风，并以此来促进反腐倡廉建设的有效开展，是加强党员干部社会公德建设的最终目标。

要求国家公务人员、党员干部必须勤俭自强、敬业奉献、明礼诚信、团结友善。要恪守正确的世界观、人生观、价值观、权力观、政绩观、金钱观。要分清是非、善恶、美丑界限，反对是非混淆、拜金主义、享乐主义、极端个人主义、见利忘义、损公肥私、不讲信用、欺骗欺诈、以权谋私、腐化堕落现象。要树立对工作精益求精的工作态度，树立崇高的理想和道德，把困难留给自己，甘洒快乐向人间。要用深刻感人的实事教育每一位国家公务人员、党员干部，“纵有粮田万顷，日食不过三餐”“纵有广厦万间，安睡不过八尺”；搞业务不搞权术，搞团结不搞宗派；要求领导干部遇曲折不悲观，心理不失衡，主义不能改，意志不能移。

（四）家庭美德

家庭是社会的细胞，家和万事兴。中华民族历来讲究“修身、齐家、治国、平天下”，注重家庭美德的传承与弘扬。习近平在全国组织部长会议上指出：“干部德的标准应当包括干部的政治品德标准、职业道德标准、家庭美德标准和社会公德标准”，强调把“家庭美德标准”纳入干部道德考察范围。

1.家庭美德是党员干部道德修养的重要内涵

现阶段，坚持德才兼备、以德为先，已成为我们选拔和任用干部的重要标准和原则。追崇美德、践行美德，是我们始终倡导和坚持的执政为民的重要内涵。而家庭道德表现如何，是检验干部美德素养的最主要“窗口”，家庭道德作为“八小时外”的私下表现，又是政德的真实展现。在纪律和法律的约束下，一个无德之人可能会在工作岗位上取得成绩，但在“八小时外”的家庭、作风问题上，其本质会暴露无遗。因此，在家是否尊老爱幼、夫妻是否和睦、邻里是否团结等等，都直接关乎干部的道德水平，进而折射出其为人民服务的水平和能力。因此，国家公务人员、党员干部的家庭美德，不但需要，而且应成为全面衡量干部综合素质的标志，是党员干部做到“立身不忘做人之本”的标志。此外，家庭美德还是对干部政德认识观念的一种突破，对于坚持德才兼备、以德为先用人标准作了很好的拓展,并且对解决一些干部道德缺失问题起到很好的引导作用。

毋庸置疑,我们绝大多数干部十分注重家庭美德,在家是好丈夫(好妻子)、好父亲(好儿子)、好邻居,在外是好公仆。但也有少数国家公务人员、党员干部道德素质差,在家或不孝敬父母,冷言冷语;或夫妻矛盾不断,恶语相向,有的甚至在外包养情妇;或在邻居面前趾高气扬,唯我独尊。如此种种,不但影响了家庭和睦,而且严重损害了干部队伍形象。“一屋不扫,何以扫天下?”(《后汉书·陈蕃传》)可以说,不注重家庭美德的人,与家人、邻居都不能和谐相处的人,其根本无从谈起为民服务,与民心连心。因此,家庭美德应作为衡量国家公务人员、党员干部品行优劣的重要标准来加以运用和推介。

2.践行家庭美德要从小事做起

市场经济时代,国家公务人员、党员干部面临的诱惑很多,市场交换原则已经渗透到社会生活的方方面面,不可避免地渗透到道德生活和家庭生活领域,权色交易、权钱交易等现象不可避免地存在,极大地败坏了社会风气,而党员干部中的少数腐败分子在家庭道德方面出现的严重缺失,腐蚀了干部队伍的健康肌体,其恶劣影响损害了党的形象,败坏了社会风气。因此,家庭美德要继承发扬,而党员干部更要成为家庭美德的榜样。

我们树立尊老爱幼的良好道德品质,既是中华民族传统的家庭美德,也是社会主义家庭美德的重要规范;全社会形成男女平等的美德,是指既要反对“大男子主义”,也不赞同“夫人专政”或“妻管严”,夫妻平等相待,相敬如宾,是夫妻和睦的关键,也是建立美满幸福家庭的关键;勤俭持家是我国传统道德中传播最久的美德之一,我们提倡婚丧嫁娶要从简,并不是淡漠人情、违背道德良心,而是弘扬淳朴、善良、勤俭节约、艰苦奋斗的美德;搞好邻里团结重要的是互相尊重,邻里之间应该以礼相待,互谅、互让、互帮、互助,团结友爱。

广大国家公务人员、党员干部要时刻提高警惕,严于律己,将家庭美德当成必修课。不仅要遵章守纪,更要在监督机制相对不够成熟的家庭问题上严格要求,培养良好的家庭道德。“修身、齐家、治国、平天下”,欲“治国、平天下”,必先“修身、齐家”,党员干部要常修为政之德,提高自身的家庭道德修养,从自身做起,从身边做起。严格地要求自己,戒骄戒躁,谦恭自处。一要清廉。“公生明,廉生威。”(郭久礼《官箴》)要一身正气,两袖清风,不以权谋私,贪赃枉法。二要节俭。“一粥一饭,当思来之不易;半丝半缕,恒念物力维艰。”(朱柏庐《朱子治家格言》)办一切事情都要勤俭节约,不搞铺张浪费,劳民伤财。三要奉献。处天下之事,当有天下之心。

(五)个人品德

国家公务人员、党员干部的个人品德是党的作风体系的有机组成部分。全面加强党的作风建设，必须加强国家公务人员、党员干部的个人品德建设。当前，我们的党员干部总体来说是好的，但是也有部分党员干部放松了世界观的改造，理想信念动摇，革命意志衰退，经受不住权力、金钱、美色的考验。不良的个人品德，使他们在思想上、行为上严重背离了党的宗旨和党员的信仰，使党的形象受到损害，影响了党的战斗力、凝聚力和号召力。不良的个人品德与社会主义价值观相对立，败坏了社会风气，破坏了党的优良传统和中华民族优秀的文明成果。因此，必须重视国家公务人员、党员干部的个人品德建设，务必使党的干部始终保持不骄不躁、艰苦奋斗的作风，诚心诚意接受人民监督，严于律己，廉洁奉公，兢兢业业，干干净净为国家和人民工作。

1.个人品德建设乃立身之本

个人品德建设是保持共产党员先进性的关键所在。“勿以善小而不为，勿以恶小而为之。”(《三国志·蜀志·先主传》)品行是一个人真实思想、情感和道德品质的反映，体现出一个人的品格、人格和风格。小节虽小，却事关大节。现阶段，大多数国家公务人员、党员干部都比较注重自身的道德建设，处处严格要求自己，始终保持共产党人的先进性。但是也应该看到，确有少数党员干部忘记了党的宗旨，经不住各种诱惑，堕入贪欲泥潭，甚至走上违法犯罪道路。实践证明，小事、小节中有政治、有方向、有形象。一个在小节上都过不了关的党员干部，也很难在大事、大节上过得硬。因此，广大国家公务人员、党员干部要切实克服小节无害的思想，坚持从大处着眼、小处着手，把小事当作大事做，把小节当成大节看，“聚细流而成江海，积跬步而行千里”。良好的个人品行，需要靠长期实践的磨砺，要养气、养心、养习。养气就是要养勤俭之气、谦逊之气、刚强之气、儒雅之气，养共产党人的蓬勃朝气、昂扬锐气和浩然正气；养心就是养对党忠心、待人诚心、干事专心，取得成绩虚心、战胜困难恒心、为人民服务耐心；养习就是在生活中培养好的习惯。只有这样，才能德在心中永驻，始终保持共产党人道德上的纯洁性，始终保持共产党员的先进性。

个人品德建设是全面加强国家公务人员、干部队伍建设的迫切要求。我们党要始终站在时代前列，团结和带领全国各族人民实现历史和时代赋予的庄严使命，就必须建设一支人民满意的、高素质的、能够担当重任、经得起各种风浪考验的干部队伍。而个人品德是一个人世界观、人生观和价值观的重要体现，是党员干部的道德水准和精神境界的重要标志，是展示党员干部的个人形象和党的形象的重要窗口，也是党员干部恪守情操、拒腐防变的重要防线。如果我们的国家公务人员、党员干部思想空虚、不思进取、精神颓废、贪图享乐，生活上高标准，工作上低要求，是不可能为党和人民的事业奉献一切的；是不可能与人民群众患难与共，团结和带领广大群众完成历史和时代赋予的使命的。因此，要建立一支高素质的干部队伍，必须大力加强党员干部的个人品德建设，确保党员干部队伍的纯洁性，做到一身正气、一尘不染，以共产党人的高风亮节和人格力量影响和带领广大人民群众，全面建设小康社会，加快推进社会主义现代化进程，最终实现中华民族伟大复兴的“中国梦”。

个人品德建设是增强国家公务人员、党员干部影响力和凝聚力的基本前提。“修身，齐家，治国，平天下。”正人先必正己，治国先必治家，治家先要修身，把修身养性放在齐家、治国的首位。操守失范、品性扭曲、情趣低俗、精神空虚的人连修身都做不到，何以齐家、治国？国家公务人员、党员干部作为群众的领导者、示范者，他们的凝聚力和感召力来自个人品德和才干，而不是官位和权力。在我党的干部队伍中，像焦裕禄、孔繁森、牛玉儒、任长霞等党员干部，他们崇高的个人品德对人民群众产生了巨大的影响力和震撼力，是他们深得群众爱戴的根本原因。而像周永康、薄熙来、徐才厚、令计划、苏荣之类，他们在改革开放和市场经济的大潮中，忘记了共产党人的宗旨，放弃了对世界观的改造，将个人品德抛诸九霄云外，最终因个人品德失范、修养失基而被人民唾弃。优秀的党员干部之所以为老百姓所拥戴，除了能力外更重要的是他们良好的品行，这就是党员干部影响力和凝聚力之所在。

2.个人品德建设须正己

从政者先正己，是中国沿袭几千年的伦理。孔子曰：“政者，正也。子帅以正，孰敢不正？”(《论语・颜渊》)“其身正，不令而行；其身不正，虽令不从。”(《论语・子路》)唐太宗李世民也说过这样一句话：“君不约己而禁人之非，是犹恶火之燃，添薪望止其焰……莫若先正其身，则人不言而化矣。”(唐太宗《帝范・务农》)明清之际王夫之总结历代王朝之兴衰，说：“夫为政者，廉以洁己，慈以爱民，尽其在己者而已。”(王夫之《读通鉴论・隋文帝》)老一辈无产阶级革命家毛泽东、刘少奇、朱德、周恩来、邓小平等无不是严于律己的典范。毛泽东同志一生简朴，一件睡衣补了又穿，穿了又补，彰显了伟人的廉洁风范；刘少奇 1960 年率团出访苏联，没花公家一个卢布；朱德直到逝世都没同意工作人员维修一下过高的澡盆；周恩来参加义务劳动，到了工地就说：“这里没有首长，在这里大家都是普通劳动者。”老一辈无产阶级革命家的一言一行，是镜子，在时时照亮我们；是警钟，在时时警醒我们。

新形势下，作为人民公仆的国家公务人员、党员领导干部要起模范带头作用。明朝曹臣《舌华录》载：“赵士和举进士，将之官，其父戒之曰：‘愿尔辈为好人，不愿尔辈为好官。’”还有一则这样的故事：古代一位举子进京赶考，进考场前在路上发现一枚铜钱，便急忙用脚踩住，见四下无人，迅速将钱捡起塞入囊中。考生此举恰好被站在远处的主考官看见。后来，这位考生的文章写得很好，若凭文章，完全可以金榜题名，但主考官断然将他除名，并作诗一首贴在墙上："一枚铜钱尚动心，要他为官定害民。贪心从此须悔改，未做官前先做人。"国家公务人员、党员领导干部必须首先做一个好人。1939年，毛泽东同志号召全党向白求恩同志学习，做"一个高尚的人，一个纯粹的人，一个有道德的人，一个脱离了低级趣味的人，一个有益于人民的人"[①]。尔后，毛泽东要求全党同志"当老实人，讲老实话，做老实事"。邓小平要求家人"夹着尾巴做人"。习近平总书记在中央党校2008年春季开学典礼上强调："领导干部要认认真真学习，老老实实做人，干干净净干事。"

3. 个人品德建设须正心

"正心修身"是古代有所作为的政治家必须遵循的原则。国家公务人员、党员干部要牢固树立正确的世界观、人生观、价值观，保持共产党员的先进性和纯洁性，对人民存一颗感恩心，对工作存一份进取心，对名利存一份平常心，对权力存一份敬畏心。国家公务人员、党员领导干部一定要抗得住诱惑，耐得住寂寞，守得住清贫。任何非分之想都会给党和人民的事业造成无可挽回的损失。正心还要正手，不乱拿。陈毅元帅的"手莫伸，伸手必被捉"，可谓振聋发聩，给人以启迪和警示。权力是把"双刃剑"，如果自身不正，党员领导干部手中的权力犹如"油桶"，极易引火烧身；就如"炸弹"，弄得身首异处。时下有些领导干部喜好与老板打交道，如果其身正，本也无可厚非，但若在相交中相互利用，搞权钱交易，那就大错特错了。正己还要正口，不乱吃。"病从口入，祸从口出。"管好自己的嘴，很是重要。时下，大吃大喝、铺张浪费的干部大有人在。更有极少数领导干部吃了、拿了别人的却信口开河、胡乱表态，不该讲的随便讲。领导干部管住自己的嘴，就是不能利用职务之便，随便接受吃请；就是要防止"祸从口出"，不该说的不乱说，违法乱纪的事不许诺，尤其在提拔干部、选人用人上不"跑风漏气"，用党纪国法把住这个"入口"和"出口"。正心还要正足，不乱走。"近朱者赤，近墨者黑。"(《荀子·劝学》)从近年来被查处的领导干部来看，大都是经不起诱惑，从推杯换盏的饭桌到声色犬马、灯红酒绿的娱乐场，没有管住自己的腿，丧失了应有的立场，忘记了自己的身份，最终身陷囹圄。党员领导干部要恪守"小节不小"的古训，坚持行正道，不走邪路，多下基层了解百姓的冷暖，扑下身子多干些群众称赞的实事。

4. 个人生活情趣须健康

习近平总书记在《之江新语》中指出："生活情趣非小事。风成于上，俗形于下。领导干部的生活作风和生活情趣，不仅关系着本人的品行和形象，更关系

① 《毛泽东选集》第2卷，人民出版社1991年版，第660页。

到党在群众中的威信和形象，对社会风气的形成、对大众生活情趣的培养，具有‘上行下效’的示范功能。”①生活中有政治，情趣上看形象。名节源于修养，境界升于内省。小节不保，大节难守。对党员干部来说，生活情趣绝非个人生活小事，而是事关大节。要善于辨别情趣爱好的良莠，克己慎行，洁身自好，常念“紧箍咒”，心境求高洁，人格尚完美，学养求丰富，不以“小节无碍”而原谅自己，不以“下不为例”为己开脱，不以“别人不知”而放纵自己。要理性把握情趣爱好的尺度，不随波逐流，不在纸醉金迷中耗费生命，更不痴迷其中难以自拔。油水多的地方往往很滑，并且跌倒了难以爬起来。人生简朴些、平淡些，欲望就会少一些，烦恼就会远一些。共产党员要常修为政之德，常思贪欲之害，常怀律己之心。慎交友，远离不仁之人；去陋习，远离不良之好；多节俭，远离不义之财，做“一个高尚的人，一个纯粹的人，一个有道德的人，一个脱离了低级趣味的人，一个有益于人民的人”。

五、政德建设的主要路径

政德建设作为一项内容丰富的系统工程，必须以一定的科学理论为指导，依托一定的载体来推进。从理论指导、现实环境、建设载体出发，深入探索政德建设的路径，是政德建设工程至关重要的环节和必不可少的步骤。

（一）理论建设

政德建设作为一项特殊的道德建设工程，需要科学的理论指导，那么政德的理论研究工作也成为首要任务。从理论上讲，政德属于伦理学研究范畴，涉及政治伦理、行政伦理和领导伦理。另外，政德还属于政治文化的重要内容。

政治伦理研究政治权力中的道德问题，而领导干部是权力的直接掌控者，因而，从政治伦理的视角研究政德十分必要。行政伦理是伦理学的原则、规范在公共行政领域的运用和体现。行政伦理是伦理学和公共行政学对行政人员的共同规范，其核心是规范在政务过程中特定的权力义务关系以及公共利益与个人利益的关系。从本质上讲，行政伦理体现为一种特定的公共利益观念，这种观念的出现是公共权力产生与发展的结果。从理论上讲，领导干部有代表和实现公共利益的责任，但在生产力还不发达的情形下，“官”还只是一种谋生的手段、一种特殊的职业，因此，无法保证领导干部在行政活动中不谋取私利。如

---

① 习近平：《之江新语》，浙江人民出版社2007年版，第261页。

何处理这对矛盾,除了法律法规的硬性约束以外,行政伦理是最主要的内在约束机制。行政伦理是包括行政思想、行政态度、行政责任、行政纪律、行政良心、行政荣誉、行政作风等七个主要范畴的行政道德范畴体系。

领导伦理与政治伦理、行政伦理等有相似之处,但其侧重点在于突出领导干部作为领导者与被领导者或追随者之间的关系问题,尤其突出领导者个人的道德素质和能力。党政领导干部是我国各项事业的主要领导者。领导活动和执政活动是两种不同性质的活动。从执政角度来讲,社会主义国家党的领导与执政之间的内在逻辑是:领导是执政的政治前提,而有效执政是实现有效领导的政治基础;只有党的领导拥有了立于不败之地的政治基础和社会基础,党的执政才能获得高度的合法性,从而使党的领导和执政共同立于不败之地。显然,在这一政治逻辑中,领导和执政是紧密联系在一起的,领导是前提,执政是关键,但领导不能代替执政,执政也不能代替领导。

从文化的视角看,政德是一种政治文化。文化,广义指人类在社会实践过程中所获得的物质、精神的生产能力和创造的物质、精神财富的总和。狭义指精神生产能力和精神产品,包括一切社会意识形式。文化是一个极为复杂的概念,定义繁多。而且,其表现形态也极其丰富,对文化结构、文化类型、文化载体、文化形态的认识更是"仁者见仁,智者见智"了。文化主要包括三个层次。第一层是思想、意识、观念等等。思想意识中最重要的有两个方面:一是价值观念,一是思维方式。每个民族都有它比较特殊的价值观念和思维方式。第二层是文物。思想意识必须实物化,表现在实际的事物上,哲学家一定要有著作或语录,没有这些,一个哲学家在历史上也就起不了什么作用,著作就是思想的表现。文学家要有自己的作品,诗人要写诗,画家要画画,也就是说,思想观念一定要表现在实物上,这是文化的重要内容,这也就是文物,文物就是表现文化的实物。第三层是制度、风俗,是思想观点凝结而成的条例、规矩等。人类的政治生活总是受到一定的思想观念与价值体系的支配和规范,这种思想观念和价值体系通过政治行为和规章制度得以表现出来。领导干部作为特定执政集团的成员、作为政治权力的行使者,是以某种政治价值观念的承担者身份来参与政权活动的,因而,政德反映了一定的政治理想、价值观念、执政理念等深层次内容,赋予特定的政治统治以伦理上的合理性,即表现为一种政治文化。总之,推动政德的理论研究和建设,是推动政德实践的重要基础,必须下大气力进一步研究。

(二)心理建设

心理学认为,动机支配行为。一般来说,没有动机的行为是不存在的。社会转型期，社会结构的变迁不可避免地使社会心理发生复杂嬗变。社会结构转型就像一场核裂变：一方面，它释放出无比巨大的热能，推动社会前进；另一方面，它也释放出大量的破坏性力量，使人类丧失理性，以至于假冒伪劣、杀人越货、卖淫吸毒、腐化堕落、坑蒙拐骗的功夫全都派上了用场，使社会似乎变成了展示兽性的角斗场。

大环境如此，为官者作为社会中的特殊群体，也不能独善其身。转型期大量政德失范现象背后都有极其复杂的社会心理因素。加强政德建设，应该充分研究领导干部的社会心理现状，并及时给予引导和纠正。

改革开放以来，随着社会结构的变迁，人们的思想感情、价值取向和心理承受能力都有了很大变化，领导干部是改革开放的倡导者、组织者，他们掌握着党政各部门大大小小的权力和整个社会各个领域资源分配的主动权，但是，他们又是受动者，在整个利益格局重新调整的过程中，领导干部掌控的权力不同，掌握的资源不同，所获得的利益也就不同，因而，对既定利益格局的改变使得部分领导干部产生了“相对剥夺感”，心理很不平衡，由此产生用手中的特权寻求补偿的腐败行为。

当前，在市场经济快速发展和社会结构不断变迁的情况下，有些领导干部在特权意识、攀比心理、从众心理、侥幸心理等社会心理作用下，慢慢打破个人心理防线，开始了程度不同的腐败行为；有的领导干部在临退休前捞一把的补偿心理作用下，利用快“过期”的权力，肆无忌惮地搜刮钱财；而在“集体安全”心理的作用下，群体腐败也不足为奇。

从心理学的角度来谈政德建设，第一，要从人性的基本常识出发，正视领导干部的心理诉求、特点和规律。作为领导干部，不论其官职有多大，他首先是人，具备人性的基本特征。贪权、贪钱、贪色首先是人性使然。领导干部也为人父、为人夫，也为人母、为人妻，也有物质利益、精神利益的需求，也有喜怒哀乐，也有攀比心理等。其次是因为他手中有权，就有贪污腐败的机会。因此，从人性论和心理学的角度来看政德建设，对领导干部就要从严要求。领导干部要尽职尽责地为群众服务，要在关键时刻发挥先锋模范作用，要勤政廉政等，这都是作为一名国家公务人员必须具备的道德素养，但不能不允许其追求更高层次的物质生活和精神生活。在一定程度上，新加坡实行的“高薪养廉”政策正体现了人性常态和大众心理。第二，要反复强化领导干部的道德修养，倡导“腐败可耻”的耻感文化。美国人类学家、社会学家本尼迪克特的名著《菊与刀》里面提出了“耻感文化”一词。耻感文化主要是指当一个人有了过错，迫于外部舆论压力而产生的羞耻感。耻感文化是遏制腐败行为的重要心理因素。2009 年，韩国前总统卢武铉因妻兄与幕僚索贿受贿，涉嫌滥用公权力，涉嫌腐败，深陷丑闻泥潭,并最终因抑制不住内心的耻辱感而自杀身亡。卢武铉身居要职,严于律己,以死谢罪,展示了人性自律的价值。

(三)环境建设

马克思说:"人创造环境,同样环境也创造人。"[①]人们创造着环境,同时人也是环境的产物。人类的一切道德活动都离不开特定的环境。宏观的社会道德环境和制度环境对领导干部道德素质的形成和发展起着极其重要的作用。良好的社会道德环境对政德建设发挥积极的影响;相反,败坏的社会道德环境对政德建设产生消极的影响。改革开放以来,随着市场经济的逐步发展,拜金主义、享乐主义等不良风气在社会中蔓延,对部分领导干部造成了一定的心理冲击,在从众心理的作用下,一些领导干部开始模仿社会上的"经济人"搞一些小动作,包括拿"回扣"、收"信息费""好处费"等等;并振振有词曰:"这是社会大气候,加我一个不算多,缺我一个也不算少。"于是,在工作和生活中开始放松警惕,通过权钱交易、权权交易等攫取物质财富和高官厚禄,追求所谓的"幸福生活"。其实,领导干部的腐败行为与社会公众心理的衰落产生交互影响。一方面,领导干部的腐败给社会公众心理造成极其严重的负面影响,主要表现为:领导干部腐败加剧了公众的相对剥夺感和受挫感,降低了社会关怀感和社会责任感;另一方面,社会公众心理的衰落又反过来为腐败的蔓延、各种违法犯罪行为的产生提供了社会心理土壤。于是,在这样的恶性循环中,政德下滑很难停止。

政德建设环境分为社会环境和制度环境。政德作为社会道德的一部分,它总是依靠社会舆论、传统习俗和人的内在信念、修养等方面的力量来调整领导干部与国家、社会、民众之间的相互关系,也就是说,社会环境对政德有着潜移默化的作用,影响着政德的评判标准和发展方向。社会道德环境是一种社会生活常态,是政德建设的土壤和重要载体。舆论环境往往能感染或诱导人们的行为方式,好的道德环境往往能带动更多的人自觉遵守规范。转型期的中国社会,社会道德环境极其复杂,道德滑坡现象在一定范围内存在。加上中国曾经历长期的封建专制主义统治,极其缺乏现代民主意识和公民意识,梁启超曾疾呼:"中国数千年之腐败,其祸及今日,推其大原,皆必自奴性来;不除此性,中国万不能立于世界万国之间。"[②]时至今日,奴性、官本位意识仍然是阻碍中国社会进步的一大顽疾,也是政德失范的一个重要因素。不少领导干部在官场颐指气使、飞扬跋扈,封建的臣民思想的余渣不时泛起。"官本位"意识下人们以官为贵、以官为尊,为官而官,潜意识里助长了部分领导干部的嚣张气焰,影响了当

① 《马克思恩格斯选集》第1卷,人民出版社1995年版,第92页。

② 《梁启超文集》,燕山出版社1997年版,第689页。

代中国政德的健康发展。因此,我们迫切需要培养中国人的现代公民意识,使在中国大地上因循守旧生活了几千年的中国人成为具有现代意识的公民,推动整个社会道德环境向现代化转型。

制度环境,既包括通常意义上的具体的规章、制度和条例,也包含领导体制、权力运行机制等内容。良好的制度环境,可以规范人们的行为,制约不良行为的蔓延。政德建设,必须要有相应的制度来保证。制度本身有一定的价值指向性,通过制度把政德规范固定下来,使领导干部的从政行为有章可循,防止了道德无序现象。邓小平深刻总结"文化大革命"的教训,他对制度建设感触颇深,他说:"我们过去发生的各种错误,固然与某些领导人的思想、作风有关,但是组织制度、工作制度方面的问题更重要。这些方面的制度好可以使坏人无法任意横行,制度不好可以使好人无法充分做好事,甚至会走向反面。"邓小平进一步指出,领导制度、组织制度问题更带有根本性、全局性、稳定性和长期性。邓小平提出对各级领导干部的职权和政治、生活待遇,要有明确的规定,要制定各种条例,最重要的是要有专门的机构进行铁面无私的监督检查。

有了好的制度环境,领导干部的从政行为和个人生活都容易处于一个自然、健康的状态下。从制度上铲除腐败分子产生的条件,从文化上改造滋生腐败的土壤,这才是更加重要的工作。不然,腐败分子就会像春天的韭菜一样,割了一茬又生一茬,永远割不完。因此,在认真清查腐败分子的同时,我们还要注意从制度创新和文化创新上来堵洞塞源,使腐败分子揪住一个少一个,而不是相反。

(四)载体建设

载体是指能够贮存、承载和传导其他物体的物质。作为载体必须具备两个条件:第一,必须是承载一定物质的物质。第二,必须是承载他物进行运动的物质。只承载他物而不运动也不能成为载体。因此,载体必须具有承载并运输或传导的功能。政德载体是指政德的存在方式及其外在表现形态,是承载、传导领导干部的价值理念、品德修养等各种形态的总和。人们在政治活动或日常生活中,总是有意识或无意识地大量使用政德载体,它们承载着政德的核心理念并使政德功能向现实转化。一般来讲,政德载体具有承载功能、展示功能和传导功能。搞好政德载体建设是推动政德建设工程的重要抓手,必须靠环境的熏陶和教育的强化促使政德思想价值观念的养成;必须积极搭建政德作风建设平台,加强从政姿态建设和管理;必须加快政德立法的步伐。

政德是特定时期政治文化的主要表现形态。政德载体在不同方面都有极为丰富的形式:最内在的载体是思想价值载体,最直观的载体是语言载体、行为载体和物质载体，最具有稳定性和根本性的是制度载体。这些不同形式的载体在一定条件下共同发挥作用。政德的思想载体，主要是指领导干部的政治信仰、政治态度和情感等在其政治理想、从政理念、政德责任意识等方面的表现形态。政德的言行载体和物质载体是最直观、最外在化的载体形式，是领导干部的政治思想、政治情感以及道德修养通过言行等表现出来的形态，它是政德内涵的外在展示，也是政德修养升华的必经途径。领导干部的口头语言与语言风格往往能比较直观地反映出他的话语形象。就内容来讲，领导干部的讲话能比较直接地反映他的世界观、人生观、价值观，直接反映他的从政理念、政治道德素养与人格。网上爆红的所谓“局长的电话是一般群众不能打的电话”“你是准备替党说话，还是准备替老百姓说话?”“跟政府作对就是作恶”“没有强拆就没有新中国”等“雷人话”，反映出领导干部自身内在修养不够，价值观、权力观扭曲和正确的从政理念的缺失。就讲话风格来讲，有的领导干部坚持讲真话，言行一致；在不能讲真话的情况下尽量保持沉默，至少不说假话，不说大话，不说空话，以诚待人；而有的领导干部讲话风格完全相反，官腔十足，大话、套话、空话长篇累牍。“雷人话”与官腔直接施展的是“官威”，但结果是事与愿违，破坏了政德形象，拉开了官民之间的距离，损害了官民之间的感情。习近平总书记连续在不同场合讲短话、讲实在话，用朴素平实的讲话风格展示了新一代领导人质朴、求真、务实的新形象，赢得了强烈的社会反响。

政德的书面语言载体，主要指领导干部公开发表的语录、回忆录、著作等。文字是思想、信息传递最具有持久性的载体。为官之道往往通过文字一代一代传承下来，古今中外，概莫能外。官书、官箴，乃至家训，往往承载着为官者的思想观念、从政心得等，其中所蕴含的真知良言正是政德的集中体现。

政德除了通过语言，还常通过具体行动和从政姿态表现出来。政德高尚与卑劣最终要通过实践活动呈现出来，表现为领导干部作风，包括思想作风、工作作风、生活作风等。为官者工作是否认真严谨，从政姿态是否积极，生活情趣是否健康，都直接呈现在群众眼中。作风和从政姿态是领导干部思想价值的自然流露，有的却是基于某种动机的主动选择。前者如焦裕禄、孔繁森、任长霞、牛玉儒、郑培民、王瑛、沈浩、杨善洲等一大批好干部，他们用坚定的信念、务实的态度、严谨的作风、顽强的意志、公而忘私的情怀等，践行着“全心全意为人民服务”的承诺，用实际行动塑造着人民公仆的形象。他们的从政姿态，折射出他们崇高而伟大的人格，感动着无数中华儿女。而后者如周永康、薄熙来、徐才厚、令计划、苏荣等，在东窗事发之前，无不信誓旦旦，兢兢业业，政德形象塑造得可谓完美至极。这是有目的地主动选择的结果，其形式和内容完全背离，他们以亲民爱民、勤政廉政之名行损人害民之实，最终被人民所唾弃。

政德物质载体主要是指以物化的形式体现政德所蕴含的基本内涵和理念。政德的物质载体主要体现在领导干部的私人生活用品(如衣服、鞋帽、饰品等)、“三公消费”以及从政姿态(如代表性颜色、宣传标语、象征性器物等)上。

作为公众人物,领导干部的私人生活也不同程度地被投射到公众视野之内。领导干部的衣着可以体现清正廉洁的政德要求,也可以成为压垮贪官的最后一根稻草。如果领导干部服饰过于奢华,那么百姓就会质疑:“不知道是自掏腰包购买的,还是由公款买单,享受超国民待遇?”平常百姓穿名牌是个性表达,而领导干部穿双名牌鞋或带块名牌手表都直接刺痛公众敏感的神经。在西方社会,官员穿戴奢侈品是大忌,而我国却有不少领导干部乐此不疲地以此来证明自己的身份和地位。“三公消费”是备受关注的重要内容。领导干部作为公职人员,其掌握和行使的公权力是人民赋予的,也只能被用于公共目的,即为人民谋福利。“三公消费”居高不下,其中一个重要原因是经费没有全部用于公共目的,不少领导干部借机为个人、为家庭、为亲朋好友谋福利,其中饱私囊的行径引起民众的质疑。

象征性的颜色和象征性器物等也是政德的重要载体。不同颜色和相关器物往往带给人们不同的心理暗示。比如,在 1959 年 6 月举行的新加坡总理就职仪式上,李光耀率领的内阁成员全部身穿白色衬衫和白色长裤,他们用白色象征纯洁和廉洁,表明廉洁从政的决心。此后只要出席重要的公众场合,官员们都会身穿白衬衫和白长裤,这成为新加坡政坛一道独特的风景。再比如,新加坡人民行动党将党的总部建在很不起眼的场所,党的基层支部都建在很普通的地方,广大党员的生活都很低调、节俭。所有这些都是新加坡政德最直观的展示。

制度载体是政德最具稳定性和根本性的载体形式。制度是要求人们共同遵守的办事规程或行动准则。政德的制度载体,是指以制度为依托,制约权力机构和领导干部个体行使国家权力、参与社会生活的道德规范体系。权力,天然地具有腐蚀性,因为当官员热衷于谋取权力时,就会沉湎于其中而不能自拔,完全不顾自己的行为是否符合公正的要求。单靠道德的约束是不能有效抑制公共权力对私利的无限度攫取的,单靠官员个人的道德良知和政治自觉,作用是非常有限的,那么,必须有实质性的刚性的外在约束,也就是合理的体制和相应的法律和制度,公权力才能合理履行职能。一个合理的体制和机制往往能严防领导干部的变形与扭曲。一套好的体制和制度,可以让无德者不敢兴风作浪;而坏的体制和制度,却能让德才兼备的领导干部滑入罪恶的深渊。从 20 世纪 80 年代起,我国对县处级以上领导干部的从政行为作了一系列规定,如《关于党内政治生活的若干准则》《关于党政机关县(处)级以上领导干部收入申报的规定》《关于对党和国家机关工作人员在国内交往中收受的礼品实行登记制度的规定》以及《中国共产党党员领导干部廉洁从政若干准则》等。这些规定对从政干部发挥了引导、规范、警示等功效，有利于他们的从政行为和从政姿态与党和国家的价值体系保持高度一致。

（五）法治建设

德与法，向来是两种不同属性的社会规范，共同维系着社会的稳定。2000年6月，江泽民在中央思想政治工作会议上指出："法律与道德作为上层建筑的组成部分，都是维护社会秩序、规定人们思想和行为的重要手段，它们互相联系、互相补充。法治以其权威性和强制手段规范社会成员的行为。德治以其说服力和劝导力提高社会成员的思想认识和道德觉悟。道德规范和法律规范应该互相结合，统一发挥作用。"单纯依靠道德来解决一切问题，只是一种美好的期许。当前，大力加强党员领导干部的政德建设，在强调自觉、自律的同时，更需要法律等强制手段的配合，需要大力推进法治建设。

首先，法治建设是政德建设的最底线。"大道至简，有权不可任性。"李克强总理在2015年政府工作报告中形象地指出了领导干部用权要有"道"的道理。如何保证用权有道呢？这就是"要把权力关进制度的笼子里"，加强对权力运行的制约和监督，形成"用权任性"的惩戒机制、防范机制，让党员领导干部明事理、守规则，拒绝平庸，远离懒惰，不做庸官、懒官、昏官，做到为官一任、造福一方。

一个国家的强大离不开法治建设。古今中外，无论发达国家，还是发展中国家，多将法治作为一种美德发扬光大。越来越多的法学家发现，发展中国家与发达国家的差异主要是法治上的差异。法治瓶颈使发展中国家的各种要素难以通过市场机制有效地配置。法治的完善不仅有利于经济活动的有效运作，也有利于社会道德风尚的提高。从执政意义上看，法治建设有助于领导干部转变作风、勤政廉政。

有法治，才会有动力；持久的法治，才会产生持久的动力。每个人总是生活在特定的社会层面中，都处于一个特定的人际关系之中，表现为不同的社会角色，受着不同的道德约束，但不管怎样，都必须以法治为本，视法治为魂。一些贪官腐吏之所以跌进贪腐的泥沼，无不是先从缺失法治理念开始的；而那些为人民群众所拥护和颂扬的领导干部，又无不敬重法治、一身正气、无愧天地。

对党员领导干部来说，法治是骨骼，德治是肌体；法治兴则政德厚，政务勤则民心聚。国家是人民的国家，政府是人民的政府，领导干部的权力是人民给的，理应做人民的公仆，为人民服务。

其次，政德建设需要法治建设的引领。党的十八届四中全会强调，必须坚持一手抓法治、一手抓德治，大力弘扬社会主义核心价值观，弘扬中华传统美德，培育社会公德、职业道德、家庭美德、个人品德，既重视发挥法律的规范作用，又重视发挥道德的教化作用，以法治体现道德理念、强化法律对道德建设的促进作用，以道德滋养法治精神、强化道德对法治文化的支撑作用，实现法律和道德相辅相成、法治和德治相得益彰。

以法引德是历史的必然。从中国古代法律思想发展的历史来看，礼原来是作为一项行为规则调整社会关系，无论官民皆应接受礼的约束。后来，礼与法结合，出现了“出礼入刑，礼刑结合”的局面。姑且不论古代法律思想的优劣，仅从礼的发展历程来看，中国的礼教是与法治紧密结合的。没有法的约束，很难想象礼能成为非常有效的社会行为调节手段。

“以德求德，德失；以法求德，德存。”一个国家或社会的运行不能没有道德精神的支撑与指引，否则就会迷失前进的方向，丧失向上的生机，最后落伍于世界民族。领导干部需要有政德，但政德不是万能的，也非每个人都能自愿遵守。把一些政德规范转化为法律规范，使法律法规更多体现政德理念和人文关怀，使政德有可靠的制度支撑和刚性约束，更好地用法律的权威增强广大党员领导干部遵守政德的自觉性，以法律的强制力来强化政德作用。要在广大党员干部中深入开展法治教育，增强其法治意识和政德自觉。法律广泛宣传、广为人知的过程，就是推动其蕴含的价值理念、政德观念深入人心的过程。要发挥法治扶正祛邪、激浊扬清的功能，通过严格公正执法司法营造扬善惩恶的社会风气。执法司法既是法律行为，也体现着鲜明的道德导向。严格公正执法司法，要通过法律来惩治严重的不道德行为，是对法律尊严的捍卫，也是对先进道德的彰扬。法律是政德的底线，也是政德的屏障，政德依靠法律的强制性来保障底线。只有把道德教化与法治建设相结合，突出法治的重要性，党员领导干部的道德水准才有可能进一步提高。否则，再好的道德教化都会成为无源之水、无本之木，发挥不了其应有的作用。

西方国家普遍高度重视国家公务人员的道德立法。如美国政府非常重视制定文官道德规范:《公务道德法》《政府道德法》《公职人员道德法》；英国制定了《公共机构腐败行为法》《防止腐败法》；瑞典制定了《反贿赂法》；新加坡制定了《反贪污法》《公务员纪律条例》；韩国制定了《公职人员伦理法》等等。

我国德育思想源远流长，长期以来政德建设“重教化，轻法制”，但教化之目的是让领导干部深刻理解权力的来源与行使权力的目的。但要做到这一点，就需要把功夫放在政德的制度建设上，用制度和法来约束领导干部。目前，我国关于规范党政领导干部从政行为的党规党纪已经出台了不少，但仍不能有效制止政德下滑趋势，加上政务透明度不够，致使领导干部在运用权力时，缺少严厉的法律制度规制。我国 2006 年施行的《公务员法》也不是一部关于政德建设的专门法律。因此，我们应该在完善相关制度建设的基础上，酝酿对领导干部进行道德立法，一方面将领导干部的行为道德要求以法律形式表现出来，使其守住政纪党纪和法律的双重底线；另一方面，通过立法充分保障群众对领导干部行为的知情权与监督权，以法律保障揭发者、举报者的权益，使群众能揭露、敢于揭露政德失范现象。

政德箴言

一、为政以德

子曰："为政以德[①]，譬如北辰[②]，居其所[③]而众星共[④]之。"（《论语·为政》）

【注释】

①为政以德：以，用的意思。此句是说统治者应以道德进行统治，即"德治"。

②北辰：北极星。

③所：处所，位置。

④共：同"拱"，环绕的意思。

【译文】

孔子说：（国君）治理国家，用道德教化来推行政治，就像北极星一样，处于一定的方位上，而群星都环绕在它的周围。

【点评】

这段话代表了孔子的"为政以德"的思想。意思是说，统治者如果实行德治，群臣、百姓就会自动围绕在他的周围。这是强调道德对政治生活的重要作用，主张以道德教化为治国的原则。这是孔子学说中较有价值的部分，表明儒家治国的基本原则是德治，而非严刑峻法。

季康子[①]问政于孔子曰："如杀无道以就有道，何如？"孔子对曰："子为政，焉用杀？子欲善而民善矣。君子之德风，小人之德草，草上之风必偃[②]。"（《论语·颜渊》）

【注释】

①季康子：鲁大夫，季孙氏，名肥，谥号康。

②偃：仆，倒。

【译文】

季康子问孔子如何治理政事，说："如果杀掉作恶的坏人，而去亲近行善的好人，怎么样？"孔子说："您治理政事，哪里用得着杀戮的手段呢？您只要想行善，老百姓也会跟着行善。君子的品德好比风，小人的品德好比草，风吹到草上，草就必定跟着倒。"

【点评】

这里君子、小人是从地位上区分。君子，指在上位的人；小人，在下位的百姓。这段话形象地说明了道德和民风的关系。民风之正，关键在于领导之风。领导之风正，则民风正；领导之风不正，则民风衰。上梁不正下梁歪，在位者自身不正，下面的风气自然就歪。领导干部的道德关系社稷民生，关乎社会风气。

子曰："道①之以政，齐②之以刑，民免③而无耻④；道之以德，齐之以礼，有耻且格⑤。"（《论语·为政》）

【注释】

①道：同"导"，治理，引导。

②齐：整治，约束，统一。

③免：避免，指避免犯错误。

④无耻：做了坏事，心里不知羞耻；没有（或缺乏）羞耻之心。

⑤格：正，纠正。

【译文】

孔子说："用行政命令来治理国家，制定相应的刑法，人们虽然想到免于刑罚，但还不能从心理上想到犯罪是可耻的；以道德来治理国家，以礼仪规范来约束百姓，人们就会有羞耻之心，并且知道如何遵守规矩。"

【点评】

在治理国家中，儒家主张"明德慎罚""德主刑辅"和"德教为先"的思想，也就是在法治和德教的关系中，更加重视道德教育的作用。孔子在这里指出两种治国方针。孔子认为，刑罚能使人避免犯罪，但不能使人懂得犯罪可耻的道理，而道德教化比刑罚要高明得多，既能使百姓循规蹈矩，又能使百姓有知耻之心。这反映了道德在治理国家时不同于法治的特点，"德治"优于"法治"。需要指出的是：在孔子的为政思想中，忽视刑政、法制在治理国家中的作用有其历史局限性。在今天这个时代，我们在提倡以德治国的同时，也不能忽视法制的作用。

季康子问："使民敬忠以劝，如之何？"子曰："临①之以庄，则敬；孝慈②，则忠；举善而教不能，则劝。"（《论语·为政》）

【注释】

①临：对待。

②孝慈：一说当政者自己孝慈；一说当政者引导百姓孝慈。此处采用后者。

【译文】

季康子问："如何可使民众敬其上，忠其上，并肯加倍努力呢？"孔子说："你对他们庄重，他们自会敬你；你让他们孝敬老人，关爱子弟，他们就会忠于你；你选用他们中间善良的人，并教导他们，他们就会互相勉励，加倍努力了。"

【点评】

孔子对当政者提出以身作则的要求，要让百姓做敬、忠之人，自己首先要做出表率和楷模。这是对执政者道德修养的要求，也是其德治思想的体现。

子曰："不患无位，患所以立。"（《论语・里仁》）

【译文】

孔子说："不怕没有官位，就怕自己没有赖以立足的东西。"

【点评】

"所以立"指的是立身的根基，也就是一种德性、德行的要求。朱熹解释此句为：不怕无官做，但怕有官不会做。立什么，清人周石藩在《共诚从政录》列有"八立"：立志、立身、立品、立德、立功、立名、立诚。这是儒家正确的教诲。要把提高个人道德修养作为一种从政的基本功，先练好"内功"，然后才能在有机会的时候做个"好官"。

子谓子产[①]："有君子之道四焉：其行己也恭，其事上也敬，其养民也惠，其使民也义。"（《论语・公治长》）

【注释】

①子产：姓公孙，名侨，字子产，郑国大夫，做过正卿，是郑穆公的孙子，为春秋时郑国的贤相。

【译文】

孔子评论子产说："子产有君子的四种道德：他自己行为庄重，他侍奉君主恭敬，他养护百姓有恩惠，他役使百姓有法度。"

【点评】

这里孔子讲的君子之道，就是为政之道。子产在郑简公、郑定公之时执政22年。其时，正是晋楚两国争强、战乱不息的时候。郑国地处要冲，而周旋于这两大国之间，子产却能不低声下气，也不妄自尊大，使国家得到尊敬和安全，的确是中国古代一位杰出的政治家和外交家。孔子对子产评价甚高，认为治国安邦就应当具有子产的这四种道德。其实，这四种道德都能做到并不容易。

大学[①]之道，在明明德[②]，在亲民[③]，在止[④]于至善。（《礼记·大学》）

【注释】

①大学：是指儒家治国、安邦、平天下的学说。

②明明德：彰显自己天生的善性。前一个“明”，动词，彰明，发扬。下一个“明”字是形容词，清明的，光明的。朱熹注：“明，明之也。”明德，天生的灵性，善良的德性。郑玄注：“明明德谓显明其至德也。”孔颖达注：“章明己之光明之德，谓身有明德而更章显之。”

③亲民：亲，同“新”，即新民，使民众革旧图新，也就是新民，使人弃旧图新、去恶从善。朱熹注：“程子曰：‘亲，当作新’……新者，革其旧之谓也。”

④止：达到……程度才停止。郑玄注：“止，犹自处也。”朱熹注：“止者，必至于是而不迁之意。”

【译文】

大学的宗旨在于弘扬正大的品德，在于使人弃旧图新，在于使人达到最完善的境界。

【点评】

明德、亲民、至善是大学的三大纲领，也是为政治国的行动准则，明德排在首位，显示其地位的重要性。

古之欲明明德于天下者，先治其国[①]；欲治其国者，先齐其家；欲齐其家者，先修其身；欲修其身者，先正其身；欲正其心者，先诚其意；欲诚其意者，先致其知；致知在格物[②]。格物而后知至；知至而后意诚；意诚而后心正；心正而后身修；身修而后家齐；家齐而后国治；国治而后天下平。自天子以至于庶人[③]，壹是[④]皆以修身为本。（《礼记·大学》）

【注释】

①治其国：治理自己的国家。国：古代王、侯的封地。

②格物：推究事物之理。

③庶人：西周、春秋时对农业生产者的称谓，后泛指平民百姓。

④壹是：都是，一切。壹：皆，一概，一律。朱熹注：“壹是，一切也。”

【译文】

古代那些要想在天下弘扬光明正大品德的人，先要治理好自己的国家；要想治理好自己的国家，先要管理好自己的家庭和家族；要想管理好自己的家庭和家族，先要修养自身的品性；要想修养自身的品性，先要端正自己的心思；要想端正自己的心思，先要使自己的意念真诚；要想使自己的意念真诚，先要使自己获得知识；获得知识的途径在于认识、研究万事万物。通过对万事万物的认识、研究后才能获得知识；获得知识后意念才能真诚；意念真诚后心思才能端正；心思端正后才能修养品性；品性修养后才能管理好家庭和家族；管理好家庭和家族后才能治理好国家；治理好国家后天下才能太平。上自国家元首，下至平民百姓，一切都要以修养自身品性为根本。

【点评】

《大学》开宗明义提出一套系统的政治哲学理论。格物、致知、诚意、正心、修身、齐家、治国、平天下，俗称"儒家八条目"。这八条目涵盖了儒家一贯倡导的"内圣外王"的从政途径。从格物、致知、诚意、正心到修身说的是"内圣"，是自律体系，是德性养成的心路历程，是"外王"的根本和基础；齐家、治国、平天下说的是"外王"，是儒家特定指向的"外王"目标，是德行实践的内容。这一套内圣外王的政治哲学，无论是对古代的君主百官，还是现今的各级领导干部的从政之路、为官之道都有重要的指导意义。

道[①]得众则得国，失众则失国。是故君子先慎乎德。有德此有人[②]，有人此有土[③]，有土此有财，有财此有用[④]。（《礼记·大学》）

【注释】

①道：言也。

②有人：谓得众。

③有土：谓得国。

④有用：则不患无财用矣。

【译文】

这就说明，获得民心，就能获得国家，失去民心，就会失去国家。所以君子先要慎重对待的是道德准则。有道德，才会有人民，有人民才会有土地，有土地才会有财富，有财富才会有用度。

【点评】

曾子认为民心向背决定着国家的生死存亡。如何得民心？为政以德。

得道者[①]多助，失道者[②]寡助。寡助之至，亲戚畔[③]之。多助之至，天下顺之。以天下之所顺，攻亲戚之所畔，故君子有不战，战必胜矣。（《孟子·公孙丑下》）

【注释】

①得道者:实施仁政的君主。者,……的人,此处特指君主。道,正义。

②失道者:不实施仁政的君主。

③畔:同“叛”,背叛。

【译文】

施行仁政的君主,帮助、支持他的人就多;不施行仁政的君主,帮助、支持他的人就少。帮助他的人少到了极点,亲属都会背叛他;帮助他的人多到了极点,天下人都会归顺于他。凭借天下人都归顺他的优势,攻打连亲属都反对的寡助之君。所以,(能行仁政的)君主不战则已,战就一定能胜利。

【点评】

孟子强调仁政对于治国的重要性。仁政,是以德服人,使人心悦诚服,自动来归附。实行仁政的君主能得到民心,得民心者得天下。现在执政为官,也当如此,否则,“水能载舟,亦能覆舟”。

以力假①人者霸,霸必有大国;以德行仁者王,王不待大——汤以七十里,文王以百里。以力服人者,非心服也,力不赡②也;以德服人者,中心悦而诚服也,如七十子之服孔子也。(《孟子·公孙丑上》)

【注释】

①假:借。

②赡:足。

【译文】

仗恃武力、假借仁义者可以称霸诸侯,称霸一定要凭借国力的强大;依靠道德来实行仁义者可以称王天下,这样做不必以强大的国家为基础。商汤凭借方圆七十里的土地,文王凭借方圆百里的土地实行了仁政,称王天下。仗恃武力来使人服从的,不会让人心服,是他本身的实力不够的缘故;依靠道德来使人服从的,别人才会心悦诚服,如同七十二弟子服从孔子一样。

【点评】

在治理国家中,孟子特别强调礼和乐的教化作用,他所大力称赞的“王道”,基本上来说,一个是统治者自己要有道德,另一个是必须要用道德感化的方法来教育人民,以德治国,老百姓才会心服口服。孟子的这种思想与孔子的“道之以政,齐之以刑,民免而无耻;道之以德,齐之以礼,有耻且格”说的是同样的道理。

上好德则下无隐，上恶贪则下耻争。（《孔子家语·王言》）

【译文】

居上位的人崇尚美德，下面的人就不会干出不可告人的事；居上位的人憎恶贪婪，下面的人就会以争名夺利为耻。

【点评】

这段话强调两层含义：一是为政以德的重要性，二是领导者以身作则的示范作用。领导者的道德对百姓的道德和社会风气起着导向和示范作用，所以领导干部加强道德修养事关重大。

子曰："居上①不宽②，为礼不敬③，临丧不哀，吾何以观之哉！"（《论语·八佾》）

【注释】

①上：上位，高位。

②宽：待人宽厚，宽宏大量。

③敬：恭敬，郑重，慎重。

【译文】

孔子说："居于统治地位，待人不宽厚，举行仪礼时不恭敬，参加丧礼时不表示哀悼，这样的人我如何能看得下去呢！"

【点评】

对于领导者，如果"居上不宽，为礼不敬，临丧不哀"，这样的做法是孔子所不能接受的。在孔子看来，政治社会危机的根本原因在于统治者失其礼仪法度，因此，孔子博学于文、倡言礼治，希冀"君君、臣臣、父父、子子"，要求领导者"居上要宽，为礼要敬，临丧要哀"，最终实现上下有序的王道政治。

子曰："不仁者不可以久处约①，不可以长处乐②。仁者安仁，知③者利仁。"（《论语·里仁》）

【注释】

①约：贫困，俭约。

②乐：安乐，富裕。

③知：同"智"。

【译文】

孔子说："没有仁德的人，不能长久过贫困生活，也不能长久过安乐生活。

有仁德的人才能安心于实行仁德，有智慧的人才能善于利用仁德。”

【点评】

《中庸》说：“君子当素位以求”，君子就要安于所处的地位，做好他应该做的事情，不要去做本分以外的事。处在富贵的地位，就做富贵人应该做的事；处在贫贱的地位，也不要硬充阔气。常修仁德，做人才能大气淡定，安之若素。

子曰：“德不孤，必有邻①。”（《论语·里仁》）

【注释】

①邻：邻人，邻居。这里指思想品格一致、志向相同、能共同合作的人。

【译文】

孔子说：“有道德的人不会孤立，必然有同他相亲近的人。”

【点评】

这段话不仅适用于个人，也适用于国家。一个有良好社会公德的国家，必然会有良好的国际关系，会有主动交好的国家。

故世主欲民之善同，而所以使民善者或异：或异之以德教，或驱之以法令。导之以德教者，德敬洽而民气乐；驱之以法令者，法令极而民风哀，哀乐之感，祸福之应也。（《汉书·贾谊传》）

【译文】

所以，君主想要百姓善良温顺的愿望是相同的，只是用来使百姓善良温顺的方法不同，有的用道德和教化进行引导，有的用法令进行惩罚。用道德和教化进行开导的，随着道德和教化的深入人心，民风就会和乐；用法令进行惩罚的，法令使用到极点，民风就会令人悲哀。哀乐的感受，便是应验祸福的东西。

【点评】

这是贾谊《治安策》里的一段文字。《治安策》被鲁迅称为“西汉一篇最好的政论”，《治安策》强调“德治”的重要。毛泽东说，这篇文章“全文切中当时事理，有一种颇好的气氛，值得一看”。

二、清正廉洁

子曰："富与贵，是人之所欲也，不以其道得之，不处[1]也；贫与贱，是人之所恶也，不以其道得之，不去[2]也。"（《论语·里仁》）

【注释】

①处：享受，接受。

②去：避开，摆脱。

【译文】

孔子说："富裕和显贵是人人都想要得到的，但不用正当的方法得到它，君子是不接受的；贫穷与低贱是人人都厌恶的，但不用正当的方法去摆脱它，君子也不会摆脱的。"

【点评】

这一段反映了孔子的理欲观。以往的研究中往往忽略了这一段内容，似乎孔子主张人们只要仁、义，不要利、欲。事实上并非如此。任何人都不会甘愿过贫穷困顿、流离失所的生活，都希望得到富贵安逸。但这必须通过正当的手段和途径去获取，否则宁守清贫而不去享受富贵。这种观念在今天仍有其不可低估的价值。

子曰："放[1]于利而行，多怨。"（《论语·里仁》）

【注释】

①放：同"仿"，仿照，效法，依照。引申为一味追求。

【译文】

孔子说："为追求私利而行动，会招来许多人的怨恨。"

【点评】

孔子认为，作为具有高尚人格的君子，不会考虑个人利益的得与失，更不会一心追求个人利益，否则，就会招致来自各方面的怨恨和指责。作为领导干部，如果私心重，过于追求个人利益，轻则招怨，重则犯罪。今日许多犯错误的官员，就是由于私心过重，过分追求个人物质利益的缘故。

子曰："君子喻① 于义，小人喻于利。"（《论语·里仁》）

【注释】

①喻：知道，明白，懂得。

【译文】

孔子说："君子能够领悟的是道义，小人领悟的是利益。"

【点评】

这句话在后世流传甚广，甚至成为区别君子与小人的标准之一。后来经过历代儒家的发展，这种思想就变成"义"与"利"尖锐对立、非此即彼的义利观，似乎"义"与"利"是水火不相容的。其实这两者有不相容的一面，也有相容的一面，因此不能单纯以"义"与"利"来区分君子和小人，只能以是否合理来区分应该不应该取这个"利"。取得合法的正当收入不失为君子，"君子爱财，取之有道"说的正是此道理。

子曰："贤哉，回也！一箪① 食，一瓢饮，在陋巷②，人不堪其忧，回也不改其乐③。贤哉，回也！"（《论语·雍也》）

【注释】

①箪：音 dān，古代盛饭用的一种圆形竹器。

②巷：此处指颜回的住处。

③乐：乐于学。

【译文】

孔子说："颜回的品质是多么高尚啊！一筒饭，一瓢水，住在简陋狭小的小屋里，一般人都忍受不了这种穷困清苦，颜回却没有改爱学乐善的快乐。颜回的品质是多么高尚啊！"

【点评】

这段话启示我们：做人要有一点精神和追求，在追求理想的过程中能够以苦为乐、甘于清贫，当把物质享受置之度外时，人的精神和内心便是充盈而快乐的。

子曰："富而可求也，虽执鞭之士①，吾亦为之。如不可求，从② 吾所好。"（《论语·述而》）

【注释】

①执鞭之士：指手里拿着皮鞭的下等差役。当时主要指两种人：一种是市场的守门人，

执鞭以维持秩序;另一种是为贵族外出时夹道执鞭开路、让行人让道的差役。

②从:顺从,听从。

【译文】

孔子说:"如果富贵合乎于道就可以去追求,即使是给人执鞭的下等差事,我也愿意去做。如果富贵不合于道就不必去追求,还是按我的爱好去干事。"

【点评】

这句话让我们看到圣人的真诚。圣人具有高尚的道德境界,但也和平常人一样需要物质生活,只不过圣人对于物质财富的追求建立在正当途径之上。

子曰:"饭[①]疏食饮水[②],曲肱[③]而枕之,乐亦在其中矣,不义而富且贵,于我如浮云。"(《论语·述而》)

【注释】

①饭:这里是"吃"的意思,作动词。疏食,粗粮。

②水:古代冷水为水,热水为汤。

③曲肱:肱,音 gōng,胳膊,由肩至肘的部位。曲肱,弯着胳膊。

【译文】

孔子说:"吃粗粮,喝冷水,弯着胳膊当枕头,乐趣也就在其中了。用不正当的手段得来的富贵,对于我来讲就像是天上的浮云一样。"

【点评】

读书带来的快乐是人生最大的快乐。当一个人以读书为乐时,也就不会追求物质的享受,金钱财富什么的,一切都是"浮云"。

季氏[①]富于周公,而求也为之聚敛[②]而附益[③]之。子曰:"非吾徒也。小子鸣鼓而攻之可也。"(《论语·先进》)

【注释】

①季氏富于周公:季氏比周朝的公侯还要富有。

②聚敛:积聚和收集钱财,即搜刮。

③益:增加。

【译文】

季氏比周朝的公侯还要富有,而冉求还帮他搜刮来增加他的钱财。孔子说:"他不是我的学生了,你们可以大张旗鼓地去攻击他!"

【点评】

苛政猛于虎也!孔子对搜刮民脂民膏的行为是零容忍。对于自己的学生也不姑息。百姓要富足，官员须清廉。

见利思①义，见危授②命。（《论语·宪问》）

【注释】

①思：想。

②授：给予，交给。

【译文】

看到利益要想到是否符合道义，看到危险要挺身而出。

【点评】

真正的君子以道德为最高目标，在利益面前无所动心，当国家需要他们的时候，他们会毫不犹豫地奉献自己的一切，甚至生命。

士①见危致命，见得思义。（《论语·子张》）

【注释】

①士：读书人，一般的知识分子、小官吏。

【译文】

士遇到危险时能献出自己的生命，看见有利可得时能考虑是否符合义的要求。

【点评】

这是孔子学生子张的话。“见危致命，见得思义”是君子之所为，在需要自己献出生命的时候，他可以毫不犹豫；同样，在有利可得的时候，他能考虑所得是否合乎道义。“见利思义”“见得思义”是孔子思想的精华，也是对现今领导干部廉洁为官的要求。

子曰：“士志于道，而耻恶衣恶食者，未足与议也。”（《论语·里仁》）

【译文】

孔子说：“士有志于真理，却又以自己吃粗粮、穿破衣（生活不如人）为耻辱，这种人，便不值得同他讨论了。”

【点评】

如果一个人过于在意外在的物质享受，以衣服不华美而感到羞耻，以饮食不精细而感到惭愧，那是在厌恶贫贱、恋慕富贵，这样的人精神上是鄙陋的，不管是事业还是学业都难有大的建树和成就。领导干部如果“耻恶衣恶食”，就容易走到贪腐的斜路上而犯错误。

可以取，可以无取，取伤廉；可以与，可以无与，与伤惠；可以死，可以无死，死伤勇。(《孟子·离娄下》)

【译文】

有些东西可以拿，可以不拿，如果拿了对廉洁就有损害；有些东西可以施与，可以不施与，如果施与了就对恩惠有损害；可以死，可以不死，如果选择死，就是对勇敢的亵渎。

【点评】

孟子这句话的主旨，是强调对任何事情都应按照社会认可的仁德去约束自己，否则就会铸成大错。今天，孟子这句话对于各级领导干部仍具有教育意义。作为党员领导干部，如果利用职务、地位、权力之便，把本不属于自己的东西贪婪地占为己有，把本是国家和人民的财富作为个人邀功升迁的资本肆意赠送，都是对国家、对人民根本利益的损害，是对党员领导干部形象的亵渎。

非其道，则一箪食不可受于人；如其道，则舜受尧之天下，不以为泰①。(《孟子·滕文公下》)

【注释】

①泰：过分。

【译文】

不合乎道义，连一碗饭都不能受之于人；合乎道义，即便舜接受了尧的天下，都不以为过分。

【点评】

这仍然是"取"与"不取"的问题。"取"与"不取"的标准是什么？是道义。合乎道义，利再大也不为过，不合乎道义，利再小也不能受。孟子不反对取利，反对的是大家将道义抛诸脑后而把眼睛紧盯在"利"上，反对"见利忘义"和"后义而先利"。他认为，如果人人都"怀利以相接"，"为人臣者怀利以事其君，为人子者怀利以事其父，为人弟者怀利以事其兄"(《孟子·告子下》)，那就会导致人们不顾廉耻，互相倾轧，天下大乱。因此他提倡君子应该做到"仁民而爱物"(《孟子·尽心上》)，在"鱼和熊掌不可得兼"的情况下，要舍利取义、"舍生取义"。

非其义也，非其道也，禄之天下，弗愿也；系马千驷，弗视也；非其道也，非其义也，一介[①]不以与人，一介不以取诸人。（《孟子·万章上》）

【注释】

①介：同“芥”，草芥，比喻极其轻微的东西。

【译文】

如果不合道义，就算把天下作为俸禄给他，他也不理睬；即便送给他四千匹良马，他也不会看一眼。如果不合道义，即使是一点东西也不给别人，也不会从别人那里获取一点点东西。

【点评】

这是孟子表扬伊尹的话，表明孟子的义利观。不合道义的东西，坚决不取，不管大小。这段话里，人们常忽略“一介不以与人”，孟子借此也告诫人们，不仅不能取不义之财，而且还不能送不义之财，用今天的话来说就是不能“行贿”，行贿本身是不合乎道义的行为，“送”同“收”一样都是错误的。行贿是受贿的源头，治理腐败，行贿与受贿同罪。

孟子曰：“人亦孰不欲富贵？而独于富贵之中有私龙断[①]焉。”（《孟子·公孙丑下》）

【注释】

①龙断：垄断。龙，同“垄”。

【译文】

孟子说：“人们谁不想做官有富贵呢？但是他却在做官中有一种发财垄断的行为。”

【点评】

李克强总理说：“自古有所谓‘为官发财，应当两道’。既然担任了公职，为公众服务，就要断掉发财的念想。”总理此话是对孟子这段话最好的诠释，做官就不要想发财，否则，做了官的想发财，发了财的想做官，做官与发财纠缠在一起，难免会犯错误。

贪利者退，而廉节[①]者起。（《荀子·君道》）

【注释】

①廉节：廉洁。节同“洁”。

【译文】

贪图利益的人退出历史舞台，廉洁的人才能兴起。

【点评】

贪利者与廉洁者水火不容，两者的斗争不是你死就是我活。所以，反腐就是“贪”和“廉”两种势力你死我活的斗争，我们期待中国社会“廉节者起”。

以公灭私，民其允怀。（《尚书·周官》）

【译文】

用一心为公的做法灭掉自己的私欲，百姓就会尊敬你，怀念你。

【点评】

百姓最爱清官。焦裕禄、孔繁森虽然已离世多年，但他们的故事仍然被百姓传颂。

夫以奢侈之君御好淫僻之民，欲国无乱不可得也。（《墨子·辞过》）

【译文】

以骄奢淫逸的君主带领一帮不干正事的百姓，想要国家不乱不可能啊！

【点评】

孔子曾经说过：“政者，正也。子率以正，孰敢不正？”为官者，一定要带头走正路，上行下效，百姓也会走正路。否则的话，如果为官者自身带头骄奢淫逸，那么百姓也就不干正事，这个国家就离灭亡不远了。

御孙[①]谏曰：“臣闻之，俭，德之共也；奢，恶之大也。”（《左传·庄公二十四年》）

【注释】

①御孙：鲁国大夫。

【译文】

御孙向鲁庄公谏诤说：“我听说，俭朴是道德的集中表现，奢侈是最大的罪恶。”

【点评】

鲁庄公想重修鲁桓公灵庙，被大夫御孙反对。上面这段话是御孙的谏言，在御孙的反对下，鲁庄公放弃了重修祖庙的打算。“俭，德之共也”，由此可见，为官清廉,由古至今一直是官员最大的美德。

临大利而不易其义,可谓廉矣。(《吕氏春秋·忠廉》)

【译文】

在巨大的利益诱惑面前,能够不改变自己的道义,才能称得上廉洁。

【点评】

吕氏对廉洁提出更高的要求,所谓廉洁,要能经得住大的诱惑。有些官员能抵抗得住小恩小惠,但在巨大的利益诱惑下,往往失去理智。考验一个官员是否廉洁,"临大利"是块试金石。

我有三宝:一曰慈,二曰俭,三曰不敢为天下先。(《老子》)

【译文】

我有三件宝贝:第一是慈善,第二是俭朴,第三是做什么事不要抢到别人前面。

【点评】

老子的思想里有消极避世的成分,但并不能因此而否定老子的人生智慧。老子的三件宝里的前两件"慈"和"俭",适用于所有人,适用于任何时代。第三宝"不敢为天下先",不够积极,不够进取,不主张现代人学习这种保守的心态。对待传统文化,我们正确的态度是取其精华,去其糟粕。

罪莫大于可欲①,祸莫大于不知足,咎②莫大于欲得。故知足之足,常足矣。(《老子》)

【注释】

①可欲:多欲。

②咎:灾祸、祸殃。

【译文】

没有哪一种罪过比放纵欲望更大,没有哪一种祸害比不知满足更大,没有哪一种灾难比贪得无厌更令人痛心。所以知道满足的人,永远是满足的。

【点评】

老子高度概括了人与财物名利的辩证关系。古人云:"贪如火,不遏则燎原;欲如水,不遏则滔天。"毋庸置疑,人都是有欲望的,对于世间万物总会心有所系,积极向上的欲望是个人奋斗的原始动力。但是,"欲不可纵",尤其是身居高位者。必须知可为与不可为,明礼明度,知足常乐。如果贪得无厌、欲壑难填，就必然会不择手段、不顾后果地去攫取。对于领导干部来说，如果对消极低俗的欲望特别是对权力、金钱、美色的追逐不加以克制，甚至蜕变成贪欲，就会丧失理智、失去节制，不可避免地走向堕落和毁灭的深渊，不但葬送了自己的前途乃至性命，还会成为人民之害、国家之祸。

君子先慎乎德。有德此有人，有人此有土，有土此有财，有财此有用。德者本[①]也，财者末[②]也。外本内末，争民施夺。（《礼记·大学》）

【注释】

①本：本义是草木的根，根本。

②末：本义是树梢，末梢，枝节。

【译文】

君子应该首先注重德行。君主有德行才有人拥护，有人拥护才会有国土，有国土才会有财富，有财富才能供使用。德行是根本，财富是末节。如果轻根本而重末节，那就会与民争利。

【点评】

这是对国君的要求，同样适用于所有从政为官之人。钱财是身外之物，是不重要的东西，道德修养才是做人的根本，要重根本，轻末节，不要本末倒置，舍本逐末地去追逐名利。

保利弃义谓之至贼。（《荀子·修身》）

【译文】

为了保住利益而背信弃义的叫作大贼。

【点评】

孔子认为，只懂得私利的叫作小人，但这种小人还没有到为保利而彻底背信弃义的程度。荀子则进一步指出，为保全私利而背离道义的，叫作大贼，这是比小人更恶劣的人。这种人为了争夺个人的利益，绝对不会谦让，他果敢而狠毒，贪婪而暴戾，无所不用其极。今天之贪官，在位时大搞以权谋私，权钱交易，贪污受贿，贪赃枉法，本质上和做贼、做强盗是一样的，而他们手中又掌握着公共权力，所以对人民、对社会、对政府形象危害更甚，如果荀子重生，肯定也会把他们划入当代的“至贼”之列。

荣辱之大分，安危利害之常体：先义而后利者荣，先利而后义者辱。荣者常通，辱者常穷。（《荀子·荣辱》）

【译文】

荣誉与耻辱的分界，安全与危险、利益与祸害的差别是：将道义放在第一位而将个人利益放在第二位的人，就会获得荣誉，将个人利益放在第一位而将道义放在第二位的人就会遭受耻辱。以道义立身的就荣耀相随，处处通达，以自私自利立身的就耻辱困绕，困窘交加。

【点评】

这是荀子的荣辱观。荀子强调从义利关系上区分荣辱。荀子认为，先义后利是荣誉，先利后义则是耻辱。需要指出的是，荀子的义利观并不是非此即彼，他从人的自然属性出发，承认人的物质利益，主张义利两有，二者都不能否定，只是要弄清楚孰先孰后的问题。荀子"先义后利"的观点，也是今天领导干部廉政建设中应当牢记的古训。

众人重利，廉士重名。（《庄子·刻意》）

【译文】

普通人注重私利，廉洁的人注重名声。

【点评】

俗话说得好，"人过留名，雁过留声"，如果因为贪图小利而毁了名声，实在是不划算的事情。所以，做人也好，做官也罢，都要廉洁自律，"要留清白在人间"。

克简节用，实弘道之源；崇侈恣情，乃败德之本。（《贞观政要》）

【译文】

节俭省用，实是弘扬正道的本源；崇尚奢侈，放纵欲望，乃是败坏德行的祸根。

【点评】

这是于志宁上书皇太子承乾的话。于志宁，唐太宗时任中书侍郎、太子詹事（相当于现在的老师）。当时皇太子承乾在农忙季节修建隋朝留下的东宫，于志宁上书劝谏。于志宁说，隋朝时所修建的东宫，"睹之者尚讥其侈，见之者犹叹其华"，岂可再"穷斤斧之工，极磨砻之妙"？他的言下之意，就是劝承乾务必戒奢以俭，万不能步隋朝奢侈亡国的覆辙。不知现在那些热衷于修建豪华办公楼的地方领导干部，面对古人的谆谆教诲和历史上血的教训，能否有所醒悟？

陆氏在姑苏，其门有巨石。远祖（陆）绩尝事吴为郁林太守。罢归无装，舟轻不可越海，取石为重，人称其廉。号郁林石，世保其居。（《新唐书·陆龟蒙传》）

【译文】

陆龟蒙是苏州人，他家门口有一块大石头。原来是他远祖陆绩当年任吴郁林太守时的遗物。陆绩卸任乘船回家，由于廉洁，家中衣物不多，船轻不能过海，便搬来一块石头压上。人们将这块石头称作“廉石”，也叫“郁林石”。陆家世代以其为宝。

【点评】

落马的官员多因贪腐，东窗事发后，抄家所得赃物之巨让世人目瞪口呆。贪来的金银财宝给贪官换来的是身败名裂，身陷囹圄，使子孙后代蒙羞，而一贫如洗的陆绩，虽没有一件珠宝传世，但一块“廉石”却万世流芳，价值堪比珍宝呀！

历览前贤家与国，成由勤俭败由奢。（李商隐《咏史》）

【译文】

全面地看历代贤人的家事、国事，无不因为勤俭而成功，奢侈而衰败。

【点评】

李商隐看到晚唐统治集团的荒淫和奢靡，写下这首咏史诗。李商隐借古讽今，这是对晚唐统治集团的劝诫。其实这句话仍然适用于当代。不管对家还是对国，“成由勤俭败由奢”都是一样的。

（为官）第一要节俭，莫谓官为钱树，便可取给。（郑瑞《政学录》）

【译文】

当官第一要务求节俭，不要把官职看成摇钱树，想拿多少就拿多少。

【点评】

郑瑞，清朝人，官职不可考，应该不是大官，也不是名人。但郑瑞这句话说的却是做官名言。谁如果把官职作为摇钱树，那么离进监狱之日也就不远了。

廉非为政之极，为政必自廉始。（揭傒斯《送李克俭赴长兴州同知序》）

【译文】

廉洁不是从政最重要的事，但是从政必须从廉洁开始。

【点评】

揭傒斯，元朝著名文学家、书法家、史学家。这句话说得太好了，从政当然还要做很多事情，但是廉洁却是从政的头条戒律，如果没有廉洁作保障，可能做的事越多，犯的错也越大。

忏悔诗

(唐)白居易

三年为刺史，饮冰复食蘖。
惟向天竺山，取得两片石。
此抵有千金，无乃伤清白。

【点评】

唐代大诗人白居易在杭州任刺史期间，从未收受贿赂或向地方索取名贵物品。在其离任还乡时，发现箱内有两片玲珑可爱的山石。这两片石，是他一次游天竺山时拾取的。当时，他遥望杭州和天竺山，深感愧疚，想每个游山的人都和他一样随便带走两片可爱的山石，那天竺山为期不远就“山将不山”了。他自觉贪污了千金似的，遂写成一诗追悔己过。白居易为官清廉至此，实在是今人学习的榜样。

简朴诗

(宋)朱熹

葱汤麦饭两相宜，葱补丹田麦疗饥。
莫谓此中滋味薄，前村还有未饮时。

【点评】

朱熹(1130～1200)，字元晦，一字仲晦，号晦庵、晦翁，别号紫阳，晚年自称“茶仙”，宋代徽州婺源(今属江西)人。朱熹一生以清贫著称于世，历代学者以“朱子固穷”颂扬之。朱子的生活准则乃是“茶取养生，衣取蔽体，食取充饥，居止取足以障风雨，从不奢侈铺张”。粗茶淡饭，崇尚俭朴。

此诗写于朱熹任秘阁修撰时，一次去看望他的女儿和女婿，不巧女婿沈蔡外出去了，便被女儿留住吃饭。进餐时，女儿望着桌上的葱汤麦饭，眼噙愧泪。女儿的心思，朱熹早就看出来了，便神情肃然地说：“俭朴度日，是我们朱家的好家风！”饭后，他题了一首诗留给女婿。沈蔡归来，见岳父如此崇尚俭朴，备受感动，即把该诗贴在壁间，当作座右铭。

离任

（明）况钟

捡点行囊一担轻，京华望去几多程。
停鞭静忆为官日，事事堪持天日盟。

【点评】

明宣德五年(1430)，况钟由京外放苏州知府。赴任后惩贪官污吏，平反冤狱，修建学堂，大兴水利，放粮赈灾，关心黎民疾苦，被人民称为“况青天”。正统五年(1440)，他任职期满回京，临行前写诗与苏州百姓话别，体现了他在老百姓面前坦坦荡荡的磊落襟怀。正如他《拒礼诗》中所写“清风两袖朝天去，不带江南一寸棉”。

入京诗

（明）于谦

绢帕蘑菇与线香，本资民用反为殃。
清风两袖朝天去，免得闾阎话短长。

【点评】

于谦，明朝杰出的政治家、军事家，他很注重清廉自律，一生家无私积。宣德年间，他由河南巡抚调京任兵部侍郎时，河南幕僚劝他：“你不向上司献金玉，就带上点土特产吧！如绢帕、蘑菇、线香之类的。”于谦听罢仰面大笑，笑罢秉笔赋诗以明志。

诗里的蘑菇、绢帕和线香是供人们使用的，如果都被当官的拿去讨好上司，就会给人民生活所需带来困难，让老百姓指戳脊背。从此“两袖清风朝天去”挂上他的门楣，以示不为利禄所动。“两袖清风”还被引申为品德正直清廉官员的代名词。

现在社会上流行送土特产，上级来检查工作，临走送土特产；去上级单位办事，带点土特产。土特产看似不值钱，但送和收都有违清正廉洁之原则，“土特产”之风应该刹住。

予告归里，画竹别潍县绅士民

（清）郑板桥

乌纱掷去不作官，囊中羞涩两袖寒。
写取一枝清瘦竹，秋风江山作渔杆。

【点评】

郑板桥(1693～1765)，清代画家、文学家。名燮，字克柔，江苏兴化人。康熙秀才、雍正举人、乾隆元年进士。一生主要客居扬州，以卖画为生。中进士后曾历官河南范县、山东潍县知县。郑板桥为官清廉、体恤百姓，深受百姓爱戴。任山东潍县知县时，遇饥荒，修筑城池，迫富豪平价售粮，被密告，终以赈灾不当被惩，郑板桥刚正不阿，乃辞官归去。当他从潍县离开时，百姓夹道欢送，依依难舍，郑板桥胸中涌起无限波涛，遂画竹题诗以示心迹。古往今来，执政为民、清正廉洁的官员一直受到百姓的爱戴和拥护。

罢郡

（清）蔡信芳

罢郡轻舟回江南，不带关中一点棉。
回看群黎终有愧，长亭一别心黯然。

【点评】

清道光四年(1824)，湖南善化人蔡信芳在陕西蒲城做知县，正直清廉，重士爱民，勤政为官。离任时，百姓拦道挽留，蔡知县大为感动，于是吟诗抒怀。蔡信芳，又是一位清官典范。

三、执政为民

民为贵，社稷[①]次之，君[②]为轻。(《孟子·尽心下》)

【注释】

①社稷：社，土神。稷，谷神。古代帝王或诸侯建国时，都要立坛祭祀社稷，所以，“社稷”又作为国家的代称。

②君：君主。

【译文】

百姓最为重要,代表国家的土谷之神为次,君主是最轻的。

【点评】

古代的统治者已经明白群众的重要性,指出民为贵,体现出对百姓的重视和尊重。历史表明,凡是执政为民的国家,都会得到人们的拥护。

天子不仁[①],不保四海[②];诸侯不仁,不保社稷;卿大夫不仁,不保宗庙;士庶人不仁,不保四体。(《孟子·离娄上》)

【注释】

①仁:仁爱之心。对君主来说指仁政。

②四海:天下。

【译文】

天子不行仁,便保不住他的天下;诸侯不行仁,便保不住他的国家;卿、大夫不行仁,便保不住他的宗庙;一般的老百姓不行仁,便保不住自己的身体。

【点评】

不论是最高统治者还是官员,乃至老百姓,都要坚持并践行"仁","仁"既是治理国家的手段,也是普通大众日常生活中的社会规范。当然今天的"仁"更多体现的是以社会主义核心价值观为内容的社会主义道德体系。

君[①]仁,莫不仁[②];君义,莫不义;君正,莫不正。(《孟子·离娄上》)

【注释】

①君:君主。

②仁:仁爱之心。

【译文】

君主仁,没有人不仁;君主义,没有人不义;君主正,没有人不正。

【点评】

榜样的力量是无穷的。政府行政人员应该有更高的道德标准,才能为百姓做表率,正所谓"上行下效",所以要建立政德,提高政府行政人员的政治素养、职业道德、个人道德。

惟[①]仁者宜在高位。不仁而在高位,是播其恶[②]于众也。(《孟

子·离娄上》)

【注释】

①惟:只有。

②恶:邪恶。

【译文】

只有道德高尚的仁人,才应该处于统治地位。如果道德低的不仁者处于统治地位,就会把他的罪恶传播给群众。

【点评】

政府官员应该具有高尚的道德,否则就会给老百姓带来极大的负面影响,损害政府形象和权威。

国君①好仁,天下无敌②焉。(《孟子·离娄上》)

【注释】

①君:君主。

②敌:敌人。

【译文】

一国的君主如果喜爱仁德,整个天下便不会有敌手。

【点评】

寥寥数语,说明实行仁政的重要性。

省①刑罚,薄②税敛,深耕易③耨。(《孟子·梁惠王上》)

【注释】

①省:减轻。

②薄:减少。

③易:芟治草木。芟(shān),割草,引申为除去。芟草,芟除。耨,锄草。这里的"易"和"耨",是并列用法,都是除草的意思。

【译文】

减免刑罚,减轻赋税,让百姓能深耕细作,早除秽草。

【点评】

爱民惜时,才能为百姓拥护。也就是贵民思想,要爱护百姓,从百姓中汲取执政力量,要遵循客观规律,大力发展生产。

仁者无敌。(《孟子·梁惠王上》)

【译文】

仁德的人是无敌于天下的。

【点评】

经典之言,再次强调“仁”的重要性。通览国内外,只有实施“仁”,才能赢得民心,维护统治。

五亩之宅,树之以桑,五十者可以衣[①]帛矣。鸡豚狗彘之畜,无失其时[②],七十者可以食肉矣。百亩之田,勿夺其时,八口之家可以无饥矣。谨庠序之教,申之以孝悌之义,颁白者不负戴于道路矣。(《孟子·梁惠王上》)

【注释】

①衣:穿衣。

②时:规律。

【译文】

每家给他五亩土地的住宅,四围种植着桑树,那么五十岁以上的人都可以有丝棉袄穿了。鸡狗与猪这类家畜,都有力量去饲养繁殖,那么七十岁以上的人就都有肉可吃了。一家给他一百亩土地,并且不去妨碍他的生产,八口人的家庭便都可以吃得饱饱的了。办好各级学校,反复地用孝顺父母、敬爱兄长的大道理来开导他们,那么,须发花白的老人便会有人代劳,不致头顶着、背负着东西在路上行走了。

【点评】

一切为了百姓,让百姓安居乐业,幸福而自尊地生活,民强而国富。

易[①]其田畴,薄[②]其税敛,民可使富也。(《孟子·尽心上》)

【注释】

①易:整治。

②薄:减少、减轻。

【译文】

搞好耕种,减轻税收,可以使百姓富足。

【点评】

民以食为天,粮食是基础的基础。抓好粮食安全,是国之大任;减轻百姓负担，才能让他们富足生活，才能为社会稳定奠定基础。

乐[①]民之乐者，民亦乐其乐；忧民之忧者，民亦忧其忧。（《孟子·梁惠王上》）

【注释】

①乐：第一个“乐”是以什么为乐；第二个“乐”是快乐的意思。

【译文】

以百姓的快乐为自己的快乐者，百姓也会以国君的快乐为自己的快乐；以百姓的忧愁为自己的忧愁者，百姓也会以国君的忧愁为自己的忧愁。

【点评】

与人民同甘苦共患难，时刻关注人民的喜怒哀乐，把人民利益放在首位，才能获得源源不断的支持。

仁[①]则荣，不仁则辱。（《孟子·公孙丑上》）

【注释】

① 仁：实施仁政，有仁爱之心。

【译文】

诸侯卿相如果实行仁政，就会有荣耀；如果行不仁之政，就会遭受屈辱。

【点评】

强调“仁”的重要性，把“仁”和国家兴亡、民族荣辱高度地结合起来。

有恒产[①]者有恒心[②]，无恒产者无恒心。苟无恒心，放辟邪侈，无不为已。（《孟子·滕文公上》）

【注释】

①恒产：指家庭固定的产业，如土地、田园、房屋等。

②恒心：持之以恒的毅力，坚持达到目的或执行某项计划的决心。或指持久不变的意志。也指人所常有的善良本心和道德准则。

【译文】

有一定的产业收入的人才有一定的道德观念和行为准则，没有一定的产业收入的人便不会有一定的道德观念和行为准则。假如没有一定的道德观念和行为准则，就会胡作非为，违法乱纪，什么事都干得出来。

【点评】

“仓廪实而知礼节，衣食足而知荣辱”，这话有道理，实则蕴含着经济发展和道德水平的辩证关系，也印证了小平同志的“两手抓，两手都要硬”的观点。

鱼，我所欲[1]也，熊掌亦我所欲也；二者不可得兼，舍鱼而取熊掌者也。生亦我所欲也，义亦我所欲也；二者不可得兼，舍生而取义者也。（《孟子·告子上》）

【注释】

① 欲：喜爱、追求。

【译文】

鱼是我所喜欢的，熊掌也是我所喜欢的；如果两者不能兼得的话，我便丢掉鱼而要熊掌。生命是我所喜爱的，义也是我所喜爱的；如果两者不能并有，我便舍弃生命而取义。

【点评】

取舍之间，彰显智慧。“义”实则民心，得民心者得天下。

得道[1]者多助，失道者寡助。寡助之至，亲戚畔[2]之；多助之至，天下顺之。（《孟子·公孙丑下》）

【注释】

①道：道义、民心。

②畔：背叛、反对。

【译文】

行仁政的就有很多人帮助，不行仁政的就很少有人帮助。帮助他的人少到极点时，连亲戚都反对他；帮助他的人多到极点时，全天下都归顺他。

【点评】

不实行“仁政”，便会众叛亲离。实行“仁政”，便会举国拥护。翻开历史，举不胜举。以史为鉴，可以资政育人。

天时不如地利，地利不如人和。[1]（《孟子·公孙丑下》）

【注释】

① 天时、地利、人和：《荀子·王霸》说：“农夫朴力而寡能，则上不失天时，下不失地利，中得人和而百事不废。”荀子所指的“天时”指适宜作战的时令、气候，“地利”指得到有利于作战

的地形,“人和”是指得人心,上下团结。而孟子在这里所说的“天时”则指尖兵作战的时机、气候等,“地利”是指山川险要、城池坚固等,“人和”则指人心所向、内部团结等。

【译文】

有利的时机和气候不如有利的地势,有利的地势不如人的齐心协力。

【点评】

强调民心的重要性,得民心则得天下,失民心则失天下。

贤者在位①,能者在职②。(《孟子·公孙丑上》)

【注释】

①在位:居于掌权的地位。

②在职:担当合适的职务。

【译文】

使有德行的人居于相当的官位,有才能的人担任一定职务。

【点评】

判断领导干部的标准是德才兼备,以德为先。

王天下有三重①焉其寡过②矣乎!上焉者,虽善无征,无征不信,不信民弗从。下焉者,虽善不尊,不尊不信,不信民弗从。(《中庸》)

【注释】

①三重:三件重大的事情,这就是仪礼、制度、考文。

②寡过:寡,少。过,错误。寡过,少犯错误。

【译文】

治理天下能够做好议定礼仪、制定法度、制定文字规范这三件重要的事,也就没有什么大的过失了吧!在上位的人,虽然行为很好,但如果没有验证的话,就不能使人信服,不能使人信服,老百姓就不会听从。在下位的人,虽然行为很好,但由于没有尊贵的地位,也不能使人信服,不能使人信服,老百姓就不会听从。

【点评】

要求当政者身体力行,不仅要有好的德行修养,而且还要有行为实践的验证,才能取信于民,使人听从,这就好比我们今天要求政府为老百姓办实事一样。只有这样,才能做到“远之则有望,近之则不厌”,成为老百姓的公仆。

古之欲明明德[①]于天下者，先治其国；欲治其国者，先齐其家；欲齐其家者，先修其身；欲修其身者，先正其心；欲正其心者，先诚其意；欲诚其意者，先致其知；致知在格[②]物[③]。物格而后知至；知至而后意诚；意诚而后心正；心正而后身修；身修而后家齐；家齐而后国治；国治而后天下平。自天子以至于庶人，壹是皆以修身为本。其本乱而未治者否矣。其所厚者薄，而其所薄者厚，未之有也！（《礼记·大学》）

【注释】

①明明德：彰明、弘扬光明正大的品德。

②格：至。

③物：事物。

【译文】

古代那些要想在天下弘扬光明正大品德的人，先要治理好自己的国家；要想治理好自己的国家，先要管理好自己的家庭和家族；要想管理好自己的家庭和家族，先要修养自身的品性；要想修养自身的品性，先要端正自己的心思；要想端正自己的心思，先要使自己的意念真诚；要想使自己的意念真诚，先要使自己获得知识；获得知识的途径在于认识、研究万事万物。通过对万事万物的认识、研究后才能获得知识；获得知识后意念才能真诚；意念真诚后心思才能端正；心思端正后才能修养品性；品性修养后才能管理好家庭和家族；管理好家庭和家族后才能治理好国家；治理好国家后天下才能太平。上自国家元首，下至平民百姓，人人都要以修养品性为根本。若这个根本被扰乱了，家庭、家族、国家、天下要治理好是不可能的。不分轻重缓急，本末倒置却想做好事情，这也同样是不可能的！

【点评】

这里所展示的，是儒学"三纲八目"的追求。所谓"三纲"，是指明德、新民、止于至善。它既是《大学》的纲领旨趣，也是儒学"垂世立教"的目标所在。所谓"八目"，是指格物、致知、诚意、正心、修身、齐家、治国、平天下。它既是为达到"三纲"而设计的条目，也是儒学为我们所展示的人生进修阶梯。纵览四书五经，我们发现，儒家的全部学说实际上都是循着这"三纲八目"而展开的。所以，抓住这"三纲八目"就等于抓住了一把打开儒学大门的钥匙。循着这进修阶梯一步一个脚印，就会登堂入室，领略儒学经典的奥义。就这里的阶梯本身而言，实际上包括"内修"和"外治"两大方面：前面四级"格物、致知、诚意、正心"是"内修"，后面三纲"齐家、治国、平天下"是"外治"。而其中间的"修身"一环，则是连结"内修"和"外治"两方面的枢纽，它与前面的"内修"项目连在一起，是"独善其身”;它与后面的“外治”项目连在一起,是“兼善天下”。两千多年来,一代又一代中国知识分子“穷则独善其身,达则兼善天下”(《孟子·尽心下》),把生命的历程铺设在这一阶梯之上。所以,它实质上已不仅仅是一系列学说性质的进修步骤,而是具有浓厚实践色彩的人生追求阶梯了。它铸造了一代又一代中国知识分子的人格心理,时至今日,仍然在我们身上发挥着潜移默化的作用。不管是否意识明确,“格、致、诚、正、修、齐、治、平”的观念总是或隐或显地在影响着我们的思想,左右着我们的行动,最终发现,自己的人生历程也不过是在这儒学的进修阶梯上或近或远地展开。

颜渊问仁。子曰:“克己复礼为仁。一日克己复礼[①],天下归仁[②]焉。为仁由己,而由人乎哉?”颜渊曰:“请问其目[③]。”子曰:“非礼勿视,非礼勿听,非礼勿言,非礼勿动。”颜渊曰:“回虽不敏,请事[④]斯语矣。”(《论语·颜渊》)

【注释】

①克己复礼:克己,克制自己。复礼,使自己的言行符合礼的要求。

②归仁:归,归顺。仁,即仁道。

③目:具体的条目,与纲相对。

④事:从事,照着去做。

【译文】

颜渊问怎样才能做到仁。孔子说:“克制自己,按照规律去做,这就能得到仁了。只要克己复礼,天下任何人能得到仁。一个人想要得到仁,完全在于自己,难道还能由别人(为你带来仁)吗?”颜渊说:“请问得到仁的具体条目。”孔子说:“不该看的不要看,不该听的不要听,不该说的不要说,不该做的不要做。”颜渊说:“我虽然愚笨,也要照您的这些话去做。”

【点评】

自律乃是慎独,是对一个人自我道德修养的较高标准,在纷繁杂芜的社会中,做到自清自廉实属不易。只有有了崇高的理想和坚定的信念,才会做到这一点。

四、孝悌忠信

老吾老[①],以及人之老;幼吾幼[②],以及[③]人之幼。(《孟子·梁惠王上》)

【注释】

①老：第一个"老"字是动词，赡养、孝敬，第二及第三个"老"字是名词，老人、长辈。

②幼：第一个"幼"字是动词，抚养、教育，第二及第三个"幼"字是名词，子女、小辈。

③及：推己及人。

【译文】

尊敬我的长辈，从而推广到尊敬别人的长辈；爱护自己的晚辈，从而推广到爱护别人的晚辈。

【点评】

由人及己，才能普遍实行尊老爱幼的良好道德风尚；推己及人，让社会充满爱，才会勇敢地去搀扶跌倒的老人。

有子曰："信①近②于义，言可复③也。恭近于礼，远耻辱也。因不失其亲，亦可宗也。"(《论语·学而》)

【注释】

①信：所要遵守的诺言。

②近：符合。

③复：实践诺言。

【译文】

有子说："所守的信符合义，说的话就能兑现。态度容貌的庄矜合于礼，就不至遭受侮辱。依靠关系深的人，也就可靠了。"

【点评】

古人就很注重诚信和道义，只有这样才符合做人的常识，才能在熟人社会里相互融洽地生活。

子曰："人而无信，不知其可也。大车无輗①，小车无軏②，其何以行之哉？"(《论语·为政》)

【注释】

① 輗(ní)：古代牛车车辕和横木相连接的销钉。

② 軏(yuè)：古代马车车辕与横木相连接的销钉。

【译文】

孔子说："作为一个人，却不讲信誉，是不可以的。譬如大车子没有安横木的輗，小车子没有安横木的軏，如何能走呢？"

【点评】

两千年前的孔子就告诉我们，如果没有诚信，社会就无法正常运行。当前社会种种不良现象，我们又该如何坚守呢？

信，是儒家传统伦理准则之一。孔子认为，信是人立身处世的基点。现代社会我们就应该以诚为本，以信为先。

子曰："道不远人。人之为道而远人，不可以为道。"（《中庸》）

【注释】

①道：指中庸之道，是一种至大无外、至小无内的至高道德，是天地、人伦之道。

【译文】

孔子说："道并不排斥人。如果有人实行道却排斥他人，那就不可以实行道了。"

【点评】

道不可须臾离的基本条件是道不远人。推行道的另一条基本原则是从实际出发，从不同人不同的具体情况出发，使道既具有"放之四海而皆准"的普遍性，又能够适应不同个体的特殊性。这就是普遍性与特殊性相结合。

一个人做到忠恕，离道也就不远了。要"言顾行，行顾言"，凡事不走偏锋，不走极端，这就是"中庸"的原则，这就是中庸之道。

自诚①明②，谓之性；自明诚，谓之教③。诚则明矣，明则诚矣。（《中庸》）

【注释】

①诚：诚心、诚恳。

②明：明白。

③教：教育、教化。

【译文】

由真诚而自然明白道理，这叫作天性；明白道理后做到真诚，这叫作人为的教育。真诚也就会自然明白道理，明白道理后也就会做到真诚。

【点评】

无论是天性还是后天人为的教育，只要做到了真诚，二者也就合一了。明道向善不问先天后天，从另一个角度看，这里也表达了天人合一的思想。

唯天下至诚，为能尽其性；能尽其性，则能尽人之性；能尽人之性，则能尽物之性；能尽物之性，则可以赞[①]天地之化育；可以赞[②]天地之化育，则可以与天地参矣。（《中庸》）

【注释】

① 赞：助。

② 参：与天地并立而为三。

【译文】

只有天下极端真诚的才人能充分发挥他的本性；能充分发挥他的本性，就能充分发挥众人的本性；能充分发挥众人的本性，就能充分发挥万物的本性；能充分发挥万物的本性，就可以帮助天地培育生命；能帮助天地培育生命，就可以与天地并列为三了。

【点评】

真诚者只有首先对自己真诚，然后才能对别人真诚。真诚可使自己立于与天地并列为三的不朽地位，它的功用居然有如此之大，那我们又何乐而不为呢？

所谓诚其意者，毋自欺也。如恶恶臭，如好好色，此之谓自谦[①]。故君子必慎其独[②]也！（《礼记·大学》）

【注释】

① 谦：同“慊”，心安理得。

② 慎其独：在只有自己知道，别人不可能知道的情况下，也能严格要求自己的思想和言行。

【译文】

使意念真诚的意思是说，不要自己欺骗自己。要像厌恶腐臭的气味一样，要像喜爱美丽的女人一样，一切都发自内心。所以，品德高尚的人哪怕是在一个人独处的时候，也一定要谨慎。

【点评】

要做到真诚，最重要也是最考验人的一课便是“慎其独”，在一个人独处的时候也谨慎。简而言之，就是人前人后一个样。人前真诚，人后也真诚，一切都发自肺腑，发自内心，就像手脚长在我自己身上一样自然自如，一样真实无欺。

所谓平天下在治其国者，上[①]老老[②]而民兴孝，上长长[③]而民兴弟[④]，上恤[⑤]孤而民不倍[⑥]。是以君子有絜矩之道也。（《礼记·大学》）

【注释】

①上:指君主。

②老老:第一个“老”指敬重,第二个“老”指老人。

③长长:第一个“长”指尊重,第二个“长”指长辈。

④弟:即悌,孝悌。

⑤恤:怜惜、救助。

⑥倍:即背,违背、背弃。

【译文】

平定天下要治理好自己的国家,是因为:在上位的人尊敬老人,老百姓就会孝顺自己的父母;在上位的人尊重长辈,老百姓就会尊重自己的兄长;在上位的人体恤救济孤儿,老百姓也会同样跟着去做。所以,品德高尚的人总是实行以身作则、推己及人的“絜矩之道”。

【点评】

所谓“絜矩之道”,是与“恕道”一脉相承的。如果说,“恕道”重点强调的是“己所不欲,勿施于人”的将心比心方面,那么,“絜矩之道”则是重在强调以身作则的示范作用方面。如孔子对季康子说:“当政者的德行好比是风,老百姓的德行好比是草,只要风吹草上,草必然随风倒伏。”世道人心,上行下效。关键是看你说什么,提倡什么,做什么。榜样的力量是无穷的,领袖的力量更是不可估量的。所以,当政治国的人必须要有“絜矩之道”。

五、富贵忧乐

富润屋,德润身。(《大学》)

【译文】

财富可以修饰房屋,使房屋华美;道德可以修养身心,使道德高尚。

【点评】

金钱可以换来世界上许许多多令人羡慕的物资、商品,华服甚至美眷,但却换不来道德与情操,换不来人们的信任与尊重。不管在什么社会,拥有财富固然好,但个人的道德修养是必须注重的。只有道德高尚的人才能真正赢得人们发自内心的尊重。

子[①]曰："学[②]而时习[③]之，不亦说[④]乎！有朋[⑤]自远方来，不亦乐[⑥]乎！人不知[⑦]而不愠[⑧]，不亦君子[⑨]乎！"(《论语·学而》)

【注释】

①子：中国古代对于有地位、有学问的男子的尊称，有时也泛称男子。《论语》书中的"子曰"，都是指孔子而言的。

②学：孔子在这里讲的"学"，主要是指学习西周的礼、乐、诗、书等传统文化典籍。

③时习："时"意为"在一定的时候"或者"在适当的时候"，也指"时常"。"习"指演习礼、乐，也含有温习、实习、练习的意思。

④说：同"悦"，是愉快、高兴的意思。

⑤有朋：一本作"友朋"。旧注说，"同门曰朋"，即同在一位老师门下学习的叫"朋"，也就是志同道合的人。

⑥乐：与"说"有所区别。旧注说，悦在内心，乐则见于外。

⑦人不知：此句不完整，没有说出人不知道什么。一般而言，知是了解的意思。人不知，是说别人不了解自己。

⑧愠(yùn)：恼怒，怨恨。

⑨君子：《论语》书中的君子，有时指有德者，有时指有位者。此处指孔子理想中具有高尚人格的人。

【译文】

孔子说："学了又时常温习，不是很愉快吗？有志同道合的人从远方来，不是很令人高兴吗？人家不了解我，我也不怨恨、恼怒，不也是一个有德的君子吗？"

【点评】

"学而时习之，不亦说乎？有朋自远方来，不亦乐乎？人不知而不愠，不亦君子乎？"这一句能作为《论语》开章的第一句，极不简单，微言大义，其真实含义历来被人们割裂和误解。第一句"学而时习之，不亦说乎？"的字面含义是学到的东西有机会付诸实践，这难道不是一件值得高兴的事情吗？这句话的主旨是"学以致用"！隐含的意思是追求真理，并能在实践中获得检验、应用与完善，在实践中体现学习的价值，这才是令人开心的事！其实这还有另一个意思，这个"习"在古代繁体中其实是一个"習"。"習"是小鸟振翅的意思。这句的意思其实是学习要日有所进才感到高兴愉悦。第二句"有朋自远方来，不亦乐乎？"的字面含义是有志同道合的朋友从远方来，这难道不是一件值得高兴的事情吗？隐含的含义是传播真理，并被人们普遍重视甚至认同，这才是令人开心的事！第三句"人不知而不愠，不亦君子乎？"的字面含义是别人不理解（你的思想）还能不气恼，是君子应该具备的气度啊！隐含的含义是如果我们领悟或掌握的真理不被别人所理解或认同的时候，一个有教养的人正确的态度不应是生气啊！

《论语》开宗明义告诫人们追求真理的不同层次与不同境遇。论述的是掌握真理、应用真理和传播真理三种层次,以及用最古朴的实例阐述了人实现自身价值的不同情感体验;也在不经意之间粗略地阐述了人们不同层次的心理需求:情感和归属的需求,尊重的需求与自我实现的需求。这里不仅指导人们如何实现自身价值,获得应该具有的愉悦情感体验,反映出孔子学而不厌、诲人不倦、注重修养、严格要求自己的主张。

子贡曰:"贫而无谄[①],富而无骄,何如?"子曰:"可也。未若贫而乐[②],富而好礼者也。"(《论语·学而》)

【注释】

①谄(chǎn):意为巴结、奉承。

②贫而乐:一作"贫而乐道"。

【译文】

子贡说:"贫穷而能不谄媚,富有而能不骄傲自大,怎么样?"孔子说:"这也算可以了。但是还不如虽贫穷却乐于道,虽富裕而又好礼之人。"

【点评】

孔子希望他的弟子以及所有的人们,都能够达到贫而乐道、富而好礼这样的理想境界,因而在平时对弟子的教育中,就把这样的思想讲授给学生。贫而乐道,曲肱而枕,乐在其中;追求富贵,但富而乐善。社会上无论贫或富都能做到各安其位,便可以保持社会的安定了。

子曰:"富与贵,是人之所欲也,不以其道得之,不处也;贫与贱,是人之所恶[①]也,不以其道得之[②],不去也。(《论语·里仁》)

【注释】

①恶(wù):厌恶。

②得之:从上下文看,应作"去之"。

【译文】

孔子说:"富裕和显贵是人人都想要得到的,但不用正当的方法得到它,就不会去享受的;贫穷与低贱是人人都厌恶的,但不用正当的方法去摆脱它,就不会摆脱的。

【点评】

这一段反映了孔子的理欲观。以往的研究往往忽略了这一段内容,似乎孔子主张人们只要仁、义，不要利、欲。事实上并非如此。任何人都不会甘愿过贫穷困顿、流离失所的生活，都希望得到富贵安逸。但这必须通过正当的手段和途径去获取，否则宁守清贫而不去享受富贵。这种观念在今天仍有其不可低估的价值。

子曰："士[①]志于道，而耻[②]恶衣恶食者，未足与议也。"(《论语·里仁》)

【注释】

①士：读书人。

②耻：意动用法，以……为耻。

【译文】

孔子说："士有志于(学习和实行圣人的)道理，但又以自己吃穿得不好为耻辱，这种人是不值得与他谈论道的。"

【点评】

孔子认为，一个人斤斤计较个人的吃穿等生活琐事，他是不会有远大志向的。因此，根本就不必与这样的人去讨论什么道的问题，因为他的精力没有放在做大事上。

子曰："不患无位，患所以立；不患莫己知[①]，求为可知也。"(《论语·里仁》)

【注释】

①莫己知：否定句代词作宾语，宾语前置。"莫知己"的意思。

【译文】

孔子说："不怕没有官位，就怕自己没有学到赖以立足的东西。不怕没有人知道自己，只求自己成为有真才实学值得为人们知道的人。"

【点评】

这是孔子和自己的学生经常谈论的问题，是他立身处世的基本态度。孔子并非不想成名成家，并非不想身居要职，而是希望他的学生首先必须立足于自身的学问、修养、才能的培养，具备足以胜任官职的各方面素质。这种思路是可取的。

子曰："父母之年，不可不知也。一则以喜，一则以惧。"(《论语·

里仁》)

【译文】

孔子说:“父母的年龄,不能不知道,一方面(因他们健在)该高兴,另一方面(因他们年龄越来越大)该担忧。”

【点评】

这段话谈到作为儿女应该忧虑的事。孔子多次谈到子女对父母应该如何尽孝,这段话从心理上强调子女对父母应有发自内心的爱,“担忧”这种情感是发自内心的,是无法做给别人看的。孔子在回答学生子游问孝时说:“今之孝者,是谓能养。至于犬马,皆能有养;不敬,何以别乎?”(《论语·为政》)这里也是强调给父母要有更高层次上的情感上的关爱。

君子周急不济富。(《论语·雍也》)

【译文】

君子只是周济急需救济的人,而不是周济富人。

【点评】

子华(姓公西,名赤),出使齐国,冉求替他的母亲向孔子请求补助一些谷米。孔子说:“给他六斗四升。”冉求请求再增加一些。孔子说:“再给他二斗四升。”冉求却给他八十斗。孔子说:“公西赤到齐国去,乘坐着肥马驾的车子,穿着又暖和又轻便的皮袍。我听说过,君子只是周济急需救济的人,而不是周济富人。”

孔子主张“君子周急不济富”,这是从儒家“仁爱”思想出发的。孔子的“爱人”学说,并不是狭隘地爱自己的家人和朋友,而带有一定的普遍性。孔子认为,应该用有限的财力去周济穷人,应当“雪中送炭”,而不是给富人“锦上添花”。

一箪①食,一瓢饮,在陋巷②,人不堪其忧,回也不改其乐③。(《论语·雍也》)

【注释】

①箪(dān):古代盛饭用的竹器。

②巷:此处指颜回的住处。

③乐:乐于学。

【译文】

孔子说:“颜回的品质是多么高尚啊!一箪饭,一瓢水,住在简陋的小屋里,别人都忍受不了这种穷困清苦，颜回却没有改变他好学的乐趣。颜回的品质是多么高尚啊！”

【点评】

本章中，孔子又一次称赞颜回，对他作了高度评价。这里讲颜回“不改其乐”，这也就是贫贱不能移的精神，这里包含了一个具有普遍意义的道理，即人总是要有一点精神的，为了自己的理想，就要不断追求，即使生活清苦困顿也能坚持目标。

知之者不如好之者，好之者不如乐[①]之者。（《论语·雍也》）

【注释】

①乐：以……为乐趣。

【译文】

孔子说：“懂得学习的人比不上喜爱学习的人；喜爱学习的人比不上以学习为乐趣的人。”

【点评】

这一则讲的是兴趣对于学习的重要性。学习知识重要的是培养学习的兴趣，俗话说“兴趣是最好的老师”。对知识的学习感兴趣，就会变被动为主动，以学习为乐事，在快乐中学习，既能提高学习的效率，又能加深对知识的理解，这样学到的才能够灵活地运用。

知[①]者乐水，仁者乐[②]山。（《论语·雍也》）

【注释】

①知（zhì）：同“智”。

②乐（yào）：意为“喜欢”。

【译文】

孔子说：“聪明人喜爱水，有仁德者喜爱山。”亦解释是“知者乐，水”。智者的快乐，就像水一样，悠然安详，永远是活泼的。“仁者乐，山。”仁者之乐，像山一样，崇高、伟大、宁静。

【点评】

聪明人通达事理，反应敏捷而又思想活跃，性情好动就像水不停地流一样，所以用水来进行比拟。仁者也就是仁厚的人。仁厚的人安于义理，仁慈宽容而不易冲动，性情好静，就像山一样稳重不迁，所以用山来进行比拟。不过，你如果问一般人乐水还是乐山，所得的回答多半是山水都乐。山水各有千秋，仁智都是我们的追求，即使力不能及，也要心向往之。

子曰："德之不修[①]，学之不讲[②]，闻义[③]不能徙[④]，不善不能改，是[⑤]吾忧也。"（《论语·述而》）

【注释】

①修：指培养。

②讲：研究，讨论。

③义：道义，正义。

④徙：迁移。这里指按照义的准则改变自己的行为。

⑤是：指示代词，在判断句中充当主语，指代"德之不修"到"不善不能改"这段话所讲的事。

【译文】

孔子说："（许多人）对品德不去修养，学问不去讲求，听见正义的事不能跟从，不好的事不能改正，这些都是我所忧虑的事情。"

【点评】

孔子阐明了他忧虑的四个方面的社会问题："德之不修，学之不讲，闻义不能徙，不善不能改"，修德、讲学，是孔子最关心的大事。"修德之难"孔子早有论述："吾未见好德如好色者也"；古今"学问之难"有目共睹，到今天还要用考试等手段来督促学业；"见义不能勇为""知错难改"等依然是今天的社会顽疾。所以我们提出"依法治国""以德治国"；建立学习型社会；提倡、表彰各种义举来完善社会体制、机制。但如何迅速提升全社会的道德水准，建立社会主义核心价值观，仍然需要我们为之付出巨大的努力。

子曰："富[①]而可求[②]也；虽执鞭之士[③]，吾亦为之。如不可求，从吾所好。"（《论语·述而》）

【注释】

①富：财富。

②求：追求。

③执鞭之士：古代为天子、诸侯和官员出入时手执皮鞭开路的人。意思指地位低下的职事。一说"赶车之人"。

【译文】

孔子说："财富如果真的是可以求得到的话，虽然是给人执鞭的下等差事，我也愿意去做。如果是不可求的,那就还是去做我自己喜欢的事。"

【点评】

孔子在这里又提到财富与道的关系问题。只要合乎道,以自己的劳动所得,即便干的是低下的差事,财富就可以去追求;如果改变了志向也不能追求到财富,不如去做自己喜欢做的事情。从此处可以看到,孔子不反对发财,但必须符合道,这是原则问题,孔子曾说"不义而富且贵,于我如浮云",这里再次表明自己不会违背原则去追求富贵荣华。

不义而富且贵,于我如浮云。[①](《论语·述而》)

【注释】

①《论语·述而》:子曰:"饭疏食(这里做动词,吃。疏食:粗糙的饭)饮水,曲肱(曲,弯曲。肱:音 gōng,胳膊)而枕之,乐亦在其中矣。不义而富且贵,于我如浮云。"

【译文】

用不正当的手段得来的富贵,对于我来讲就像是天上的浮云一样。

【点评】

孔子极力提倡"安贫乐道",认为有理想、有志向的君子,不会总是为自己的吃穿住而奔波的,"饭疏食饮水,曲肱而枕之",对于有理想的人来讲,可以说是乐在其中。同时,他还提出,不符合道的富贵荣华,他是坚决不予接受的,对待这些东西,如天上的浮云一般。这种思想深深影响了古代的知识分子,也为一般老百姓所接受。

发愤忘食,乐以忘忧,不知老之将至云尔。[①](《论语·述而》)

【注释】

①《论语·述而》:叶公(春秋时楚国贵族,名子高,封于叶)问孔子于子路,子路不对。子曰:"女奚不曰,其为人也,发愤忘食,乐以忘忧,不知老之将至云尔。"叶公向子路问孔子是个什么样的人,子路不答。孔子(对子路)说:"你为什么不这样说,他这个人,发愤用功,连吃饭都忘了,快乐得把一切忧虑都忘了,连自己快要老了都不知道,如此而已。"

【译文】

发愤用功,连吃饭都忘了,快乐得把一切忧虑都忘了,连自己快要老了都不知道。

【点评】

这一章里孔子自述心态,"发愤忘食,乐以忘忧",连自己老了都觉察不出来。孔子从读书学习和各种活动中体味到无穷乐趣，是典型的现实主义和乐观主义者，他不为身旁的小事而烦恼，表现出积极向上的精神面貌。

子曰："君子坦荡荡，小人长戚戚①。"(《论语·述而》)

【注释】

①长戚戚：形容忧愁不安的样子，这里指经常忧愁。

【译文】

孔子说："君子心胸宽广，能够包容别人；小人爱斤斤计较，心胸狭窄。"

【点评】

孔子认为，君子总是襟怀坦荡，眼界宽阔，为人大气，不计个人利害得失，如此才能有大作为。而反之，心胸狭窄、眼光短浅、与人为难、与己为难，时常忧愁，局促不安，就不可能成大气候。

天下有道则见①，无道则隐。

邦有道，贫且贱焉，耻也。

邦无道，富且贵焉，耻也。(《论语·泰伯》)

【注释】

①见(xiàn)：同"现"。

【译文】

天下有道就出来做官，天下无道就隐居不出。国家有道而自己贫贱，是耻辱；国家无道而自己富贵，也是耻辱。

【点评】

这是孔子给弟子们传授的为官之道。"天下有道则见，无道则隐"；"用之则行，舍之则藏"，这是孔子为官处世的一条重要原则。此外，他还提出应当把个人的贫贱荣辱与国家的兴衰存亡联系在一起，这是做人的基准点。试想，如果太平盛世时有人一贫如洗，天下大乱时却有人集聚了大量财富，里面的道理是不言而喻的。

内省不疚，夫何忧何惧?①(《论语·颜渊》)

【注释】

①《论语·颜渊》：司马牛问君子。子曰："君子不忧不惧。"曰："不忧不惧，斯谓之君子已乎?"子曰："内省不疚，夫何忧何惧?"

【译文】

扪心自问没有愧疚的事,又有什么忧愁恐惧的呢?

【点评】

司马牛的哥哥犯上作乱,司马牛宣布不承认桓魋是他的哥哥,孔子劝慰他不要忧愁,更不必恐惧。做事要符合“礼”,只要内心无愧就是做到了“仁”。任何时候,不做亏心事就不必惧怕,不必忧愁。所以,要求得内心的平静,做一个“干净”的人是前提。

君子易事①而难说②,小人难事而易说。③(《论语·子路》)

【注释】

①易事:易于与之相处共事。

②难说:“说”音义同“悦”,难于取得他的欢喜。

③《论语·子路》:子曰:“君子易事而难说也。说之不以道,不说也;及其使人也,器之。小人难事而易说也。说之虽不以道,说也;及其使人也,求备焉。”

【译文】

为君子办事很容易,但很难取得他的欢喜。为小人办事很难,但要取得他的欢喜则是很容易的。

【点评】

孔子说:“为君子办事很容易,但很难取得他的欢喜。不按正道去讨他的喜欢,他是不会喜欢的;但是,当他使用人的时候,总是量才而用人。为小人办事很难,但要取得他的欢喜则是很容易的。不按正道去讨他的喜欢,也会得到他的喜欢;但等到他使用人的时候,却是求全责备。

这里孔子又一次提出了君子与小人的区别。这里的君子与小人指的是有一定地位而且对他人有一定支配权的人。孔子认为:君子一般不会对人百般挑剔,很容易相处。如果用不合道义的方法是很难取悦他的。而且在选用人才的时候,往往能够量才而用,不会求全责备。但小人恰恰相反,和这种人相处难,要想讨好他却很容易。现实社会中任人唯亲的小人屡见不鲜。

贫而无怨难,富而无骄易。(《论语·宪问》)

【译文】

贫穷而能够没有怨恨是很难做到的,富裕而不骄傲是容易做到的。

【点评】

一个人贫穷的原因是多方面的,如果横向比较,有怨气是正常的。而现在不少年轻人生来就已坐拥千万财产，没有经过奋斗的艰辛，又不能积极修养自己的德行，要做到富裕而不骄纵却不是一件容易的事。

仁者不忧，知者不惑，勇者不惧。[①]（《论语·宪问》）

【注释】

①《论语·宪问》：子曰："君子道者三，我无能焉：仁者不忧，知者不惑，勇者不惧。"子贡曰："夫子自道也。"

【译文】

仁德的人不忧愁，聪明的人不迷惑，勇敢的人不畏惧。

【点评】

在儒家传统道德中，智、仁、勇是重要的三个范畴。《礼记·中庸》说："知、仁、勇，三者天下之达德也。"孔子谦虚地认为自己还没有达到这三个境界，希望自己的学生能具备这三达德，成为真正的君子。作为君子，孔子认为其必须具备的品格有许多，这里他强调了其中的三个方面：仁、智、勇。在《子罕》当中，孔子也讲到以上这三个方面。

君子固穷[①]，小人穷斯滥矣。[②]（《论语·卫灵公》）

【注释】

①固穷：固守穷困，安守穷困。

②《论语·卫灵公》：在陈绝粮，从者病，莫能兴。子路愠见曰："君子亦有穷乎？"子曰："君子固穷，小人穷斯滥矣。"

【译文】

君子虽然穷困，但还是坚持着；小人一遇穷困就无所不为了。

【点评】

（孔子一行）在陈国断了粮食，随从的人都饿病了。子路很不高兴地来见孔子，说道："君子也有穷得毫无办法的时候吗？"孔子说："君子虽然穷困，但还是坚持着；小人一遇穷困就无所不为了。"孔子用非常有说服力的语言和行动教育学生，告诫学生：面对穷困潦倒的局面，君子与小人会有完全不同的思想和作为。

君子忧道不忧贫。[①]（《论语·卫灵公》）

【注释】

①《论语·卫灵公》：子曰："君子谋道不谋食。耕也，馁（音 něi）在其中矣；学也，禄在其

中矣。君子忧道不忧贫。"

【译文】

君子只担心道不能行,不担心贫穷。

【点评】

孔子的"君子谋道不谋食"和孟子所说"劳心者治人,劳力者治于人"都是对有了社会分工后的职业特性的一种总结。上文的"不谋衣食"并不是真的不要衣食,而是通过谋道而水到渠成地获得衣食。其实,从社会分工的角度来看,孔子的话是有一定道理的。

不患寡而患不均,不患贫而患不安。①(《论语·季氏》)

【注释】

①《论语·季氏》:丘也闻有国有家者,不患寡而患不均,不患贫而患不安。盖均无贫,和无寡,安无倾。夫如是,故远人不服,则修文德以来之。既来之,则安之。今由与求也,相夫子,远人不服,而不能来也。邦分崩离析,而不能守也。而谋动干戈于邦内。吾恐季孙之忧,不在颛臾(音 zhuān yú,鲁国的附属国,在今山东费县西),而在萧墙(照壁屏风,指宫廷之内)之内也。

【译文】

不怕贫穷,而怕财富不均;不怕人口少,而怕不安定。

【点评】

这一章又反映出孔子的反战思想。他不主张通过军事手段解决国际、国内的问题,而希望采用礼、义、仁、乐的方式解决问题,这是孔子的一贯思想。此外,这一章里孔子还提出了"不患贫而患不均,不患寡而患不安"。朱熹对此句的解释是:"均,谓各得其分;安,谓上下相安。"这种思想对后代人的影响很大,甚至成为人们的社会心理。就今天而言,这种思想有消极的一面,基本不适宜现代社会,这是应该指出的。

孔子曰:"益者三乐,损者三乐。乐节礼乐①,乐道人之善,乐多贤友,益矣。乐骄乐②,乐佚③游,乐宴乐④,损矣。"(《论语·季氏》)

【注释】

①节礼乐:孔子主张用礼乐来节制人。

②骄乐:骄纵不知节制的乐。

③佚:同"逸"。

④宴乐:沉溺于宴饮取乐。

【译文】

孔子说:“有益的喜好有三种,有害的喜好有三种。喜欢用礼乐调节自己为喜好,喜欢讲别人的优点为喜好,以有许多贤德之友为喜好,这是有益的。喜好骄傲放纵,喜欢懒散闲游,喜欢大吃大喝,这就是有害的。”

【点评】

这段话道出了许多做人的道理,前三种喜好是有益的,“躬自厚而薄责于人,则远怨矣”(《论语·卫灵公》),即是说多反省自己而少责备别人,怨恨就不会来了。清代格言“静坐常思己过,闲谈莫论人非”,上联讲严于律己,下联讲宽厚待人。意思是沉静下来要经常自省自己的过失,进而以是克非、为善去恶;闲谈的时候莫议论别人的是非得失,不去沾染不良嗜好。这是儒家倡导的道德修养的重要方法。

以富贵下人,何人不尊?以富贵而爱人,何人不亲?(《曾子·子思子》)

【译文】

以富贵的身份礼贤下士,谁不尊重你?以富贵的身份仁爱他人,谁不亲近你?

【点评】

孔子认为,拥有财富的人如果能修养自己的人格,礼贤下士,用仁爱之心对待大众,就一定会赢得人们的尊敬。在今天,先富帮后富,也是第二次分配的一个方面。第一次的按劳、按资分配是合理的;第二次的按人性论、按道德准则的分配既是合情的,也是合理的。从分配的某些角度看,先富者帮后富也是一种退赔。从市场经济上讲,帮困也是改善投资环境、扩大市场购买力的行为。

生于忧患,死于安乐。(《孟子·告子上》)

【译文】

因有忧患而得以生存,因沉迷安乐而消亡。

【点评】

这是常常用于国家、民族面临生死存亡关头的警世名言,现在也常常用来教育我们年轻人,要树立忧患意识、创新意识;不要坐享其成,不要躺在前人创下的事业的大厦里安于现状,不思进取。

贫则见廉，富则见义。（《墨子·修身》）

【译文】

穷困时才能见得（真）廉洁，富贵时才能见得（真）义气。

【点评】

廉洁，道义是对每一个人的道德要求。贫穷，最能考验一个人能否洁身自好，把持自己。富有，最能考验一个人是否能乐善好施，“义”字当头，富帮穷、先富帮后富是先富者应尽的义务，也是先富者自身生存和发展的需要。

孟子曰：“君子有三乐，而王天下不与存焉。父母俱存，兄弟无故[①]，一乐也；仰不愧于天，俯不怍[②]于人，二乐也；得天下英才而教育之，三乐也。”（《孟子·尽心上》）

【注释】

①故：事故，指灾患病丧。

②怍（zuò）：惭愧。

【译文】

孟子说：“君子有三大快乐，称王天下不在其中。父母健在，兄弟平安，这是第一大快乐；上不愧于天，下不愧于人，这是第二大快乐；得到天下优秀的人才进行教育，这是第三大快乐。”

【点评】

一乐家庭平安，二乐心地坦然，三乐教书育人。朱熹《集注》引林氏的话说：“此三乐者，一系于天，一系于人，其可以自致者，惟不愧不怍而已。”也就是说，一乐取决于天意，三乐取决于他人，只有第二种快乐才完全取决于自身。因此，我们努力争取的也在这第二种快乐。

富贵不能淫[①]，贫贱不能移[②]，威武不能屈[③]。（《孟子·滕文公下》）

【注释】

①富贵不能淫：富贵，旧指有钱财、有地位；淫，使……扰乱。指金钱和地位不能使之扰乱心意。

②贫贱不能移：移，使……改变，动摇。贫穷卑贱不能使之改变。形容意志坚定。

③威武不能屈：威武，威胁暴力。屈，使……屈服。不屈从于威势的震慑。形容不畏强暴。

【译文】

金钱不能扰乱他的心，贫穷卑贱不能使之改变，威势不能屈服他的志向。这才叫作大丈夫！

【点评】

孟子针锋相对地批评了公孙衍、张仪之流为了往上爬，靠摇唇鼓舌，没有仁义道德的无原则曲意顺从，提出了真正的大丈夫之道："富贵不能淫，贫贱不能移，威武不能屈。"怎样做到？应该"居天下之广居，立天下之正位，行天下之大道"。抱"得志与民由之，不得志独行其道"的立身处世态度，也就是孔子所谓的"用之则行，舍之则藏"（《论语·述而》），孟子所说的"穷则独善其身，达则兼济天下"（《孟子·尽心上》）。

孟子关于"大丈夫"的这段名言，句句闪耀着思想和人格力量的光辉，在历史上曾鼓励了不少志士仁人，成为他们不畏强暴、坚持正义的座右铭。直到今天，当我们读这段文字的时候，仍然可以感觉孟子那掷地有声的正义的呼唤。

乐民之乐者，民亦乐其乐；忧民之忧者，民亦忧其忧。①（《孟子·梁惠王下》）

【注释】

①《孟子·梁惠王下》：齐宣王见孟子于雪宫（齐宣王玩乐的郊外别墅）。王曰："贤者亦有此乐乎？"孟子对曰："有。人不得，则非其上矣。不得而非其上者，非也；为民上而不与民同乐者，亦非也。乐民之乐者，民亦乐其乐；忧民之忧者，民亦忧其忧。乐以天下，忧以天下，然而不王者，未之有也。"

【译文】

国君以老百姓的快乐为快乐，老百姓也会以国君的快乐为快乐；国君以老百姓的忧愁为忧愁，老百姓也会以国君的忧愁为忧愁。

【点评】

这一章的核心还是"与民同乐"的问题，只不过角度有所不同罢了。在《梁惠王上》篇里孟子见梁惠王于沼上时已经谈到过"古之人与民偕乐，故能乐也"的问题。在本篇中，孟子也曾与齐宣王两次讨论过"与民同乐"的问题。一次是在谈到欣赏音乐时，孟子告诉齐宣王，只要能够做到与民同乐，无论是喜爱古典音乐还是流行音乐都是好事而不是坏事。另一次是在谈到皇家园林的大小时，孟子告诉齐宣王，如果与民同乐，向老百姓开放，皇家园林再大（如周文王的方圆七十里），老百姓也不会嫌它大。如果不与民同乐，不准老百姓进入，皇家园林再小（如齐宣王的方圆四十里），老百姓也会嫌它大。所以，本章其实是孟子第三次与齐宣王讨论“与民同乐”的问题了。“乐以天下，忧以天下”，更为完整地显示了孟子政治学说中的民本主义思想。范仲淹《岳阳楼记》中传诵千古的“先天下之忧而忧，后天下之乐而乐”，正是从孟子这里生发出来的。

莫言富贵长可托，木槿朝看暮还落。（李颀《别梁锽》）

【译文】

不要说富贵是可以永远依托的，木槿花早晨开了傍晚还会落。

【点评】

对富贵的看法历来众说纷纭，从来就没有一直富下去的人。李颀的这两句诗形象地描绘出人生的无常。俗话说“人有旦夕祸福”，“授之以鱼，不如授之以渔”，就是告诫人们：给他人金钱不如教给他挣钱的本领，因为金钱是不能作为长久的依托的。所以对待财富，我们应该有一个清醒的认识。

不以物喜，不以己悲。居庙堂之高则忧其民；处江湖之远则忧其君。是进亦忧，退亦忧。然则何时而乐耶？其必曰“先天下之忧而忧，后天下之乐而乐”乎。（范仲淹《岳阳楼记》）

【译文】

他们不因为外物的好坏和自己的得失而或喜或悲。在朝廷里做高官就担忧他的百姓；处在僻远的江湖间就担忧他的君王。这就是进入朝廷做官也担忧，辞官隐居也担忧。那么，什么时候才快乐呢？他们一定会说“在天下人忧愁之先就忧愁，在天下人快乐之后才快乐”吧。

【点评】

作者在这句话中也同时寄托着以天下为己任的政治抱负。宋朝时期，滕子京因遭诬陷被贬到岳州当知府，重新修复了岳阳楼，范仲淹受他的嘱托写一篇《岳阳楼记》：“古代的仁人志士，不因外物好坏或自身得失而或喜或悲，总是先天下之忧而忧，后天下之乐而乐。”这种高尚的爱国情怀千百年来激励无数心怀天下的仁人志士把国家、民族的利益摆在首位，为祖国的前途、命运担忧分愁，为天底下人民的幸福流血流汗。郑板桥就曾赋诗：“衙斋卧听萧萧竹，疑是民间疾苦声。些小吾曹州县吏，一枝一叶总关情。”表达对百姓疾苦的忧心与关注。

位卑未敢忘忧国。[①]（陆游《病起书怀》）

【注释】

①《病起书怀》：病骨支离纱帽宽，孤臣万里客江干。位卑未敢忘忧国，事定犹须待阖棺。

天地神灵扶庙社，京华父老望和銮。出师一表通今古，夜半挑灯更细看。

【译文】

虽然地位卑微却不敢忘记忧国忧民。

【点评】

陆游的《病起书怀》是被免去参议官后写下的。南宋爱国大诗人陆游一生主张抗金恢复中原，曾自许“塞上长城”，但最终却留下催人泪下的“王师北定中原日，家祭无忘告乃翁”的绝笔诗。虽然自己地位低微，但是从没忘掉忧国忧民的责任。清朝初年，著名儒者顾炎武提出民族的存亡是每一个公民的责任：主张“天下兴亡，匹夫有责”，它总结了中华民族热爱祖国的伟大精神，揭示了人民与国家的血肉关系。

六、博学笃行

古之欲明明德于天下① 者，先治② 其国；欲治其国者，先齐其家③；欲齐其家者，先修④ 其身；欲修其身者，先正⑤ 其心；欲正其心者，先诚⑥ 其意；欲诚其意者，先致其知；致知⑦ 在格物⑧。（《大学》）

【注释】

①明德于天下：治理天下。

②治：治理。

③齐其家：管理好自己的家庭或家族，使家庭或家族和和美美，蒸蒸日上，兴旺发达。

④修：修养。

⑤正：端正。

⑥诚：诚实。

⑦致知：获得知识。致，达到、求得。知，知识。

⑧格物：认识、研究万事万物。格，至，达到。

【译文】

古代那些要想在天下弘扬光明正大品德的人，先要治理好自己的国家；要想治理好自己的国家，先要管理好自己的家庭和家族；要想管理好自己的家庭和家族，先要修养自身的品性；要想修养自身的品性，先要端正自己的心思；要想端正自己的心思，先要使自己的意念真诚；要想使自己的意念真诚，先要使自己获得知识；获得知识的途径在于认识、研究万事万物。

【点评】

儒家向来推崇由个人思想品德修养扩展到家族、他人、社会、国家的道理。“穷则独善其身，达则兼济天下”是许多儒家士人人生的基本准则，因而正心、修身、齐家、治国、平天下，千百年来一直被推崇为儒家的人生理想。他们特别强调个人修养，而且是通过博学求知来塑造自己的品性，这在实现“平天下”的宏伟蓝图中有重要的作用。这一段文字从逆向，即“治国——齐家——修身——正心——诚意”，阐释了使天下人“明德”的必由之路。使天下人都能“明德”，以维护儒家认为的正常的社会秩序，这正是孔子和他的追随者们毕生以求的社会理想，在中国几千年的封建社会中也成为统治者所提倡的社会主流价值，并在不同的历史年代赋予了它不同的思想内涵。即使在今天，如果我们能赋予它以适应今天社会发展形势的新内涵，仍然能显示出强大的生命力。

所谓致知在格物者，言欲致吾之知，在即物①而穷其理也。盖人心之灵莫不有知，而天下之物莫不有理。惟于理有未穷，故其知有不尽也。是以②《大学》始教，必使学者即凡天下之物，莫不因③其已知之理而益穷之，以求至乎其极。至于用力之久，而一旦豁然贯通④焉，则众物之表里精粗⑤无不到⑥，而吾心之全体大用⑦无不明矣。此谓物格，此谓知之至也。(《大学》)

【注释】

①即物：接触事物。即，靠近。

②是以：所以，因此。

③因：依据，凭借。

④豁然贯通：一下子明白通达。豁然，开阔敞亮的样子。

⑤表里精粗：事物的表面现象、内部联系、精微的道理、粗浅的道理。

⑥到：达到。引申为理解、掌握。

⑦大用：大的功用，指体用功能。

【译文】

所说获得知识的途径在于认识、研究万事万物，是指要想获得知识，就必须接触事物并彻底研究它的原理。人的心灵都具有认识能力，而天下万事万物都总有一定的原理，只不过因为这些原理还没有被彻底认识，所以使知识显得很有局限。因此，《大学》一开始就教学习者接触天下万事万物，用自己已有的知识去进一步探究，以彻底认识万事万物的原理。经过长期用功，总有一天会豁然贯通。到那时，万事万物的里外巨细都被认识得清清楚楚，而自己内心的一切认识能力都得到淋漓尽致的发挥，再也没有蔽塞。这就叫万事万物被认识、研究了，这就叫知识达到顶点了。

【点评】

只有深入到心的最深处才会触摸到灵魂的温度，也只有深入细致地考察事物的来龙去脉才能明了事物的缘起和发展。物格而后致知，强调从实践中出真知的治学方法，也就是说通过对万事万物的认识、研究而获得知识，而不是从书本到书本地获得知识。这种认识论很具有实践的色彩，打破了一般对儒学理论死啃书本的误解，放到现在同样适合时代的发展。尽管科学技术发展迅速，可是千变万化中总有一定的原理存在其中，要想弄懂其中的机关所在，只有下工夫深入研究，由已知到未知，循环往复，不断升华。物理无穷，因此认知的过程永远不会完结，正所谓“活到老，学到老”，只有经过不断认识，才能获得丰富的知识，才能对事物的表里粗细推断清楚。认识学习的过程也是自我品德完善的过程，修身的关键在于搞清楚本来始终的关系，然后才能真正进入大学之“道”。

博学①之，审问②之，慎思③之，明辨④之，笃行⑤之。（《中庸》）

【注释】

①博学：广博地学习。

②审问：审慎地询问。

③慎思：慎重地思考。

④明辨：明晰地辨析。

⑤笃行：笃实地履行。

【译文】

广博地学习，审慎地询问，慎重地思考，明确地辨析，切实地履行。

【点评】

这句话说的是为学的几个层次，或者说是几个递进的阶段。“博学之”意谓为学首先要广泛地猎取，培养充沛而旺盛的好奇心，好奇心丧失了，为学的欲望也就消亡了。因此，“博学”为为学的第一阶段。“审问”为第二阶段，有所不明就要追问到底，要对所学加以怀疑。“慎思”为第三个阶段，对审问的内容进行分析，谨慎地思考，并注意反省自己。“明辨”为第四阶段。学是越辨越明的，不辨，则所谓“博学”就会鱼龙混杂，真伪难辨，良莠不分。“笃行”是为学的最后阶段，既然学有所得，就要努力践行所学，使所学最终有所落实，做到“知行合一”。“笃”有忠贞不渝、踏踏实实、一心一意、坚持不懈之意。只有有明确的目标、坚定的意志的人，才能真正做到“笃行”。

子[①]曰:"学而时习[②]之,不亦说[③]乎?有朋自远方来,不亦乐[④]乎?人不知而不愠[⑤],不亦君子[⑥]乎?"(《论语·学而》)

【注释】

①子:中国古代对有学问、有地位的男子的尊称。《论语》中的"子曰"多是指孔子。

②习:本意是鸟儿练习飞翔,在这里是温习和练习的意思。

③说:同"悦",高兴、愉快的意思。

④乐:快乐。

⑤愠:怒,怨恨、不满。

⑥君子:《论语》中的"君子",指道德修养高的人,即"有德者";有时又指"有位者",即职位高的人。这里指"有德者"。

【译文】

孔子说:"学到的东西按时去温习和练习,不也很高兴吗?有朋友从很远的地方来,不也很快乐吗?别人不了解自己,自己却不生气,不也是一位有修养的君子吗?"

【点评】

这是《论语》第一篇第一段,概括而平易地表达了孔子的人生理想。孔子非常重视"学",在他看来,学知识、学做人、学待人等,都属"学"的范畴。学知识要做到"时习之",因为这令人感到喜悦;学做人首先要从自身修养着手,做到"人不知而不愠",这乃是君子所为;学待人的关键在于"宽",因为一颗宽容的心能容纳万事万物,这自然令人感到快乐。孔子很看重"有朋",因为学习需要朋友商榷,实践需要朋友指导,快乐需要朋友分享。独学而无友,则孤陋而寡闻。友天下之善士则乐!

子曰:"弟子[①]入[②]则孝,出[③]则弟,谨[④]而信,汎[⑤]爱众而亲仁[⑥],行有余力[⑦],则以学文[⑧]。"(《论语·学而》)

【注释】

①弟子:一般有两种意义,一是年纪较小为人弟和为人子的人;二是指学生。这里是用第一种意义上的"弟子"。

②入:古代时父子分别住在不同的居处,学习则在外舍。《礼记·内则》:"由命士以上,父子皆异宫。"入是入父宫,指进到父亲住处,或说在家。

③出:与"入"相对而言,指外出拜师学习。出则弟(tì),是说要用悌道对待师长,也可泛指年长于自己的人。

④谨:寡言少语称之为谨。

⑤汎:音同"泛",广泛的意思。

⑥仁:仁即仁人,有仁德之人。

⑦行有余力:指有闲暇时间。

⑧文:古代文献。主要有诗、书、礼、乐等文化知识。

【译文】

孔子说:“弟子们在父母跟前,就要孝顺父母;出门在外,要顺从师长,言行要谨慎、要诚实可信,寡言少语,要广泛地去爱众人,亲近那些有仁德的人。这样躬行实践之后还有余力的话,就再去学习文献知识。”

【点评】

值得我们注意的是“泛爱众,而亲仁”这两句话。“泛爱众”,要我们眼睛向下,不要脱离群众,要博爱。——这是教我们如何对待一般人。“亲仁”,要我们眼睛向上,教我们如何向先进人物学习,学习他们的品德与智慧。——这是教我们如何向贤者看齐。这是不可偏废的两极,只有前者,我们不能磨砺自己、提升自己;只有后者,我们不能造福大众、有益大众。还有一点值得提醒:“行有余力,则以学文”——“行”比“学”重要,道德实践比知识、学问重要。说穿了,“学”的目的,本来就是为了更好地“行”——学做一个大人、君子,坦坦荡荡,行走世间。

子夏①曰:“贤贤②易③色;事父母能竭其力;事君,能致其身④;与朋友交,言而有信。虽曰未学,吾必谓之学矣。”(《论语·学而》)

【注释】

①子夏:姓卜,名商,字子夏,孔子的学生,比孔子小44岁,生于公元前507年。孔子死后,他在魏国宣传孔子的思想主张。

②贤贤:第一个“贤”字作动词用,尊重的意思。贤贤即尊重贤者。

③易:轻视的意思,此处理解为看重贤德而轻视女色。

④致其身:致,意为献纳、尽力。这是说把生命奉献给君主。

【译文】

子夏说:“一个人能够看重贤德而不以女色为重;侍奉父母,能够竭尽全力;服侍君主,能够献出自己的生命;同朋友交往,说话诚实,恪守信用。这样的人,尽管他自己说没有学习过,我也认为他已经达到了高尚的境界。”

【点评】

一个人以贤为贤,并能践行忠、孝、信等德行,虽说没有接受什么教育,但这本身就是一种学习,一种更本质的学习。因此,子夏认为,一个人有没有学问、他的学问的好坏,主要不是看他的文化知识,而是看他能不能实行“孝”“忠”

“信”等传统伦理道德。只要做到了后面几点，即使他说自己没有学习过，但他已经是有道德修养的人了。由此也可以看到孔子教育重在德行的基本特点。

子曰：“君子不重①，则不威；学则不固②。主忠信③。无④友不如己⑤者；过⑥则勿惮⑦改。”（《论语·学而》）

【注释】

①重：庄重、自持。

②学则不固：有两种解释，一是作“坚固”解，与上句相连，不庄重就没有威严，所学也不坚固；二是作“固陋”解，喻人见闻少，学了就可以不固陋。此处取第二种解释。

③主忠信：以忠信为主。

④无：同“毋”，“不要”的意思。

⑤不如己：一般解释为不如自己。另一种解释说：“不如己者，不类乎己，所谓‘道不同不相为谋’也。”把“如”解释为类似。后一种解释更为符合孔子的原意。

⑥过：过错，过失。

⑦惮：害怕，畏惧。

【译文】

孔子说：“君子，不庄重就没有威严；学习可以使人不闭塞；要以忠信为主，不要同与自己不同道的人交朋友；有了过错，就不要怕改正。”

【点评】

本章中，孔子提出了君子应当具有的品德，这部分内容主要包括庄重威严、认真学习、慎重交友、过而能改等项。作为具有理想人格的君子，从外表上应当给人以庄重大方、威严深沉的形象，使人感到稳重可靠，可以付之重托。他重视学习，不自我封闭，善于结交朋友，而且有错必改。以上所提四条原则是相当重要的。作为具有高尚人格的君子，“过则勿惮改”就是对待错误和过失的正确态度，可以说，这一思想闪烁着真理光辉，反映出孔子理想中的完美品德，对于研究和理解孔子思想有重要意义。

子曰：“君子食无求饱，居无求安，敏于事而慎于言，就①有道②而正③焉，可谓好学也已。”（《论语·学而》）

【注释】

①就：靠近、看齐。

②有道：指有道德的人。

③正：匡正、端正。

【译文】

孔子说："君子饮食不求饱足，居住不要求舒适，对工作勤劳敏捷，说话却小心谨慎，到有道德的人那里去匡正自己，这样可以说是好学了。"

【点评】

孔子认为，一个有远大志向的人，不应当过多地讲究饮食与居室，而应当明辨是非，勤于办事，又时时谨慎小心，并且能经常反省自己，向道德高尚的人学习，自觉匡正自己的言行。"淡泊以明志，宁静而致远。"华服、美食、豪宅，是许多人刻意追求的东西，但具有崇高思想的、愿意为社会发展做出积极贡献的人，首先考虑的不应当是个人的享受，而是在学习和社会实践中不断充实自己，成为有所作为的人。

子曰："温故而知新[①]，可以为师矣。"(《论语·为政》)

【注释】

①温故而知新：故，已经过去的。新，刚刚学到的知识。

【译文】

孔子说："在温习旧知识时，能有新体会、新发现，就可以当老师了。"

【点评】

"温故而知新"是孔子对我国教育学的重大贡献之一。他认为，不断温习所学过的知识，从而可以获得新知识。这一学习方法不仅在封建时代有其价值，在今天也有不可否认的适应性。人们的新知识、新学问往往都是在过去所学知识的基础上发展而来的。因此，温故而知新是一个十分可行的学习方法。

子曰："学而不思则罔[①]，思而不学则殆[②]。"(《论语·为政》)

【注释】

①罔：迷惑、糊涂。

②殆：疑惑、危险。

【译文】

孔子说："只读书学习，而不思考问题，就会罔然无知而没有收获；只空想而不读书学习，就会疑惑而不能肯定。"

【点评】

孔子认为，在学习的过程中，学和思不能偏废。他指出了学而不思的局限，也道出了思而不学的弊端，主张学与思相结合。只有将学与思相结合，才可以使自己成为有道德、有学识的人。这种思想在今天的教育活动中有其值得肯定的价值。

子以四教:文[1]、行[2]、忠[3]、信[4]。(《论语·述而》)

【注释】

①文:文献、古籍等。

②行:指德行,也指社会实践方面的内容。

③忠:尽己之谓忠,对人尽心竭力的意思。

④信:以实之谓信。诚实的意思。

【译文】

孔子以文、行、忠、信四项内容教授学生。

【点评】

本章主要讲孔子教学的内容。当然,这仅是他教学内容的一部分,并不包括全部内容。孔子注重历代典籍、文献资料的学习,但仅有书本知识还不够,还要重视社会实践活动,所以从《论语》书中我们可以看到,孔子经常带领他的学生周游列国,一方面向各国统治者进行游说,一方面让学生在实践中增长知识和才干。但书本知识和实践活动仍不够,还要养成忠、信的德行,即对待别人的忠心和与人交际的信实。概括起来讲,就是书本知识、社会实践和道德修养三个方面。

曾子曰:"以能问于不能,以多问于寡;有若无,实若虚;犯而为校[1]。昔者吾友[2]尝从事于斯矣。"(《论语·泰伯》)

【注释】

①校(jiào):计较。

②吾友:我的朋友。旧注上一般都认为这里指颜渊。

【译文】

曾子说:"自己有才能却向没有才能的人请教,自己知识多却向知识少的人请教,有学问却像没学问一样;知识很充实却好像很空虚;被人侵犯却也不计较——从前我的朋友就这样做过了。"

【点评】

曾子在这里所说的话,完全秉承了孔子的思想学说。"问于不能""问于寡"等都表明在学习上的谦逊态度。首先,没有知识、没有才能的人并不是一钱不值的,在他们身上总有值得你学习的地方。所以,在学习上,既要向有知识、有才能的人学习，又要向知识、才能少的人学习。其次，曾子还提出“有若无”“实若虚”的说法，希望人们始终保持谦虚不自满的态度。最后，曾子说“犯而不校”，表现出一种宽阔的胸怀和忍让精神，这也是值得学习的。

子曰：“譬如为山，未成一篑[①]，止，吾止也；譬如平地，虽覆一篑，进，吾往也。”（《论语·子罕》）

【注释】

①篑（kuì）：土筐。

【译文】

孔子说：“譬如用土堆山，只差一筐土就完成了，这时停下来，那是我自己要停下来的；譬如在平地上堆山，虽然只倒下一筐，这时继续前进，那是我自己要前进的。”

【点评】

孔子在这里用“堆土成山”这一比喻，说明功亏一篑和持之以恒的深刻道理，他鼓励自己和学生们无论在学问和道德上，都应该是坚持不懈、自觉自愿。这对于立志有所作为的人来说，是十分重要的，也是对人的道德品质的塑造。

子谓颜渊曰：“惜乎！吾见其进也，未见其止也。”（《论语·子罕》）

【译文】

孔子评论颜渊说：“可惜呀！我只见他不断前进，从来没有看见他停止过。”

【点评】

这一段是颜渊死后孔子的感叹，着力赞扬他自强不息、死而后已的精神。《易经》说“天行健，君子以自强不息”。生命历程如此，一切的进德修业、功课学问莫不如此。所谓“学如逆水行舟，不进则退”。不是进步，就要退步；没有进步停留在原地，其实也是退步，没有中间环节可停留。颜渊正是明白了这一点，所以只知进取，不知停留，成为自强不息的楷模。孔子也正是深知这一点，所以对颜渊大加赞赏，感叹不已。

子路宿于石门[①]。晨门[②]曰：“奚自？”子路曰：“自孔氏。”曰：“是知其不可而为之者与？”（《论语·宪问》）

【注释】

①石门：地名，鲁国都城的外门。

②晨门：早上看守城门的人。

【译文】

子路夜里住在石门，看门的人问："从哪里来？"子路说："从孔子那里来。"看门的人说："是那个明知做不到却还要去做的人吗？"

【点评】

"知其不可而为之"，这是做人的大道理。人要有一点锲而不舍的追求精神，许多事情都是经过艰苦努力和奋斗得来的。孔子"知其不可而为之"，反映出他孜孜不倦的执着精神。从这位看门人的话中，我们也可以看到当时普通人对孔子的评论。

子曰："吾尝[①]终日不食，终夜不寝，以思，无益，不如学也。"（《论语·卫灵公》）

【注释】

①尝：曾经。

【译文】

孔子说："我曾经整天不吃饭，彻夜不睡觉，去左思右想，结果没有什么好处，还不如去学习为好。"

【点评】

这一句讲的是学与思的关系问题。在前面的一些章节中，孔子已经提到"学而不思则罔，思而不学则殆"的认识，这里又进一步加以发挥和深入阐述。思是理性活动，其作用有两方面：一是发觉言行不符合或者违背了道德，就要改正过来；另一方面如果自己的言行符合道德标准，就要坚持下去。但学和思不可以偏废，只学不思不行，只思不学也是十分危险的。总之，思与学相结合才能使自己成为德行兼备且有学问的人。这是孔子教育思想的组成部分。

子夏曰："日知其所亡，月无忘其所能，可谓好学也已矣。"（《论语·子张》）

【译文】

子夏说："每天学到一些过去所不知道的东西，每月都不忘记已经学会的东西，这就可以叫作好学了。"

【评析】

子夏说的是有关学习的道理。道理虽小，用处却大：每天学一点，持之以恒，日积月累，如树木生长，肉眼不见其长，但正是在这不知不觉之中，小树成了大材。孔子并不笼统地反对博学强记，因为人类知识中的很多内容都需要认真记忆，不断巩固，并且在原有知识的基础上再接受新的知识。这一点，对我们今天的教育也有某种借鉴作用。

子夏曰："博学而笃志①，切问②而近思，仁在其中矣。"（《论语·子张》）

【注释】

①笃志：坚定志向。

②切问：问与切身有关的问题。

【译文】

子夏说："博览群书广泛学习而记得牢固，就与切身有关的问题提出疑问并且去思考，仁就在其中了。"

【点评】

广博与精深是相对而言的。一般情况下，知识过于广博的人，往往会失却理念的核心，被各种各样的知识牵着鼻子走。因此，子夏指出，不仅要"博学"，而且还要"笃志"，要有坚定的信念来建构知识体系。"切问而近思"，就是说要多学习他人的经验和社会常识，但又不能被他人的经验与社会常识牵着鼻子走，因此要多加思考，正确判断这些经验与常识的科学性与时代性，以决定取舍。

子夏曰："百工居肆①以成其事，君子学以致其道。"（《论语·子张》）

【注释】

①百工居肆：百工，各行各业的工匠。肆，古代社会制作物品的作坊。

【译文】

子夏说："各行各业的工匠住在作坊里来完成自己的工作，君子通过学习来掌握道。"

【点评】

子夏在这里指出，"君子学以致其道"，认为君子若要实现自己的理想，达到心目中的"道"，就必须有一定的修炼手段和方式，这就是学习。我们常说："三百六十行，行行出状元。"一个人无论从事哪一种行业，只要掌握了一套切实可行的方法，就一定能够取得优秀的成绩。只有勤敏好学，刻苦钻研，执着追求，坚定志向，才能成就大事。

卫公孙朝[①]问于子贡曰："仲尼[②]焉学？"子贡曰："文武之道，未坠于地[③]，在人。贤者识其大者，不贤者识其小者，莫不有文武之道焉。夫子焉不学？而亦何常师之有？"（《论语·子张》）

【注释】

①卫公孙朝：卫国的大夫公孙朝。

②仲尼：孔子的字。

③坠于地：指失传。

【译文】

卫国的公孙朝问子贡说："仲尼的学问是从哪里学来的？"子贡说："周文王、周武王的道，并没有失传，还留在人们中间。贤能的人可以了解它的根本，不贤的人只了解它的末节，没有什么地方无文王、武王之道。我们老师何处不学，又何必要有固定的老师传播呢？"

【点评】

这一章讲到孔子之学何处而来的问题。子贡说，孔子承袭了周文王、周武王之道，并没有固定的老师给他传授。这实际是说，孔子肩负着上承尧、舜、禹、汤、文、武、周公之道，并把它发扬光大的责任，这不需要什么人讲授给孔子。表明了孔子"不耻下问""学无常师"的学习过程。

七、慎独自律

雝雝[①]在宫[②]，肃肃[③]在庙[④]。不显[⑤]亦[⑥]临[⑦]，无射[⑧]亦保[⑨]。（《诗·大雅·思齐》）

【注释】

①雝雝：形容和谐的样子。

②在宫：指闲居在家。

③肃肃：形容恭敬的样子。

④在庙：指在宗庙主持祭祀。

⑤不显：同"丕显"，指明显的事情。

⑥亦：语助词。

⑦临：临视，省察。

⑧射（yì）：指隐蔽的事情。

⑨保：保持德行。

【译文】

（周文王）无论在明处还是暗处都能恭谨从事，保持美好德行。

【点评】

《诗经》无“慎独”范畴出现，但已暗含了后来慎独学说的义蕴。此段文字，佶屈聱牙，其大意为，一个人虽于幽隐之中而心存戒惧，有所持守，不可恣肆妄为。慎独的现代意义在于：挺立个体的道德人格，强化个体的道德践履，以道德实践中的个体的自律来维系和强化社会的精神文明建设。

所谓诚[①]其意[②]者，毋[③]自欺也。如恶恶臭[④]，如好好色[⑤]，此之谓自谦。故君子必慎[⑥]其独[⑦]也！小人[⑧]闲居[⑨]为不善，无所不至[⑩]，见君子而后厌然[⑪]，掩[⑫]其不善，而著[⑬]其善。人之视己，如见其肺肝然，则何益矣。此谓诚于中[⑭]，形于外[⑮]。故君子必慎其独也。（《大学》）

【注释】

①诚：诚实。使动词，使……诚实。

②意：意念，念头。

③毋：不要。

④恶恶臭：前一个“恶”字作动词，厌恶、厌恨。后一“恶”字为形容词，修饰臭。恶臭，难闻的气味，即臭气。

⑤好好色：前一个“好”字作动词，喜爱、喜欢。后一“好”字为形容词，修饰色。好色，美好的颜色。色，借指美女。

⑥谦：满足，欢快。

⑦独：独处，处在单独无人的地方。

⑧小人：没有道德修养的人。

⑨闲居：平时独居，独处。

⑩无所不至：没有什么地方不到。引申为什么坏事都干得出来。

⑪厌然：隐蔽、掩藏的样子。

⑫掩：遮掩，掩盖。

⑬著：显示，彰明。

⑭诚于中：里面有实在的东西。诚，实在。这里指心中藏着恶念。

⑮形于外：显露在外面。形，作动词，显露，表现。

【译文】

所谓要使自己的意念诚实，就是说不要自己欺骗自己。就像厌恶腐臭的气味那样厌恶邪恶，就像喜爱美丽的女人那样喜爱善良，这样才叫意念诚实，心安理得。所以，品德高尚的人必须在独处的时候，也要使自己的行为一丝不苟。那些没有道德修养的人，在独处无人注意时，什么坏事都干得出来。当他们见到那些有道德修养的人，便躲躲闪闪掩盖自己所做的坏事，装出一副善良的样子。但人们早就把他们所做的坏事看得清清楚楚，就像看透了他们的肝肺一样，那么这种隐蔽遮掩、装模作样又有什么益处呢？这就叫作内心的真实一定会表现到外表上来。所以，品德高尚的人哪怕是在一个人独处的时候，也一定要谨慎。

【点评】

要做到真诚，最重要也是最考验人的一课便是“慎其独”，在一个人独处的时候也要谨慎。简而言之，就是人前、人后一个样。人前真诚，人后也真诚，一切都发自肺腑，发自内心，发自全部的感官，就像手脚长在自己身上一样自然自如，一样真实无欺，而不是谁外加于我的“思想改造”，外加于我的清规戒律。这是从正面来说。从反面来说，“若要人不知，除非己莫为”。自欺欺人，掩耳盗铃，总有东窗事发的一天。说到这里，在市场经济时代，金钱诱惑滚滚而来，政府反腐倡廉，“慎其独”是不是也应该作为公务员们必修的一课呢？想来很有必要，普通人也要牢记慎独的益处。“不做亏心事，不怕鬼敲门。”殊不知，金玉满堂，并不能保得你心情舒畅、身体安康，倒是那《好了歌》唱得好：“终朝只恨聚无多，及到多时眼闭了。”所以，比装修房屋（富润屋）更重要的还是装修自己（德润身），修养身心，做到心宽体胖。而要做到这一切，还得回到那起始的一点去——君子必诚其意。真诚做人，立身之本。

曾子①曰：“十②目所视，十手所指③，其严④乎！”富⑤润⑥屋，德⑦润身，心广体胖⑧。故君子必诚其意。（《大学》）

【注释】

①曾子：春秋末鲁国南武城（今山东费县）人，名参，字子舆。孔子学生，传孔子“忠恕”之道，相传《大学》是他所著。《礼记》中保留了他的言行。

②十：虚数，极言其多。

③指：用手指点。

④严：严厉，严峻。严肃可畏。

⑤富：财富。指有钱的人。

⑥润：滋润，引申为修饰、修养。

⑦德：道德。指有德人。

⑧胖(pán)：意为舒泰安乐。与现代汉语"胖"的意义不同。

【译文】

曾子说："大家的眼睛都在注视着，大家的手都在指点着，这是多么严厉的监督啊！"财富可以装饰房屋，道德可以修饰人身，心胸宽广可以使身体舒泰安康。所以，那些有道德修养的人一定要做到使自己的意念诚实。

【点评】

常言道"若要人不知，除非己莫为"，这是对于一般人的诚其意而言；若是对修行人而言，是连想都不敢想的。内心之诚是本，外在之行是用，只要"本"在就会自然而然地流露出诚的德行。这就说明，诚其意是认真的行为，来不得半点虚假，也来不得半点懈怠，只有从内心里自觉地诚其意，才能真正地收到净化自心的效果。

道[1]也者，不可须臾[2]离也。可离非道也。是故君子[3]戒慎[4]乎其所不睹[5]，恐惧乎其所不闻。莫见[6]乎隐[7]，莫显乎微[8]。故君子慎其独[9]也。(《中庸》)

【注释】

①道：日常事物当行之理，蕴藏在内心。

②须臾：片刻，一会儿。

③君子：《中庸》中的君子，有时指有德行的人，有时指有地位的人。这里指有德行的人。

④戒慎：警戒，谨慎。

⑤睹：见，察看。

⑥见：同"现"，表现。

⑦隐：隐蔽、暗处。

⑧微：细微。

⑨慎其独：即慎独。其，语气助词。独处时十分谨慎。

【译文】

道，是不可以片刻离开的。如果可以离开，那就不是道了。所以，品德高尚的人在没有人看见的地方也处处谨慎小心，在没有人听见的地方也常常怀着畏惧心理加以注意。要知道，尽管隐藏得好，早晚也会被发现的，尽管极其细微，没有不显露出来的。因此品德高尚的人在独处的时候也是谨慎的。

【点评】

上述一段是《中庸》的第一章，从"道不可片刻离开"引入话题，强调在《大学》里面也阐述过的"慎其独"的问题，要求人们加强自觉性，真心诚意地顺着天赋的本性行事，按道的原则修养自身。在《大学》和《中庸》这两部经典中都强调了"慎独"这个问题，可见"慎独"对修身的必要性和重要性。

《诗》[1]云："潜[2]虽伏[3]矣，亦孔[4]之昭[5]。"故君子内省不疚[6]，无恶于志。君子之所不可及者，其唯人之所不见乎！(《中庸》)

【注释】

①《诗》：指《诗经·小雅·正月》，这是一首大夫刺周幽王之诗。

②潜：潜藏，潜伏。

③伏：隐匿。

④孔：很，甚。

⑤昭：明，清楚。

⑥内省不疚：经常在内心省察自己，不感到惭愧。疚，原意为久病，引申为忧虑不安、惭愧。

⑦无恶：无愧。

【译文】

《诗经》中说："潜在水里隐藏起来，仍然看得很明显。"所以君子在内心省察自己，就不会有过失和愧疚，没有恶念存于心志之中。君子的德行之所以高于一般人，大概就是因为君子能在别人看不见的地方也严格要求自己。

【点评】

《诗·小雅·正月》一诗，意在忧心时局异常，世事堪虑。在乱世中，就算隐藏也未必安全。此诗引文另有用意，强调修德的第一步是真诚面对自己，不必想要隐瞒什么。"内省不疚"亦见于《论语·颜渊》："内省不疚，夫何忧何惧?"如此才可成为君子。"无恶于志"即无愧于心，坦荡荡也。君子胜过一般人之处，就是他在日常生活私底下的用心修养。

《诗》[1]云："相[2]在尔室[3]，尚不愧于屋漏[4]。"故君子不动而敬，不言而信。(《中庸》)

【注释】

①《诗》：指《诗经·大雅·抑》。

②相：看。

③尔室：你的居室。指一个人独居于室。

④屋漏：屋的西北角。古代室内西北隅施舍小帐，安藏神主，为人所不见的地方。

【译文】

《诗经》中说："看你独自在室内的时候，也应光明无愧于心。"所以，君子虽无行动别人也尊敬他，虽无言谈别人也相信他。

【点评】

《诗·大雅·抑》，此为卫武公自惕之诗。由于慎独，表里一致，理直气亦壮，所以显示人格的特殊力量，可以“不动而敬，不言而信”。

曾子[①]曰：“吾日三省[②]吾身：为人谋[③]而不忠乎？与朋友交而不信乎？传[④]不习乎？”（《论语·学而》）

【注释】

①曾子：姓曾，名参，字子舆，生于公元前505年，鲁国人，是被鲁国灭亡了的鄫国贵族的后代。曾参是孔子晚年的得意门生，以孝著称，据传《孝经》就是出自他手。

②三省：多次反省、检讨。三，表示多次。在古语中“三”“五”等字，一般只表示次数之多，并非指代具体的数量。

③谋：计议，计策，计谋。

④传：老师的传授。

【译文】

曾子说：“我每天都会反省多次，为别人办事有没有尽心竭力呢？与朋友交往是不是做到诚实守信呢？老师传授给我的学问有没有用心印证、学习呢？”

【点评】

儒家对个人的道德修养十分重视，像本章所讲的自省，便是自我修养的一种方法。曾参提出的“忠”和“信”，不但是做人的标准，也是人们得以立身处世的基础。他作为孔子的得意弟子，本身的德行就已经非常高了，但是为了追求完美的人格，他依旧保持着“一日三省”的习惯，更被宋儒的道统学家们捧得极高。

孟子曰：“爱人不亲，反其仁；治人不治，反其智；礼人不答，反其敬——行有不得者皆反求诸己，其身正而天下归之。《诗》云：‘永言配命，自求多福。’”（《孟子·离娄上》）

【译文】

孟子说：“爱别人却得不到别人的亲近，那就应反问自己的仁爱是否不够；管理别人却不能够管理好，那就应反问自己的管理才智是否有问题；礼貌待人却得不到别人相应的礼貌，那就应反问自己的礼貌是否到家——凡是行为得不到预期的效果，都应该反过来检查自己，自身行为端正了，天下的人自然就会归服。《诗经》说：‘长久地与天命相配合，自己寻求更多的幸福。’”

【点评】

本章体现了儒家的内省功夫。爱别人人家却不亲近我，管别人人家却不服我管，礼遇别人人家却不答理我，在这种情况下，就得反问自己做得好不好。不管做什么事，如果不能达到预期的目的，都要反躬自问。只有自己真正端正了，天下人才会顺服。

(杨震)[①]四迁荆州刺史、东莱太守。当之郡，故所举荆州茂才[②]王密为昌邑令，谒[③]见，至夜怀金十斤以遗[④]震。震曰："故人知君，君不知故人，何也?"密曰："暮夜无知者。"震曰："天知，神知，我知，子知。何谓无知!"密愧而出。(《后汉书·杨震传》)

【注释】

①杨震：字伯起，是东汉弘农华阴(今陕西)人。少年时期，家境清贫，他勤奋好学，博览群书，世人赞其"时经博览，无不穷究"。后因德高望重，学识渊博，从师者如市，当时被誉为"关西孔子"。五十岁才步入仕途，历任荆州刺史、东莱太守、涿郡太守。他做官清正廉明，后被提拔到朝中历任太仆、太常和司徒等职，颇受朝廷重用。但因好直谏不久受奸人诬陷被撤职，蒙受冤屈而死，后沉冤昭雪，人们为了纪念他，建了"四知书院"。

②茂才：即"秀才"。东汉时，为了避讳光武帝刘秀的名字，将"秀才"改为"茂才"，后来有时也称"秀才"为"茂才"。

③谒：拜见。

④遗：赠送。

【译文】

(杨震)四次升迁，从荆州刺史转任东莱郡太守。当他赴任途中，路上经过昌邑，他从前举荐的荆州秀才王密担任昌邑县令，前来拜见(杨震)。到了夜里，王密带着十斤金子来赠送杨震。杨震说："我了解你，你却不了解我，这是为什么呢?"王密说："送金这件事在夜里没有人会知道。"杨震说："上天知道，神明知道，我知道，你知道。怎么说没有人知道呢!"王密(拿着金子)羞愧地出去了。

【点评】

无论是为官还是做人，以诚对己，以诚待人，慎微慎独，时刻记住"要想人不知，除非己莫为"的古训，时刻记住"天知，地知，你知，我知"的道理，决不可以因别人不知道就宽容和放纵自己。特别是为官者，更应该自省、自警、自戒。

兰[①]生幽谷[②]，不为莫服[③]而不芳；舟在江海，不为莫乘而不浮；君子行义[④]，不为莫知而止休[⑤]。(《淮南子·说山训》)

【注释】

①兰：香草名。

②幽谷：僻静的山谷。

③莫服、莫乘：没有人佩带、乘坐。

④行义：施行仁义。

⑤不为莫知而止休：不因没有人知道而停止。比喻君子行仁义之事，不求名，不避宠。

【译文】

生长于深谷的兰花，并不因为无人佩带而不绽蕾吐芳；处于江海上的舟船，并不因为无人乘坐而不漂浮水上；君子做事，不会因为没人知道而停止不做。

【点评】

君子修德要“慎独”，要努力做到“不为莫知而止休”，其突出的正是自觉性的品格。故程蒙端曰：“幽隐细微，必慎其几，是曰慎独。”（《性理字训·学力》）可见，要做到“慎独”就必须在“幽隐细微”处严格要求，毫不马虎。这也就是要做到《中庸》所要求的：“戒慎乎其所不睹，恐惧乎其所不闻。”其意是说，人们在实行道德自律的过程中，要把对自己的严格要求扩充到人所“不睹”之处；要把唯恐失德的心理扩充到人所“不闻”之域。只有这样，人们修身的自觉性才能达到应有的境界。

君子慎其独，非特显明之处是如此，虽至微至隐，人所不知之地，亦常慎之，小处如此，大处亦如此；明显处如此，隐微处亦如此，表里内外，粗精隐显，无不慎之，方谓“诚其意”。（朱熹《朱子语类》）

【点评】

从《中庸》中提倡的“莫显乎微”，到朱熹推崇的“至微至隐”“隐微处”，实际上都是要求人们不但要“慎独”，而且要“慎微”。我国历史上曾出现过许多以“慎独”“慎微”而名留青史的清官廉吏，诸如杨震、于谦、包拯、海瑞等人物。今天，我们的党员干部队伍中，“慎独”“慎微”、两袖清风、一身正气的领导干部也大有人在。相信随着预防腐败体系的建立健全，廉政文化建设的不断深化，能做到“慎独”“慎微”的党员干部一定会越来越多。

出淤泥①而不染②，濯清涟而不妖③。（周敦颐《爱莲说》）

【注释】

①淤泥：河沟或池塘里积存的污泥。

②染：沾染（污秽）。

③濯清涟而不妖：在清水里洗涤过，而不显得妖媚。濯，洗涤。清涟，水清而有微波，这里指清水。涟，微波。妖，美丽而不庄重。

【译文】

莲花从污泥中生长出来，却不被污秽沾染，它经过清水的洗涤，却不显得妖艳。

【点评】

这句话写出了莲花虽身处污泥之中，却纤尘不染、洁身自爱、不显媚态的可贵精神，通过对莲的形象和品质的描写，歌颂了莲花坚贞的品格，从而也表现了作者洁身自律的高洁人格和不与世俗同流合污的高贵精神。

礼之以少为贵者，以其内心者也。德产之致也精微[①]，观天下之物无可以称其德者，如此则得不以少为贵乎？是故君子慎其独[②]也。(《礼记·礼器》)

【注释】

①德产之致也精微：德的产生密致而精微。

②君子慎其独：君子行礼谨慎，专注于内心的诚敬。

【译文】

行礼以礼物少为贵的，是因为这样可以体现内心的德。德的产生细密而又精微，统观天下的万物，没有东西可以和内心的德相媲美，这样能不以少为贵吗？所以君子就格外注重内心的修养。

【点评】

对于“内心”，郑玄的注释是“用心于内，尚其德在内”。据《五行》传文，“独”是指“舍体”，即内心的意志、意念，故慎独即诚其意。《礼器》以“内心”来理解慎独，与《五行》显然是一致的。

是日细思古人工夫，其效之尤著者，约有四端：曰慎独则心泰，曰主敬则身强，曰求仁则人悦，曰思诚则神钦。(曾国藩《挺经》)

【译文】

今日细思古人修身功夫，其成效特别显著的大约有四方面：慎于独处，则心胸安泰；端恭谨慎，则身体强健；追求仁义，则人们敬慕热爱；正心诚意，则神灵钦敬。

【点评】

修身养性的最高境界在于慎独，而懂得慎独之人，既可以问心无愧，夜半敲门心不惊;又可以怡然自得,为人生最快乐的源泉。曾国藩的真知灼见,自然与他身居官场多年的经历密不可分。须知清末的官场是十分黑暗的,贪污受贿、歪风邪气盛行,所以他很清楚要做到慎独的不易。慎独首先是注重个人的涵养,这是最基本的素质要求。但涵养需要时间的积累,是潜移默化而来的,它有一个漫长的养心的过程。然后是要有高度的自觉性,做到利于眼前心不动,一切以道德品质的标准来规范自己的言行,常能自省自查,诲之不倦。曾国藩将慎独的关键定义为建立在养心的基础上。他之所以要强调养心,是认为人的心性最容易受外界干扰而发生变化。他曾经说:"清明以养吾之神,湛一以养吾之虑,沉警以养吾之识,刚大以养吾之气,果断以养吾之才,凝重以养吾之度,宽裕以养吾之量,严冷以养吾之操。"这段论述,将养心的要求与方法刻画得十分细致详尽,提出养心是个循序渐进、浩森繁复的过程,虽然在某些方面过分渲染了养心的重要性,但是其基本意图仍值得我们去学习。现代社会,随着国家加大经济改革的步伐,一些丑恶势力开始渐渐渗透,领导干部们更要恪守慎独、不为所惑,时时能自省自查,保持心态的稳定,正如曾国藩所说"可以对天地质鬼神,是人生第一自强之道、第一寻乐之方"。

八、重视人才

故为政在人,取人①以②身③,修身以道④,修道以仁⑤。(《中庸》)

【注释】

①取人:选取人才。

②以:用,介词。

③身:修身。

④道:中庸之道。

⑤仁:孔子心目中的一种最高道德的名称,有多种解释。这里指爱人,也就是人们之间相亲相爱。

【译文】

所以国君处理政事的方法就在于获得贤才;而获得贤才的办法,就在于国君努力提高自身品德修养;要提高自身的品德修养,就在于使自己的言行符合道德规范;要使自己的言行符合道德规范,就在于树立仁爱之心。

【点评】

孔子提出"为政在人"的问题,强调执政者的修养。毛泽东时代提出培养

"无产阶级革命事业接班人",我们今天要求选拔"跨世纪的领导干部",虽然在人的素质内涵上已有根本的不同,但在对执政者修养的要求上却是有相通之处的。选贤任能终究是执政者必备素质,俗语说得好:"千金易得,良将难寻",重视人才的国家必将崛起于世界民族之林。

哀公[①]问曰:"何为则民服?"孔子对曰[②]:"举直错诸枉[③],则民服;举枉错诸直,则民不服。"(《论语·为政》)

【注释】

①哀公:姓姬,名蒋,哀是其谥号,鲁国国君,前494～前468年在位。

②对曰:《论语》中记载对国君及在上位者问话的回答都用"对曰",以表示尊敬。

③举直错诸枉:举,选拔的意思。直,正直公平。错,同"措",放置。枉,不正直。

【译文】

鲁哀公问:"怎样才能使百姓服从呢?"孔子回答说:"把正直无私的人提拔起来,把邪恶不正的人置于一旁,老百姓就会服从了;把邪恶不正的人提拔起来,把正直无私的人置于一旁,老百姓就不会服从统治了。"

【点评】

亲君子,远小人,这是孔子一贯的主张。在选用人才的问题上仍是如此。荐举贤才、选贤用能,这是孔子德治思想的重要组成部分。宗法制度下的选官用吏,唯亲是举,非亲非故者即使再有才干,也不会被选用。孔子的这种用人思想在当时可说是一大进步。"任人唯贤"的思想,在今天不失其珍贵的价值。

子谓仲弓,曰:"犁牛[①]之子骍[②]且角。虽欲勿用[③],山川[④]其舍诸[⑤]?"(《论语·雍也》)

【注释】

①犁牛:牛。古代祭祀用的牛不能以耕牛代替,系红毛长角,是单独饲养的。

②骍(xīng)且角:祭祝用的牛,毛色为红,角长得端正。

③用:用于祭祀。

④山川:山川之神,此喻上层统治者。

⑤其舍诸:其,有"怎么会"的意思。舍,舍弃。诸,"之于"二字的合音。

【译文】

孔子在评论仲弓的时候说:"耕牛产下的牛犊长着红色的毛,角也长得整齐端正,人们虽想不用它做祭品,但山川之神难道会舍弃它吗?"

【点评】

孔子认为，人的出身并不是最重要的，最重要的在于自己应有高尚的道德和突出的才干。只要具备了这样的条件，就会受到重用。这也从另一方面说明，作为统治者来讲，选拔重用人才，不能只看出身而抛弃贤才，反映了举贤才的思想和反对任人唯亲的主张。

子游为武城[①]宰。子曰："女得人焉尔乎[②]？"曰："有澹台灭明[③]者，行不由径[④]，非公事，未尝至于偃[⑤]之室也。"（《论语·雍也》）

【注释】

①武城：鲁国的小城邑，在今山东费县境内。

②焉尔乎：此三个字都是语助词。

③澹台灭明：姓澹台，名灭明，字子羽，今山东武城人，孔子弟子。

④径：小路，引申为邪路。

⑤偃：言偃，即子游，这是他自称其名。

【译文】

子游做了武城的长官。孔子说："你在那里得到了人才没有？"子游回答说："有一个叫澹台灭明的人，从来不走邪路，没有公事从不到我屋子里来。"

【点评】

孔子极为重视发现人才、使用人才。他问子游的这段话，反映出他对举贤才的重视。当时社会处于大动荡、大变革时期，各诸侯国都重视接纳人才，尤其是能够帮助他们治国安邦的有用之才，这是出于政治和国务活动的需要。

舜有臣五人[①]而天下治。武王曰："予有乱臣[②]十人。"孔子曰："才难，不其然乎？唐虞之际[③]，于斯[④]为盛。有妇人焉[⑤]，九人而已。三分天下有其二[⑥]，以服事殷。周之德，其可谓至德也已矣。"（《论语·泰伯》）

【注释】

①舜有臣五人：传说是禹、稷、契、皋陶、伯益等人。

②乱臣：据《说文》："乱，治也。"此处所说的"乱臣"，应为"治国之臣"。

③唐虞之际：传说尧在位的时代叫唐，舜在位的时代叫虞。

④斯：指周武王时期。

⑤有妇人焉：指武王的乱臣十人中有武王之妻邑姜。

⑥三分天下有其二：《逸周书·程典》说："文王令九州之侯，奉勤于商。"相传当时分九

州，文王得六州，是三分之二。

【译文】

舜有五位贤臣，就能治理好天下。周武王也说过："我有十个帮助我治理国家的臣子。"孔子说："人才难得，难道不是这样吗？唐尧和虞舜之间及周武王这个时期，人才是最盛了。但十个大臣当中有一个是妇女，实际上只有九个人而已。周文王得了天下的三分之二，仍然事奉殷朝，周朝的德可以说是最高的了。"

【点评】

这段当中，孔子提出了一个重要问题，就是治理天下必须有人才，而人才是十分难得的。有了人才，国家就可以得到治理，天下就可以太平。当然，这并不就证明孔子的"英雄史观"，因为在历史发展过程中，杰出人物的确发挥了不可低估的巨大作用，这与人民群众的作用都应该是不可忽视的。

樊迟问仁。子曰："爱人。"问知。子曰："知人。"樊迟未达。子曰："举直错诸枉①，能使枉者直。"樊迟退，见子夏曰："乡②也吾见于夫子而问知，子曰'举直错诸枉，能使枉者直'，何谓也？"子夏曰："富哉言乎！舜有天下，选于众，举皋陶③，不仁者远④矣。汤⑤有天下，选于众，举伊尹⑥，不仁者远矣。"（《论语·颜渊》）

【注释】

①举直错诸枉：错，同"措"，放置。诸，这是"之于"二字的合音。枉，不正直，邪恶。意为选拔直者，罢黜枉者。

②乡：同"向"，过去。

③皋陶：传说中舜时掌握刑法的大臣。

④远：动词，远离，远去。

⑤汤：商朝的第一个君主，名履。

⑥伊尹：汤的宰相，曾辅助汤灭夏兴商。

【译文】

樊迟问什么是仁。孔子说："爱人。"樊迟问什么是智，孔子说："了解人。"樊迟还不明白。孔子说："选拔正直的人，罢黜邪恶的人，这样就能使邪者归正。"樊迟退出来，见到子夏说："刚才我见到老师，问他什么是智，他说'选拔正直的人，罢黜邪恶的人，这样就能使邪者归正，这是什么意思？"子夏说："这话说得多么深刻呀！舜有天下，在众人中挑选人才，把皋陶选拔出来，不仁的人就被疏远了。汤有了天下，在众人中挑选人才，把伊尹选拔出来，不仁的人就被疏远了。"

【点评】

本章谈了两个问题，一是仁，二是智。关于仁，孔子对樊迟的解释似乎与别处不同，说是“爱人”，实际上孔子在各处对仁的解释都有内在的联系。他所说的爱人，含有古代的人文主义精神，把仁作为他全部学说的对象和中心。正如著名学者张岂之先生所说，儒学即仁学，仁是人的发现。关于智，孔子认为是要了解人，选拔贤才，罢黜邪才。但在历史上，许多贤能之才不但没有被选拔，反而受到压抑，而一些奸佞之人却平步青云，这说明真正做到智并不容易。

仲弓为季氏宰，问政。子曰：“先有司[①]，赦小过，举贤才。”曰：“焉知贤才而举之？”曰：“举尔所知。尔所不知，人其舍诸[②]？”(《论语·子路》)

【注释】

①有司：古代负责具体事务的官吏。

②诸：“之乎”二字的合音。

【译文】

仲弓做了季氏的家臣，问怎样管理政事。孔子说：“先责成手下负责具体事务的官吏，让他们各负其责，赦免他们的小过错，选拔贤才来任职。”仲弓又问：“怎样知道是贤才而把他们选拔出来呢？”孔子说：“选拔你所知道的，至于你不知道的贤才，别人难道还会埋没他们吗？”

【点评】

这一章孔子提出了领导者必须具备“先有司”的能力和“赦小过”的品德，以及“举贤才”的能力。具体来说，“先有司”就是要求率先垂范，各尽其职，各得其所；“赦小过”就是要求领导者宽以待人，得饶人处且饶人。对于下属的小失误，要动之以情、晓之以理、引导和宽慰，以免挫伤下属的自信心；“举贤才”则要求领导者要具备发现贤才、识别贤才、选拔贤才的能力，也就是任人唯贤、任贤为亲，这一点对于领导者来讲尤为重要。总而言之，孔子在这里倡导的是一种民主、开放的用人之道，值得领导人士深思。

国君进贤，如不得已，将使卑逾尊，疏逾戚，可不慎与？左右皆曰贤，未可也；诸大夫皆曰贤，未可也；国人皆曰贤，然后察之，见贤焉，然后用之。左右皆曰不可，勿听；诸大夫皆曰不可，勿听；国人皆曰不可，然后察之，见不可焉，然后去之。左右皆曰可杀，勿听；诸大夫皆曰可杀，勿听；国人皆曰可杀，然后察之，见可杀焉，然后杀之。故曰国人杀

之也。如此，然后可以为民父母。（《孟子·梁惠王下》）

【译文】

国君选择贤才，在不得已的时候，甚至会把原本地位低的提拔到地位高的人之上，把原本关系疏远的提拔到关系亲近的人之上，这能够不谨慎吗？因此，左右亲信都说某人好，不可轻信；众位大夫都说某人好，还是不可轻信；全国的人都说某人好，然后去考查他，发现他是真正的贤才，再任用他。左右亲信都说某人不好，不可轻信；众位大夫都说某人不好，还是不可轻信；全国的人都说某人不好，然后去考查他，发现他真不好，再罢免他。左右亲信都说某人该杀，不可轻信；众位大夫都说某人该杀，还是不可轻信；全国的人都说某人该杀，然后去考查他，发现他真该杀，再杀掉他。所以说，是全国人杀的他。这样做，才可以做老百姓的父母官。

【点评】

在本篇中孟子提出了举用贤才的三条原则：第一要根据人民的意愿审慎地选拔贤臣，第二要根据人民的意愿审慎地罢免庸臣，第三要根据人民的意愿审慎地惩处罪臣。只有这样才能够把国家治理好。这种对国人愿望和利益的重视，反映了孟子的民本思想。孟子在这里所谈论的人才选拔观是继承了孔子“众恶之，必察焉；众好之，必察焉”的思想的（《论语·卫灵公》），同时也加进了自己的一些民本主义思想。所不同的是，孔子是对一般人才的识鉴发表看法，而孟子则是对国家选拔人才、起用官吏而发表意见，所以要求齐宣王要听取国人的意见，用今天的话来说，也就是要听取群众的意见。孟子之意就在于，作为统治者，用人行政，当以公论为准，如果只凭自己的好恶，或者只听信身边近侍的谗言和褒贬，国家是无法治理好的。孟子提出的这三条重要原则，具有很好的民主政治思想因素，是孟子民主思想在用人上的具体反映。直到今天，它仍有很强的借鉴意义和现实意义。

孟子曰：“尊贤使能，俊杰在位，则天下之士皆悦，而愿立于其朝矣。”《孟子·公孙丑上》

【译文】

尊重贤能，让他们在其位谋其职，那么天下有才能的人都愿意为这个朝廷效力。

【点评】

尊贤使能是国政之首。众所周知，尊贤使能、施行“仁政德治”是孔子、曾参、子思等儒家的一贯思想。儒学创始人孔子说过：“天地之性，人为贵”“为政在人”“为政在德”。曾参则进一步说：“有德此有人，有人此有土，有土此有财，有财此有用。"因而主张举用贤德的人治国安邦。作为儒学"嫡传"的大师孟子，继承和发展了先贤的思想，首次明确提出国政的首要任务就是"尊贤使能，俊杰在位"。值得一提的是，孟子对尊贤使能还有一个发人深省的独到见解：尊贤使能不仅仅是尊重和使用一两个贤能者，而要使"王所"里的人都是贤能者，这样才能保证国王不做坏事，保证"仁政"的实施。孟子这一见解是颇有战略眼光的。

子墨子言曰：是在王公大人为政于国家者，不能以尚贤事能为政也。是故国有贤良之士众，则国家之治厚；贤良之士寡，则国家之治薄。故大人之务，将在于众贤而已。（《墨子·尚贤》）

【译文】

墨子说：这是因为王公大人治理国家不能做到尊贤使能。在一个国家中，如果贤良之士多，那么国家的治绩就大；如果贤良之士少，那么国家的治绩就小。所以王公大人的急务，将是如何使贤人增多。

【点评】

墨子是我国春秋战国时期著名的思想家，他提出了为政治国在于"尚贤"的思想，"尚贤者，政之本也"，这一思想为历代统治者所推崇。在墨子看来，尚贤是为政者的责任。治理国家功效的大小，取决于国家有德有才之人的多寡。为政者的职责之一在于举贤任能，广揽人才。不仅在古代如此，在当今时代亦如此，当正确的政治路线确立之后，关键在于干部，干部队伍状况如何在于建设。在干部队伍建设方面，我们党历来都十分重视选拔和培养有德有才的干部，使我们党的干部队伍日益壮大，结构日趋合理化，建设了一支能承担起新世纪重任的干部队伍。近几年来从中央到地方进行的公开选拔干部工作，充分体现了党和政府在尚贤方面所取得的实效。尚贤不单单是组织人事部门的工作、各级党政部门一把手的责任，也是各级领导干部及广大人民群众义不容辞的责任。当今社会是竞争激烈的社会，竞争出人才，竞争促发展，竞争是优胜劣汰的过程。没有能力，在社会中将无以立足。我们应树立能力本位的价值观。这有利于中国走向世界、走向未来。先秦时代墨子在政治上尚贤使能，主张能者上、弱者下，以尚贤使能作为施政的根本。两千多年前提出的思想，对于我们今天营造全社会尊重知识、尊重人才的氛围仍有积极的意义和作用。对于个体来说，每个人也都应依靠自己的能力，实现人生价值。

故古者圣王之为政，列德[①]而尚贤。虽在农与工肆之人[②]，有能则

举之。高予之爵，重予之禄，任之以事，断予之令[3]。(《墨子·尚贤》)

【注释】

①列德：以德行论列位次。

②工肆之人：市场中的工匠。

③断予之令：即予之决断之令。

【译文】

所以古代的圣王处理政事，以德行论列位次，尊重贤能，即使是农夫和工匠中的人，只要有才能，就提拔他，封给他很高的爵位，给予他丰厚的俸禄，委任他官职，授予他决断的权力。

【点评】

行政机关的官职也平等地向着农夫、工人和商人开放，只要你是贤者就可以中选而为高官，身负重任而有决断之权。这样明确地提出平民有平等参与政治管理的权利，在我国历史上还属首次。这中间，当然也反映了墨家自身的参政意识。我们只要对照一下墨子之后的孟子，那样强调"大人"的治人和"小人"的被人统治，认为是"天下之通义"(《孟子·滕文公上》)，就可以知道这是何等的超尘拔俗了。

墨子言曰："得意[1]，贤士不可不举；不得意，贤士不可不举。尚[2]欲祖述尧、舜、禹、汤之道，将不可以不尚贤。夫尚贤者，政之本也。"(《墨子·尚贤》)

【注释】

①得意：得志，即治理顺当。

②尚：王引之认为同"倘"，倘若。

【译文】

墨子说：治国顺利时，不可以不起用贤士；不顺利时，也不可不起用贤士。倘若想承继尧、舜、禹、汤之道，就不能不尊重贤才。尊重贤才，是政治的根本。

【点评】

随着我国经济制度不断深入的改革，为经济基础服务的上层建筑：政治体制、文化习俗也随之发生相应变化。经济的飞速发展，使我们国家的各个方面都取得前所未有的进步。随着高科技信息时代的来临，在政治多元化、经济全球化、文化思想相互渗透交融的国际背景下，一个国家能否拥有一批既具有高尚品德，又有广博知识的贤德士人，是决定这个国家能否持续发展的基石。尽力使一大批仁人志士的才能在现实社会中得到正确、充分发挥，把理论与实践有机地结合，努力使志士仁人以他们高尚的品德言行、渊博的知识和智慧，言传身教地影响、教育教化他们周围的众人，最终才能达到国富民强、整个社会和谐有序、人们言行举止文明、相互友爱的理想社会图景。这就是墨子科学选拔人才的核心和宗旨。深入剖析墨子政治伦理思想中的人才选拔观，对我们当今的人才选拔工作具有不可忽视的借鉴作用。

有能则举之，无能则下之。举公义，辟私怨，此若言之谓也。(《墨子·尚贤》)

【译文】

有能力的就举用他，没有能力的就罢黜他。出以公心，抛开私怨。说的就是这个意思。

【点评】

“尚贤”是墨子的重要政治主张，意谓要崇尚贤能，做到贤者在位，实现贤人政治。墨子认为，能否“尚贤”，直接关系到国家的治乱。值得注意的是，墨子所认为的贤者，有其自家的“贤”的标准，即不仅能爱利百姓而且还具有兴利除害的治理才能，墨子认为他们是国家的珍宝。不论他们出身高贵或低贱，都要把他们提拔上来，委以重任和给予实权。即使是农人、工人或商人，也一律唯贤是举。与此同时，则把世袭贵族官员中那些无德无才的人坚决撤换下来。这充分表现出墨子“尚贤”主张具有罕有其比的彻底性。它既反映了墨家革新政治的理想，又表现出他们参与政治管理的强烈愿望。

亲贤臣，远小人，此先汉①所以兴隆也；亲小人，远贤臣，此后汉②所以倾颓③也。(诸葛亮《出师表》)

【注释】

①先汉：犹言前汉，西汉。

②后汉：指东汉。

③倾颓：倾覆、颓败。

【译文】

亲近贤臣，疏远小人，这是先汉兴旺发达的原因；亲近小人，疏远贤臣，这是后汉倾覆衰败的原因。

【点评】

“亲贤远佞”一词来源于诸葛亮的《出师表》，由“亲贤臣，远小人”一句演变而来。佞，即奸佞、小人之意。“亲贤远佞”是专为劝谏古代君王明忠奸、辨贤佞而用，即亲近有才能的贤人，疏远阿谀奉承的小人。在我国历史上，凡能亲贤远佞者，必能开创一个繁荣昌盛的盛世，如我国的盛唐时期，因有纳谏如流的一代圣君李世民，便有了敢于死谏的魏征，于是开创了“贞观之治”的盛世时代。又如汉朝的“文景之治”、清朝的“康乾盛世”等，每一个盛世的出现，绝不是偶然的，总会有一位亲贤远佞的圣君出现。反之，每一个朝代灭亡的轨迹，也都是忠奸不分、贤佞不辩的昏庸之君放权于奸佞，不断迫害忠臣的结果，最典型的如安禄山叛乱、魏忠贤当权以及岳飞、戚继光之死等。在民主社会的今天，选什么样的人、用什么样的人，直接关系到党的兴衰成亡，关系到社会主义建设事业的成败。因此，充分了解“亲贤远佞”的历史文化烙印，在班子建设、民主决策等工作中，广泛做到“亲贤远佞”，全面营造一个尊重人才、激励人才、关心人才、善用人才的良好环境，对于全面加强党的建设，加快推进社会主义伟大事业建设具有十分重要的时代意义。

诏曰：“贤才国之宝也。古圣王劳于求贤，若高宗之于傅说①，文王之于吕尚②。彼二君者，岂其智不足哉？顾③皇皇④于版筑⑤鼓刀之徒者。盖贤才不备，不足以为治。鸿鹄之能远举者，为其有羽翼也；蛟龙之能腾跃者，为其有鳞鬣也；人君之能致治者，为其有贤人而为之辅也。山林之士德行文艺⑥可称者，有司⑦采举，备礼遣送至京，朕将任用之，以图至治。”（《明史·选举志》）

【注释】

①傅说：殷人。传说傅说原在傅岩之野服刑筑墙，被殷高宗武丁发现任用为相，政绩卓著，殷出现中兴局面。

②吕尚：周初人。相传钓于渭水之滨，周文王出猎相遇，同载而归，立为师。后辅佐武王灭殷，建立周朝。

③顾：副词，却。

④皇皇：同“惶惶”，匆匆忙忙的样子。

⑤版筑：筑土墙时，把土填入两块夹板中，再用杵捣土，使它坚实。版，筑土用的夹板；筑，在版中捣土用的杵。

⑥文艺：文化和技能。

⑦有司：古代设管任职，事有专司，故称。

【译文】

（朱元璋）下命令说：“贤才是国家的宝贝。古代圣明的君主辛劳地寻求贤才，就如殷高宗对于傅说及周文王对于吕尚的访求那样。那两位君主，难道是才智不足吗？但是他们急切地在筑墙的工匠和屠夫之类人中间求贤，大概是因为没有足够的贤才,就不能把天下治理好。鸿鹄能够飞得高远,因为它们有翅膀;蛟龙能够腾跃,因为它们有鳞鬣;君主能够把天下治理好,是因为有贤德的人才辅佐。乡间和草野的人士中,只要品德操行和文化技能方面有值得称道的,各级官吏就应该择取推举,尊敬地送他们到京都来,我将要任用他们,以求达到天下大治。"

【点评】

朱元璋智谋超群,善于发现人才、使用人才和控制人才是他作为领袖人物的特殊本领,也是他建立基业的基础。朱元璋在起兵之初非常注意搜集吸引人才,他一再强调贤才是国家的宝贵财富。"贤才不备,不足以为治。"朱元璋广招人才,许多名士被招到身边,"由布衣登大僚者不可胜数"。因为他本人也是"崛起布衣",搜罗人才很有成效,武有徐达、常遇春,文有胡惟庸、刘基、宋濂。为了得到人才,他宽大为怀,盘算过元朝内部的有用人才,千方百计收为己用,宣布"不以前过为过"的政策,大力招纳元朝人士,对为元朝效过力的人概不追查,量才使用。人才的聚集和才能的发挥,使朱元璋能够击败对手,推翻元朝的统治,建立明代几百年的基业。

九州[①]生气[②]恃[③]风雷,万马齐喑[④]究可哀。我劝天公[⑤]重抖擞,不拘一格降[⑥]人才。(龚自珍《己亥杂诗》)

【注释】

①九州:中国。

②生气:生气勃勃的局面。

③恃:依靠。

④喑:哑。万马齐喑:比喻社会政局毫无生气。究:终究、毕竟。

⑤天公:皇帝。重:重新。抖擞:振作精神。

⑥降:降生。

【译文】

中国要想生气勃勃就需要风雷激荡,这种万马无声的局面实在令人悲哀。我希望皇帝重新振作精神,不要局限于一种规格或方式去选用治国的人才。

【点评】

这是一首出色的政治诗。全诗层次清晰,共分三个层次:第一层,写了万马齐喑、朝野噤声的死气沉沉的现实社会。第二层,作者指出了要改变这种沉闷、腐朽的现状,就必须依靠风雷激荡般的巨大力量。暗喻必须经历波澜壮阔的社会变革才能使中国变得生机勃勃。第三层,作者认为这样的力量来源于人才,而朝廷所应该做的就是破格荐用人才,只有这样,中国才有希望。诗中选用"九州”“风雷”“万马”“天公”这样的具有壮伟特征的主观意象，寓意深刻，气势磅礴。诗的前两句用了两个比喻，写出了诗人对当时中国形势的看法。“万马齐喑”比喻在腐朽、残酷的反动统治下，思想被禁锢，人才被扼杀，到处是昏沉、庸俗、愚昧，一片死寂、令人窒息的现实状况。“风雷”比喻新兴的社会力量，比喻尖锐猛烈的改革。诗的后两句，“我劝天公重抖擞，不拘一格降人才”是传诵的名句。诗人用奇特的想象表现了他热烈的希望，他期待着杰出人物的涌现，期待着改革大势形成新的“风雷”、新的生机，一扫笼罩九州的沉闷和迟滞的局面，既揭露矛盾、批判现实，更憧憬未来、充满理想。它独辟奇境，别开生面，呼唤着变革，呼唤着未来。

人才那得如金铜，长在泥沙不速朽。愿公爱士如爱尊，毋使埋渣嗟不偶。（袁枚《商丁孙尊歌为秦将军作》）

【点评】

诗人通过为出土的商代铜尊作歌，向执掌铨衡的当政者呼吁：爱惜那些怀瑾握瑜的隽秀之士，及早选拔、任用他们吧！不要使他们像古代铜尊那样终古沉埋，不见天日。铜尊掩埋几千年，一朝出土，光洁如新；人才却埋没不得，数十载光阴驶过，他们就会老朽的呀！寥寥二十八字，蕴蓄着十分丰富的内涵，具有很强的感染力和说服力。

人才者，求①之者愈出②，置③之则愈匮④。（魏源《默觚下·治篇》）

【注释】

①求：访求，求取。

②出：涌现。

③置：废置，抛开。

④匮：缺乏。

【译文】

人才，积极求取则频出不已，不闻不问则越发匮乏。

【点评】

人才意识是一种责任意识。出主意，用干部，既关系重大，又殊为不易。主意有上中下，干部有好中差。靠自己出主意，即使是诸葛亮，也难抵三个臭皮匠；靠自己干工作，即使浑身是铁，又能打几颗钉？因此，为政之道，要在得人，乃是至理名言。无论得人还是用人，都离不开强烈的责任意识。心中有责任，眼里才会有人才；责任感越重，人才意识也就越强。没有责任意识，要么所用非才，要么才非所用。领导干部的责任意识从哪里来？来自对党和人民事业的忠诚，来自远大的眼光和开阔的胸襟。有了强烈的责任意识，才会有思贤若渴的爱才之心、伯乐相马的识才之智、海纳百川的容才之量、知人善任的用才之艺。

人既尽其才，则百事俱举；百事举矣，则富强不足谋也。（孙中山）

【点评】

有重才之识更要有惜才之心。有了人才，就要使用好人才，切不可“束之高阁”。人才的浪费是最大的浪费。治国经邦，人才为急。因此，要求各级党委及组织部门把好干部及时发现出来、合理使用起来。要树立强烈的人才意识，寻觅人才求贤若渴，发现人才如获至宝，举荐人才不拘一格，使用人才各尽其能。确保党始终成为坚强的领导核心，要把干部队伍建设放在首要位置来抓，全面提高党的建设科学化水平。总之，善用人才，重视人才的培养，建设高素质干部队伍和人才队伍，方能“人既尽其才，则百事俱举；百事举矣，则富强不足谋也”。

中国的事情能不能办好，社会主义和改革开放能不能坚持，经济能不能快一点发展起来，国家能不能长治久安，从一定意义上说，关键在人。要注意培养人，要按照“革命化、年轻化、知识化、专业化”的标准，选拔德才兼备的人进班子。我们说党的基本路线要管一百年，要长治久安，就要靠这一条。真正关系到大局的是这个事。（邓小平《在武昌、深圳、珠海、上海等地的谈话要点》）

【点评】

党和国家历来十分重视人才工作，邓小平在关于人才价值和作用、人才培养和使用、人才管理和政策等方面均有精辟论断。邓小平同志在坚持和继承老一辈无产阶级革命家关于知识与人才的原理的基础上，在总结中国革命和建设的实践基础上，以史为鉴，立足于中国现实，联系中国与世界发展的战略大局，把知识与人才放到了事关中国革命和现代化建设事业成败及中华民族盛衰的重大战略大局上，高瞻远瞩地提出了“尊重知识，尊重人才”，为新中国的发展、腾飞打开了通向世界的大门，同时精要地突出了人才问题的时代性，这是我们党人才理念的重大创新，成为新时期我们党人才思想的主导理念。

政德典范

一、勤奋好学

师旷劝晋平公秉烛

师旷(约前609～前527),字子野,春秋时晋国杨邑(今山西洪洞)人。

师旷生来就是盲人,但因精通音乐,以乐师身份入宫,主要活动在晋悼公、晋平公执政期间。一次晋平公铸造了一口大钟,师旷听到音调不准,就直言相告,晋平公不以为然,后经卫国乐师师涓证实,果然如此。到晚年时,师旷已精通星算音律,撰述了《宝符》100卷。在明清的琴谱中,《阳春》《白雪》《玄默》等曲解题为师旷所作。

一天,晋平公对师旷说:"我已经70岁了,想要学习,但是恐怕已经晚了。"师旷回答说:"为什么不点上蜡烛呢(何不秉烛)?"晋平公生气地说:"哪有做臣子的和君主开玩笑的呢?"师旷解释说:"我是一个双目失明的人,怎敢戏弄君主。我曾听说:少年的时候喜欢学习,就像初升的太阳一样;中年的时候喜欢学习,就像正午的太阳一样;晚年的时候喜欢学习,就像点蜡烛一样明亮,点燃蜡烛照明与摸黑走路相比,哪个更好呢?"晋平公高兴地说:"你说得太好了啊!"

师旷就是这样善于以小见大,劝谕主公贤明为政。有一次,晋平公感叹师旷生来就眼瞎,饱受昏暗之苦,师旷则言天下有五种昏暗:其一是君王不知臣子行贿博名,百姓受冤无处伸;其二是君王用人不当;其三是君王不辨贤愚;其四是君王穷兵黩武;其五是君王不知民计安生。

当卫献公因暴虐而被国人赶跑时,晋悼公认为民众太过分,师旷则反驳说:"好的君主,民众当然会拥戴他;暴虐之君使人民绝望,为何不能赶他走呢?"晋悼公听了觉得很有道理,于是问起治国之道,师旷简言之为"仁义"二字。齐国当时很强盛,齐景公也曾向师旷问政,师旷提出"君必惠民"的主张。可见师旷具有强烈的民本主义思想,故他在当时深受诸侯及民众敬重。

晋国悼、平二世,君主贤明,政平民阜,能重振文襄霸业,师旷起了很大作用。师旷还随平公多次出征讨伐,并曾代表晋国出使周朝。鲁季武子说:"晋有赵孟以为大夫,有伯瑕以为佐,有史赵、师旷而咨度焉,有叔向、女齐以师保其君,其朝多君子,其庸可媮乎!"明示师旷可与赵孟、叔向等著名政治家齐名。

孔子好学不倦

孔子(前551～前479),名孔丘,字仲尼,鲁国昌平陬邑(今山东曲阜息陬)人。

孔子家境贫寒，曾做过吹鼓手，20 多岁时才当上乘田、委吏之类的小官。时间不久即自动辞职，专心研究学问。鲁定公十年(前 501)，50 岁的孔子被相国季桓子推荐任中都宰，在任一年，中都大治，路不拾遗，夜不闭户。第二年，孔子任司空、大司寇。鲁定公十四年(前 547)，齐景公送美女良马，鲁定公废朝礼三日。孔子见自己政治主张不能实现，遂离开鲁国，周游列国长达 14 年之久。

鲁哀公十年(前 485)，孔子回到鲁国，专心从事古籍整理工作。

孔子一生授徒，有弟子三千，贤者七十二人。但孔子更是一个好学不倦的人。

一次，孔子到鲁国太庙里去参加鲁国国君祭祖的典礼。他一进太庙，就问这问那，几乎每一件事他都问到了。“子入太庙每事问”这条记载表现出孔子对问题不懂就问的好学精神。

孔子曾不远千里到晋国向乐官师襄子学琴，学了十天仍没有学习新曲子，师襄子说：“可以增加学习内容了。”孔子说：“我已经熟悉乐曲的形式，但还没有掌握方法。”过了一段时间，师襄子说：“你已经掌握弹奏技巧，可以增加学习内容了。”孔子说：“我还没有领会曲子的意境。”过了一段时间，师襄子说：“你已经领会了曲子的意境，可以增加学习内容了。”孔子说：“我还不了解作者。”又过了一段时间，孔子神情俨然，仿佛进到新的境界：时而庄重穆然，若有所思；时而怡然高望，志意深远。孔子说：“我知道他是谁了：那人皮肤深黑，体形颀长，眼光明亮远大，像个统治四方诸侯的王者，如果不是周文王，还有谁能写出这首乐曲呢？”师襄子听到后，赶紧起身再拜，答道：“我的老师也认为这的确是《文王操》。”

孔子也曾到洛邑向老子问礼，回到鲁国，众弟子问道：“先生拜访老子，可得见乎？”孔子道：“见之！”弟子问：“老子何样？”孔子道：“鸟，我知它能飞；鱼，我知它能游；兽，我知它能走。走者可用网缚之，游者可用钩钓之，飞者可用箭取之。至于龙，我不知其何以。龙乘风云而上九天也！吾所见老子也，其犹龙乎？学识渊深而莫测，志趣高邈而难知；如蛇之随时屈伸，如龙之应时变化。老聃，真吾师也！”

孔子周游列国，在莒国纪障城外大道上看到一小儿站在路中间挡住去路，孔子问小儿原由，小儿回答说这里有城池。孔子见小儿天真可爱，问了几个问题，小儿竟然全都回答出来。孔子连声说“后生可畏，后生可畏”，让弟子将车马绕“城”而过。

这个小儿名叫项橐，只有 7 岁。老年孔子拜 7 岁项橐为师，成为千古流传的佳话。

路温舒缉蒲抄书

路温舒(生卒年不详),字长君,西汉巨鹿东里(今河北巨鹿西南)人。

路温舒出身贫苦,父亲是东里守门人。路温舒很喜欢读书,但他父亲为了补贴家用,让他很小就去放羊。路温舒发现湖边蒲草叶子很宽,心想这不可以用来当纸吗?于是他采了很多蒲草,拿回家来,剪裁整齐,然后把借来的书抄写在上面,白天放羊时拿来诵读。就是靠这种精神,路温舒读了很多书,然后托人谋了一个监狱看守的差事。

路温舒借在监狱工作的机会,认真学习法律条令,后来升为狱史,县里凡有法律方面的疑难事情都乐意向他求教。这时太守来县里巡查,发现路温舒很有才华,便提拔他为曹史。

路温舒没有就此满足,又学习《春秋》,通晓仁义,待人接物很有分寸,于是被举为孝廉,当了山邑丞相。后来因触犯法律被免官,降职为郡里的小官员。汉昭帝元凤年间,廷尉李光奉诏治狱,审理案件,奏请朝廷任命路温舒为奏曹掾、守廷尉史。

不久汉昭帝去世,新继位的昌邑王刘贺被废,汉宣帝刘询即位。路温舒上疏,请求改变重刑罚、重用治狱官吏的政策,主张"尚德缓刑","省法制,宽刑罚"。他认为秦朝灭亡的原因是法密政苛,重用狱吏。汉承袭秦朝这一弊政,必须改革。他还反对刑讯逼供,认为刑讯迫使罪犯编造假供,给狱吏枉法定罪开了方便之门。他在奏疏中还提出废除诽谤罪,以便广开言路。

路温舒这一奏疏受到汉宣帝的重视,任命路温舒为广阳私府长,并下诏在廷尉下面设置廷平四员,负责审理冤狱。

后内史赏识路温舒的文学才华,举荐他为右扶风丞。当时朝廷号召公卿出使匈奴,路温舒表示自己愿意去塞外像仆役一样效劳,但度辽将军范明友、太仆杜延年审议后认为他言论不当,没有同意而遣返担任原官职。

过了很长时间,路温舒迁任临淮太守,治理地方有出众表现,最后在任上去世。

匡衡凿壁偷光

匡衡(生卒年不详),小名匡鼎,字稚圭,西汉著名经学大师,祖籍东海郡承县(今山东兰陵),至匡衡时,已迁居下驺县羊下村(今属山东邹城城关镇)。父亲是一个普通农民,因家庭极为贫寒,匡衡无钱上学,于是跟一个亲戚一边帮工,一边学习认字,才有了读书的机会。

但匡衡买不起书,只好借书来读。那个时代,书是非常贵重的,有书的人不肯轻易借给别人。同乡有个富翁家中藏书很丰富。匡衡就去他家做工,却不收分文工钱。富翁感到很奇怪,问匡衡原由。匡衡说:“我不想要工钱,只希望您能把家中的书借给我读,我就心满意足了。”富翁听了,为他那种勤奋好学的精神所深深感动,就答应了他的请求。从此,匡衡就有了极好的读书机会。

过了几年,匡衡成了家里的主要劳动力。他一天到晚在地里干活,只有中午歇晌的时候,才有工夫看一点书。晚上无钱买油点灯,只好在暗夜中默默吟诵,温习白天看过的内容。

有一天晚上,匡衡躺在床上默默念诵白天读过的书。有一段怎么也想不起来,正焦急之时,突然看到东边的墙壁上透过来一线亮光。他“嚯”地站起来,走到墙边一看,啊!原来从壁缝里透过来的是邻居的灯光。于是,匡衡想了一个办法:他拿了一把小刀,把墙缝挖大了一些。这样,透过来的光亮也大了,他就凑着透进来的灯光,读起书来。

勤学苦读的匡衡终于成为一代经学大师,当时诸生中就流传一句“无说诗,匡鼎来;匡说诗,解人颐”的歌谣,意思是:不要说《诗经》了,匡衡来了,能够解读《诗经》;听匡衡解说《诗经》,能使人眉头舒展,心情舒畅。可见匡衡对《诗经》研究造诣之深。

后来匡衡因人保荐,到长安任议曹史。公元前 36 年,官至丞相,封乐安侯,辅佐皇帝,总理全国政务。公元前 30 年,匡衡被人弹劾,贬为庶民,返回故里,不久卒于家中。

桓荣乱世苦读

桓荣(约前 20～约 60),字春卿,谯国龙亢(今安徽怀远)人,一说为永城龙岗(今属安徽永城)人。

桓荣为齐桓公后人,桓荣六世祖上迁居龙亢。少年时代游学长安,习《欧阳尚书》,拜博士朱普为师,刻苦自励,因贫穷无所倚,经常出卖劳力以糊口,15 年没有回家,终成学业。朱普病故,桓荣到九江奔丧,负土成坟。然后留在九江设馆收徒。王莽之乱时,桓荣带弟子逃进深山,饥寒交迫,但仍讲经读书不辍。

史载桓荣遭乱,同族桓元卿与之一起受饥饿所迫,见桓荣仍旧讲诵经书,不由嘲笑说:“你这不过是白费力气罢了,猴年马月能用得上呢?”桓荣只是一笑置之,不作回答。及至后来桓荣官至太常,元卿感叹说:“我不过就是个农家孩子罢了,哪里能想到学习有这样的好处啊!”

光武帝刘秀建武十九年,桓荣因弟子、虎贲中郎将何汤推荐,向皇帝讲《尚书》,受拜为议郎,赐钱 10 万,教授太子。桓荣认为《尚书》“浮辞繁长,多过其实”,将 40 万字删减为 23 万字,深受宫廷及儒家学者推崇。不久拜为博士。建武二十八年,光武帝大会百官,正式拜桓荣为太子少傅。建武三十年,拜太常,主管宗庙之事。

汉明帝即位，对桓荣执弟子礼。永平二年，明堂、辟雍、灵台三雍初成，拜桓荣为“五更”，封关内侯，食邑5000户。

桓荣80余岁病故，明帝身穿孝服，临丧送葬，葬于首山之阳。

孙敬悬梁读书

孙敬（生卒年不详），字文宝，籍贯不详，东汉人。

孙敬读书入迷，常常废寝忘食。但人精力毕竟有限，读书也有疲困的时候。孙敬为了抑制自己的睡意，于是想出一个特别的办法：那时男孩子也留头发，他就找了一根绳子，一头拴住长长的头发，一头拴在房梁上，每当他疲劳时磕头打盹，绳子就会牵住头发，这样会把头皮扯痛了，人马上就变得清醒了，再继续读书学习。从这以后，他每天晚上读书时，都用这种办法，发奋苦读。年复一年地刻苦学习，使孙敬饱读诗书，博学多才，成为一名通晓古今的大学问家，在当时江淮以北颇有名气，常有不远千里的学子，负笈担书来向他求学解疑、讨论学问。

东汉人班固著《汉书》，对孙敬的事迹做了简短记载：“孙敬，字文宝，好学，晨夕不休。及至眠睡疲寝，以绳系头，悬屋梁。后为当世大儒。”

另有南北朝梁武帝长子萧统所编《昭明文选·任昉〈为萧扬州荐士表〉》则有孙敬在洛阳“编蒲缉柳”的记载：孙敬到洛阳入太学读书，在校舍旁找了一间小屋安顿母亲，编联蒲叶以供书写，用杨柳木片以代竹简。后人因此作成语“编蒲缉柳”来形容勤学苦读。

再有成语“头悬梁”与“锥刺股”连用，锥刺股说的是战国时苏秦勤奋好学的典故。

阚泽替人抄书

阚泽（170～243），字德润，三国吴会稽山阴（今浙江绍兴）人。另有史料称其为浙江宁波人，宁波江北慈城普济寺乃阚泽旧居，寺旁峰曰阚泽峰，湖曰德润湖，都是为纪念阚泽而命名。

阚泽出身普通农家，史书记载其“家世农夫”。虽好学但家里无钱资助，于是常为别人抄写书籍，以微薄佣金贴补生活。阚泽一面抄书，一边用心诵读，实在难以弄懂的地方还要找老师请教。就这样，他遍读群书，兼通天文历法，成为远近闻名的大学问家。“润德佣书”，成为后人贫而好学的典范。

东汉建安年间，阚泽被举为孝廉，先后任钱塘长、郴县令。期间结识孙权，当孙权成为骠骑将军时，征召他为西曹掾。孙权上尊号时阚泽担任尚书；其后为中书令加侍中；又加太子太傅，仍兼中书令。朝廷大议及经典所疑之处，经常向他请教。孙权曾问阚泽："书传篇赋，何者为美？"阚泽想借此机会让孙权"以明治乱"，回答说"贾谊《过秦论》最善"。孙权立即命人找来这篇文章阅读。

阚泽去世时，孙权痛惜感悼，好几天吃不下饭，可见阚泽影响之大。

董遇三余勤读

董遇（生卒年不详），字季直，东汉末关中（今陕西中部）人。

董遇为人质朴少言，但喜欢学习。汉献帝兴平年间（194～195），关中李傕等人作乱，董遇和哥哥董季中投奔朋友段煨。段煨，字忠明，武威人，原为董卓麾下中郎将，其时屯兵于华阴县。

董遇和他哥哥在华阴靠打柴为生，每次入山打柴，董遇总是带着书本，一有空闲，就拿出来诵读，他哥哥为此经常讥笑他，但他若无其事，还是照样读他的书。

建安初年，曹操挟天子以令诸侯，政局稍稍稳定，董遇被本郡举为孝廉，不久入宫任黄门侍郎。当时曹操专权，汉献帝无事可做，早晚请董遇陪同学习，深受皇帝喜爱和信任。建安二十三年（218）正月，少府耿纪、太医令吉本、司直韦晃等人认为曹操必将篡汉，在许都（今河南许昌）起兵反曹，宫中纵火。董遇本为不救火者（曹操认为救火者乃助乱之人），但因人陷害仍被押到邺都（今河北临漳境内），转为冗散官员。

董遇学识渊博，曾随曹操西征，在孟津经过弘农王墓，曹操拿不定主意是不是要拜谒，回头问左右随从，没有人能回答，董遇从后面走上前来，说弘农王在位不到一年，又为臣下牵制，不应拜谒，曹操听从了董遇的建议。曹丕黄初年间，董遇出朝为郡守；魏明帝时入朝为侍中、大司农。数年后病死。

董遇对《老子》很有研究，曾为《老子》作注；对《春秋左氏传》也下过很深的功夫；根据研究心得，写成《朱墨别异》。有人曾向他求教，他回答说："读书百遍，其义自见。"并不作任何解释。请教的人说："您说的有道理，但苦于没有时间读书啊。"董遇认真地说："你可以用'三余'时间啊。"来人问"三余"是什么？董遇解释说："三余就是三种空闲时间。冬天，没有多少农活，这是一年里的空闲时间；夜间，不便下地劳动，这是一天里的空闲时间；雨天，不好出门干活，这也是一种空闲时间。"

人们听了他的话，顿有所悟，哪里是没有时间，分明是自己不会利用时间呀！而董遇本人，就是靠这种挤时间学习的方式，最终成为一代大师。

常林带经耕读

常林(生卒年不详),字伯槐,东汉河内温(今河南温县)人。

常林7岁时,父亲的朋友来访,见到常林问:“伯先(常林父亲的字)在家吗?你见了我为什么不行礼?”常林回答说:“按说我应该对客人行礼,但您却当面直呼我父亲的名字,我为什么向你行礼呢?”当时人们纷纷赞扬常林的机智。

常林少年时成为孤儿,家中十分贫穷。尽管如此,常林坚持不是靠自己力量得来的东西都不要。

东汉末年,常林为避乱在上党山中以耕田为生,他经常带着经书去田间,利用休息的机会抓紧读书。妻子给他送饭,虽在田野,夫妻二人仍相敬如宾。

有一年当地发生旱灾,蝗虫侵害,庄家减产,独有常林获得丰收,他把邻居们都叫来,一升一斗地把粮食分给他们。

建安十一年(206),曹操平定并州刺史高干之乱,新任并州刺史梁习推举常林,被任命为南河县令。此后任博陵太守、幽州刺史,均有治绩。建安十六年(211),曹丕任五官中郎将,选常林为五官将功曹。建安十八年(213),曹操封魏公,建魏国,常林升任尚书。

黄初元年(220),曹丕称帝,常林迁任少府,封乐阳亭侯。后又转任大司农。太和元年(227),曹睿继位,封高阳乡侯,改任光禄勋、太常。当时有人认为常林节操廉洁高尚,应该进为三公,常林于是称病。后转任光禄大夫。

常林83岁时逝世,获追赠骠骑将军,以公礼安葬,谥“贞侯”。史学家陈寿称其为“一世之美士”。

祖逖闻鸡起舞

祖逖(266~321),字士稚,河北范阳遒县(今河北涞水)人。据《定兴县志》载,祖逖是今河北省定兴县祖村店人。

祖逖小时父亲去世,随几个哥哥生活。祖逖为人豁达,讲义气,好打不平,深得邻里好评。他常常以兄长名义,把家里谷米、布匹捐给贫苦农民。

祖逖小时候不喜读书,进入青年时代,他目睹国家四分五裂之现状,意识到自己知识的贫乏,深感不读书无以报效国家,于是折节发奋,博览群书,学问大有长进。他曾几次进出京都洛阳,接触过他的人都说,祖逖是个能辅佐帝王治理国家的人才。

祖逖曾与刘琨一起任司州主簿,晚上同床共被。半夜时听到鸡鸣,他踢醒刘琨说:“别人都说半夜听见鸡叫不吉利,我觉得这不是令人厌恶的声音,这不正是催促咱们早起做事吗?”于是一起起床挥剑练武。这就是流传至今的“闻鸡起舞”的佳话。

南渡之后，祖逖被左丞相司马睿任命为军谘祭酒，驻扎京口，聚集壮士，他对司马睿说："晋朝的变乱，不是因为君主无道而使臣下怨恨叛乱，而是宗室之间争夺权力，自相残杀，这样就使戎狄之人钻了空子，祸害遍及中原。现在晋朝遗民都想着杀敌报国，大王如果能够派遣像我这样的人率兵出征来光复中原，各地英雄豪杰一定会闻风响应！"

司马睿一直没有北伐的志向，听了祖逖的话，虽然任命祖逖为奋威将军、豫州刺史，但仅拨给他1000人口粮、3000匹布，不供给兵器。祖逖带领自己私家的军队共一百多户人家渡过长江，在江中敲打着船桨说："祖逖如果不能使中原清明而光复成功，就像大江一样有去无回！""中流击楫"成为历代仁人志士勇抗外侵、保家卫国的典范。

过江后祖逖在淮阴驻扎，建造熔炉冶炼浇铸兵器，又招募了两千多人，然后继续前进，一度收复黄河以南大片土地。祖逖在收复地区劝督农桑，恢复农业生产；在军队中一直实行且战且耕，以耕养战，以减轻人民的负担。祖逖自身生活俭朴，不蓄私产，其子弟与战士一样参加耕耘、背柴负薪。他还收葬枯骨，加以祭奠。因此，北伐军得到河南地区人民群众的拥护和爱戴。一次，祖逖摆下酒宴，招待当地的父老兄弟，一些老人流着眼泪说："吾等老矣！更得父母，死将何恨！"

正当祖逖准备"推锋越河，扫清冀朔"，立志完成统一大业之时，晋元帝任命戴渊为都督兖豫雍冀并司六州军事、征西将军，出镇合肥，以牵制祖逖；接着是朝廷内乱，祖逖在忧愤交加中病逝，北伐事业功败垂成。

车胤聚萤读书

车胤(约333～约401)，字武子，东晋南平郡江安县西辛里(今湖北公安)人。曾祖车浚，为三国吴会稽太守，以郡饥求赈，被孙皓以欲树私恩罪所杀。父名育，是南平太守王胡之的主簿。王胡之善于识才，一天见到车胤，对他父亲车育说："这个孩子将来能做高官，应该让他读书深造。"

尽管车胤父亲有点官职，但家境很不宽裕，为省下买灯油的钱，车胤在夏夜里捕捉了十几只萤火虫，放在白绢袋内，以萤光照明，夜以继日苦读，学识与日俱增，以寒素博学闻名于世。车胤"囊萤台"遗址在今湖北省公安县，遗址附近有公安县车胤高级中学，弘扬车胤精神。

桓温督荆州，征召车胤为从事，甚为器重，先后提升他为别驾、征西长史，每举行盛大宴会，必邀车胤出席。宁康初年，车胤被提升为中书侍郎、关内侯。太元中期，为国子监博士。恰逢商议郊庙明堂之事，车胤发表意见说："明堂的制度难以详尽，况且音乐表达平和，礼仪表示敬意，因此内容和文采不同，声音和器具也不同，既然茅舍和大厦不能统一规格，何必死守它的形式、规格，而不顺应时代大势。”得到与会者一致赞同。后提升为骠骑长史、太常，领临湘侯爵位。因病去职，不久又任护军将军。朝廷决策大事也听取他的意见。

隆安元年(397)，王国宝任左仆射，威震朝廷内外。刺史王恭嫉恨国宝扰乱朝政，举兵征讨。国宝恐慌，其堂弟王绪将军献计：“不如杀掉车胤，除去众人之望，挟持主上和丞相，讨伐诸侯。”车胤到来后，国宝终不敢杀，反而向他求教计谋。而后，国宝上书皇上，自解职务，等待降罪。

隆安四年(400)，车胤被提升为吏部尚书。会稽王司马道子世子元显骄矜放荡，车胤建议朝廷对他遏制。不料事情泄露，元显逼令车胤自杀而死。朝廷为之哀痛，追谥忠烈王。

孙康映雪苦读

孙康，生卒年不详，晋代京兆(今河南洛阳)人，祖籍太原中都(今山西平遥)。曾祖孙盛，官至秘书监，著有《魏氏春秋》廿卷，《晋阳秋》卅二卷，文集十卷。世评《晋阳秋》为“良史”，“词直而理正”。祖父孙放，官至长沙太守。但至孙康时已家道中落。

孙康少年有志，勤奋学习，常想夜以继日苦读，却因家中贫穷，没钱购买灯油，只好白天多读些书，晚上躺在床上默默吟诵。

一个冬天的晚上，孙康正像往常一样躺在床上吟诵，忽然觉得屋内亮堂起来，起身开门但见外面世界覆盖一层白雪，映得眼睛几乎很难睁开。孙康灵机一动，拿起一卷书凑在白雪前，书上的字看得清清楚楚，孙康高兴极了，不顾严寒，映着雪光苦苦读起书来。

孙康勤学苦读，学有大成，终成晋时很有名望的学者。南朝宋景平年间官至尚书左丞，封德阳县侯。

范仲淹划粥割齑

范仲淹(989～1052)，字希文，祖籍邠州(今陕西彬县)，后迁居苏州吴县，出生于徐州。范仲淹两岁丧父，母亲改嫁淄川长山(今山东邹平)，范仲淹因改姓名为朱说。大中祥符八年(1015)，范仲淹进士及第，回复本姓。

范仲淹少年时入长白山醴泉寺寄宿读书。那时，他的生活极其艰苦，每天只煮一碗稠粥，凉了以后划成四块，早晚各取两块，拌上切碎的几根腌菜，调半盂醋汁，算作菜肴。如此“划粥割齑”三年，学问大有长进。

这时范仲淹“知其家世，乃感泣辞母”，赴睢阳应天府(今河南商丘)书院读书，“昼夜苦学，五年未尝解衣就枕，夜或昏怠，以水沃面。往往饘粥不充，日昃始食”。一位富家同窗送一些美食给他，他一口不尝，任其发霉变质。人问其故，他说：“我已安于长年吃粥，一旦享受美餐，日后怕吃不得苦。”并作《学舍书怀》以明志：“瓢思颜子心还乐，琴与钟君恨即销。但使斯文天未丧，涧松何必怨山苗。”

大中祥符八年(1015)，范仲淹进士及第，初为司隶参军。任泰州西溪镇盐仓监官时请筑捍海堤堰，被任命为兴化县令专主此事。此堤长数百里，后人称为“范公堤”。天圣六年(1028)，上书言朝廷得失、民间利病，为宰相王曾所知，晏殊荐为秘阁校理。历任陈州通判、右司谏，知睦州、苏州。景祐二年(1035)，权知开封府，舆论以为“朝廷无忧有范君，京师无事有希文”。

范仲淹直言敢谏，因此三次被贬不改初衷。宋、西夏开战后，范仲淹任陕西经略安抚副使，曾分延州兵为 6 将，每将 3000 人，分部训练，量敌众寡出战，熙宁将兵法即以此为本。西夏军中说他“腹中自有数万甲兵”，不敢侵犯边境。

庆历三年(1043)，召为枢密副使，旋改参知政事。上疏条陈十事，建议改革吏治，裁汰冗滥，选贤任能，并论减徭役、厚农桑、修武备等事，史称“庆历新政”。富弼曾说范仲淹惩治太过：“一笔勾之甚易，焉知一家哭矣！”范仲淹回答：“一家哭何如一路哭？”官僚、贵族强烈反对新政，攻击范仲淹、韩琦、富弼等为“朋党”。庆历五年(1045)，范仲淹被罢参知政事，出知邠(今陕西彬县)、邓(今河南邓县)、杭等州。

庆历六年(1046)，范仲淹应好友巴陵郡守滕子京之请，写下脍炙人口的传世名篇《岳阳楼记》，文中“先天下之忧而忧，后天下之乐而乐”，成为中华民族千百年来仁人志士的共同心声。

北宋皇祐四年(1052)，范仲淹由青州调往颍州。他以疾病之身赴任，途经徐州时，溘然长逝，享年 64 岁。谥“文正”，史称“范文正公”。

张九成贬官勤学

张九成(1092～1159)，字子韶，自号“横浦居士”，亦称“无垢居士”。其先祖为开封人，后徙居钱塘(今浙江杭州)。

张九成少年时游学京城，跟随杨时学习。某权贵托人送礼物给他说：“若肯跟我交往，一定举荐你到馆阁。”张九成笑道：“王良尚且羞于与受宠的奴仆同车，难道我就能做与权贵交游的人吗？”

绍兴二年(1132)，朝廷策试进士，张九成廷对时直言不讳，被选拔为第一(状元)。

初任镇东军签判，吏人不能欺诈。百姓违犯盐禁，提刑张宗臣想要抓人，张九成不同意，张宗臣说：“这是宰相的命令。”张九成说：“皇上屡次颁布宽免刑罚的诏令，你不体会圣意而去观望宰相的意思吗?”张宗臣发怒，张九成即辞官回家。

赵鼎为宰相，向朝廷推荐张九成，为著作郎。张九成上疏请施仁政，被皇上嘉许，授浙东提刑，力辞不就，回归乡里。不久，朝廷召张九成任宗正少卿，权礼部侍郎，稍后任刑部侍郎。主管官员把一件已经判处死罪的案子呈上，张九成审阅后要求重新核实，囚犯果然是被诬陷服罪的。朝廷因此议论要奖赏张九成，张九成推辞说：“我的职责就是断案详审，怎能要求奖赏呢?”

金人议和，张九成对赵鼎说：“金国现在实际上已厌恶用兵，却虚张声势来动摇我国。”接着谈到十件事，说他们果真能按照我们所说的行事，就与他们议和，要让主动权在朝廷一边。秦桧利诱他说：“姑且成全我这件事。”张九成说：“我为什么不同意和议，是不能轻率行事而苟且偷安。”秦桧说：“在朝中站稳必须闲暇自得、隐微不露。”张九成说：“没有不正自身而能正人的。”皇上问他和议之事，张九成说：“敌情多诈，不能不明察。”

秦桧嫉恨张九成，把他贬为邵州太守。邵州仓库空虚，属下请求追缴民众没有交纳的酒租、苗绢，张九成制止说：“纵然不能使人民得到好处，怎敢困扰人民呢?”不久，赵鼎坐罪，中丞何铸诬称张九成矫伪欺俗、依附赵鼎，被撤销官职，贬谪南安军长达 14 年之久。

张九成被贬后住在横浦城西宝界寺。他在此闭门谢客，以经史自娱，缊袍粝食，家人辈几无以自存。他住的房间有一扇短窗，每天天将亮时，他就拿着书本站在窗下，借着微弱的晨光读书。日长天久，窗下石头被双脚踏出深深的痕迹。

秦桧死后，张九成被起用，为温州知州，不久因户部催粮扰民，与之争执没有结果，遂辞去官职，数月后病逝，享年 68 岁。宝庆初(1226)，朝廷特赠张九成为太师，封崇国公，谥“文忠”。张九成研思经学，多有训解。著有《横浦集》及孟子传等。

张溥七录七焚

张溥(1602～1641)，初字乾度，后字天如，号西铭，明朝江苏太仓人。

张溥自幼勤奋好学，留下“七录七焚”的佳话：所读书必手抄，抄毕吟诵，然后即烧掉，如此六七遍方止，冬夏皆然。他右手握笔的地方，指掌上长了老茧；冬天手指冻裂，每天要在热水里浸几次，他的书房也因此名为“七录斋”。

张溥与同乡张采齐名，合称“娄东二张”。两人相互砥砺，崇尚节气，切磋文理，立志改革世风日下的文坛。天启四年(1624)，二人以兴复古文为号召，在苏州创建复社。天启六年，撰写《五人墓碑记》，痛斥阉党。崇祯元年(1628)，张溥与张采在太仓发起了驱逐阉党骨干顾秉谦的斗争，二张因此“名重天下”，复社声势震动朝野。

崇祯四年(1631)，张溥中进士，后改庶吉士。崇祯十年(1637)，张溥与礼部员外郎吴昌时一起推举周延儒复出。其后里人陆文声因要求加入复社被拒，为泄愤向朝廷告发张溥等结党，案未结而张溥已故世。

正史《张溥传》和吴梅村《复社纪事》说张溥是病卒于家。计六奇《明季北略》中说张溥被吴昌时下毒，当夜腹部剧痛而死。“千里内外皆会哭”，私谥曰“仁学先生”。

张溥享年仅 39 岁，但其一生著作宏丰，编述 3000 余卷，涉及文、史、经学各个学科，精通诗词，尤擅散文、时论。其《五人墓碑记》文风质朴，强调“匹夫之有重于社稷”，为缙绅所不能及，是张溥的代表作。

二、修身养德

原宪安贫乐道

原宪(前 515～?)，字子思，孔门七十二贤之一，春秋末鲁国(今山东平邑)人，一说为宋国人。

原宪出身贫寒，个性狷介，一生安贫乐道，不肯与世俗合流。孔子为鲁司寇时，曾做过孔子的家臣，孔子给他九百斛的俸禄，他推辞不要。

孔子死后，原宪住在鲁国(一说隐居卫国)，屋里周围都被杂物堵满了，用茅草和泥盖的屋顶也长出了草，用草和树枝搭成的门户都破烂不完整了，拿桑条做门的转轴，用瓮做窗户。两间屋子，用褐土涂抹墙缝，下雨的时候屋顶漏雨，地下湿滑，但原宪却安之若素，每天端坐在里边弹琴唱歌。

一天，子贡来看望原宪，他乘坐四匹骏马拉着的高大马车，车饰里边黑红，外表洁白，气派的马车小巷子都容不下。原宪戴着破裂开口的帽子(楮冠，一说为华冠，即漂亮的帽子)、拄着藜木拐杖(西汉学者韩婴《韩诗外传》记载为“楮冠黎杖而应门，正冠则缨绝，振襟则肘见，纳履则踵决”)开门迎接。子贡见状关心地问：“您生病了吗?”原宪回答说：“我听说，没有财产叫作贫困，学道而不能身体力行叫有病，我是贫困而不是生病呀。”

子贡无言以对。原宪笑着说：“学道本来是用来帮助人们，却被用来教人谋取利益，我不忍心做呀。”

子贡听了“面有惭色”，无地自容，不辞而返。

孔伋在卫缊袍

孔伋(前483～前402),字子思,祖父为孔子,因作《中庸》,与孔子、孟子、颜子、曾子并称为“五大圣人”。

史载孔伋事迹极少,“子思在卫”与“孔伋缊袍”是其中两则。

“子思在卫”见于司马光《资治通鉴》:子思向卫国国君推荐苟变说:“苟变的才能可统领五百辆车。”卫侯说:“我知道他是个将才,然而苟变做官吏的时候,有次征税吃了老百姓两个鸡蛋,所以我不用他。”子思说:“圣人选人任官,就好比木匠使用木料,取其所长,弃其所短;因此一根合抱的良木,只有几尺朽烂处,高明的工匠是不会扔掉它的。现在国君您处在战国纷争之世,正要收罗锋爪利牙的人才,却因为两个鸡蛋而舍弃了一员可守一城的大将,这事可不能让邻国知道啊!”卫侯一再拜谢说:“我接受你的指教。”

卫侯提出了一项不正确的计划,而大臣们却附和如出一口。孔伋说:“我看卫国,真是‘君不像君,臣不像臣’呀!”公丘懿子问道:“为什么竟会这样?”孔伋说:“君主自以为是,大家便不提出自己的意见。即使事情处理对了没有听取众议,也是排斥了众人的意见,更何况现在众人都附和错误见解而助长邪恶之风呢!不考察事情的是非而乐于让别人赞扬,是无比的昏暗;不判断事情是否有道理而一味阿谀奉承,是无比的谄媚。君主昏暗而臣下谄媚,这样居于百姓之上,老百姓是不会同意的。长期这样不改,国家就不像国家了。”

孔伋对卫侯说:“你的国家将要一天不如一天了。”卫侯问:“为什么?”孔伋回答说:“事出有因。国君你说话自以为是,卿大夫等官员没有人敢改正你的错误;于是他们也说话自以为是,士人、百姓也不敢改正其误。君臣都自以为贤能,下属又同声称贤,称赞贤能则和顺而有福,指出错误则忤逆而有祸,这样怎么会有好的结果!《诗经》说:‘都称道自己是圣贤,乌鸦雌雄谁能辨?’不也像你们这些君臣吗?”

“孔伋缊袍”见于刘向《说苑》:子思居住在卫国,生活很困苦。穿着很薄的袍子,大半个月只吃了九顿饭。田子方听说了这件事情,派人给子思送了白狐皮裘,恐怕他不接受,就叫送去的人这么说:“我借给别人的,就是忘记拿回来的;我送给别人的,就是我不要的。”子思推辞不接受,田子方说:“我有的你没有,为什么不接受?”子思说:“我听说,别人不愿意接受,你还不如直接把东西扔进山沟里;我虽然很贫穷,不忍心自己变成山沟,所以我不敢要你的东西。”

孟轲持志养心

孟轲(前372～前289),字子舆,又字子车、子居,世称“孟子”,战国时期邹国(今山东邹城)人。

孟轲是战国时期儒家代表人物之一，继承并发扬了孔子的思想，成为仅次于孔子的一代儒家宗师，有“亚圣”之称，与孔子并称为“孔孟”。著有《孟子》一书，属语录体散文集，是孟轲言论汇编，由孟轲及其弟子共同编写而成。

孟子十分注重修身养性，他总结的一些养性、养生之道，流传甚广，如“吾善养吾浩然之气”——要培养自己的宏大、刚强、正直之气。“志，气之帅也；气，体之充也。夫志至焉，气次焉，故曰‘持其志，无暴其气’”——志是气的主导，气则充盈于体内。志达到了什么境界，气也会随之到达那种程度。所以说要坚守自己的志，不要无节制地滥用自己的气，使志、气得到交相培养。

孟子说“养心莫善于寡欲”，修性养心没有比减少欲望更好的了。据说故宫中的养心殿，即据此而命名。“夭寿不贰，修身以俟之，所以立命也”，意思是说保持人的本心，养育人的本性，以此来顺应天道。无论短命、长寿都不三心二意，通过积极修养自身心性以等候自然的变化，这就是安身立命之道。“理义之悦我心，犹刍豢之悦我口”，是说理义愉悦我们的内心，犹如牛羊猪肉愉悦我们的口舌一样，再次重申“养心”的重要。

《孟子》中关于持志养心的格言警句很多，诸如“富贵不能淫，贫贱不能移，威武不能屈，此之谓大丈夫”；“故天将降大任于斯人也，必先苦其心志，劳其筋骨，饿其体肤，空乏其身，行拂乱其所为，所以动心忍性，曾益其所不能”，等。这些格言警句激励了一代又一代仁人志士，在中国历史上做出了重要贡献。

金元时期全真七子之一郝大通（太古）在内炼著作《序》中称“孟轲有养素之功”，称颂孟子的学说具有涵养本性的功德。

田横高节感歌

田横（？～前 202），秦末狄县（今山东高青东南）人，原为齐国贵族。

秦末陈胜起义后，田横随从兄田儋在家乡举事反秦，田儋自立为齐王。后田儋与秦军交战败亡。田横兄田荣自立为齐王，以田横为将军，尽占齐地。项羽称西楚霸王后，大封诸侯。田荣因曾爽约项梁未出兵助楚，未封王，对项羽心怀不满，遂联络赵将陈余反楚。项羽出兵伐齐，田荣兵败身亡。田横收集余部继续抗击楚军。因刘邦攻彭城（今江苏徐州），项羽撤军回援，田横复得收齐城邑，立田荣子田广为齐王，自任相国，独揽国政。

田横定齐三年，刘邦派郦食其前来游说，齐国君臣为其所动。不意汉将韩信率兵攻齐，田广、田横怒甚，以为被郦所卖，杀之。齐军不敌汉军，战败。田横闻齐王死，自立为齐王，迎击汉将灌婴，败于嬴（今山东莱芜西北），投奔彭越。

刘邦打败项羽后登基称帝，建立西汉，封彭越为梁王。田横不肯称臣于汉，率徒众 500 余人逃亡海上，避居岛中。刘邦知田横兄弟治齐多年，齐地贤者多归附之,为除后患诏令赦田横罪而行招抚曰:“田横来,大者王,小者乃侯耳;不来,且举兵加诛焉。”田横被迫偕门客二人赴洛阳。途中至偃师尸乡,田横趁谎称沐浴更衣之时自杀,两门客得知后也相继自杀。留居海岛的500余壮士闻田横死讯,亦全部自杀。刘邦感慨于田横能得士,遂以王者礼葬田横。今河南省偃师市城关镇尚保留有齐田横墓遗址。

司马迁在《史记·田儋列传》中曾慨叹:“田横之高节,宾客慕义而从横死,岂非至贤?余因而列焉。不无善画者,莫能图,何哉?”

田横及五百义士宁死不屈的精神,不断受到后人的赞扬,尤其是战乱之时或民族危亡的关头,更成为激励人们坚决抵抗的榜样。明郑成功在《复台》诗中云:“田横尚有三千客,茹苦间关不忍离”;清龚自珍在《咏史》诗中写道:“田横五百人安在,难道归来尽列侯?”

1928年,徐悲鸿任南国艺术学院美术系主任和南京中央大学艺术系教授。开始创作取材于《史记·田儋列传》的大幅油画《田横五百壮士图》(又名《田横五百士》),此画历时两年完成,热情地颂扬了田横及五百壮士富贵不淫、威武不屈的气节和爱国主义精神。《田横五百士》是徐悲鸿的油画代表作之一,亦是徐悲鸿的成名作。

王商止讹辟谣

王商(?～前29),原籍涿郡蠡吾(今河北博野西南),后迁居杜陵。

王商的姑姑王翁须是汉宣帝生母。汉宣帝在位,王商父亲王武被封为平昌侯。王商在少年时便出任太子中庶子,作为太子汉元帝的表叔负责处理东宫事宜。王商在这期间由于为人正派忠厚,且颇有威严而被人称颂。后来其父王武去世,王商继承了平昌侯的爵位。在父丧期间,王商表现极为哀恸,父丧后分家产时,又对异母兄弟们非常的慷慨,这都为王商赢得了很好的名声。不久朝中大臣便推荐王商入朝为官,出任诸曹、侍中、中郎将等官职。

汉元帝时期,王商升为右将军、光禄大夫。汉元帝晚年,十分宠爱次子山阳王(汉成帝即位后迁定陶王)刘康,太子地位受到了严重威胁,王商作为外戚和朝中重臣,竭力庇护太子刘骜的地位,对他日后能够顺利即位功不可没。

刘骜即位,对王商极为敬重,擢升他为左将军。但是此时朝中大权已落入汉成帝舅舅大司马、大将军王凤一族手中,王凤专权横行,王商平日议论中多次对其表示不满,王凤听说后心生怨恨,对他渐渐疏远。

建始三年(前30)秋,京城长安城中盛传有大水将至,百姓惊恐,城中大乱。得知消息后,汉成帝立即召集公卿大臣在殿前商议对策。大将军王凤劝成帝、太后以及后宫应准备船只,大水来时可以登船避难,通知百姓登上长安城墙来躲避水灾，大臣们也纷纷附和王凤的意见。唯独左将军王商坚决反对，他说："自古即便是再无道的国家，也没有大水突然漫过城郭的时候，况且如今天下承平，四海安定，怎么会无端发起大水呢，这一定是谣传。在这种敏感的时候，下令百姓登上城墙，反而会助长谣言，制造混乱。"汉成帝认为王商的话很有道理，消除了心中的恐慌。此后城里也没见大水来，谣言不攻自破，城里的秩序也慢慢恢复了。调查下来，确实是传言失实。成帝对王商能力排众议很赞赏。王凤则因此事而十分羞惭，后悔自己莽撞失言。

第二年，王商代替匡衡出任丞相，加益封户1000，天子十分敬重他，王商此时威望达到为官生涯的顶峰。同年，大将军王凤的姻亲琅琊郡太守杨彤郡中连续发生灾害，丞相王商派人查办，王凤找王商说情，王商不予理睬，上疏奏请罢免杨彤官职，不料却石沉大海，不见汉成帝批下。王凤则命人搜罗王商"罪证"，教唆频阳人耿定上书指控王商"与其父亲的奴婢通奸。王商的妹妹与人淫乱，奴仆把她的奸夫刺死，这可能是王商教唆的"。汉成帝认为这都是一些说不清的小事情，不能因此而罢免丞相。但王凤坚持要汉成帝将此事移交司隶校尉查办，太中大夫张匡为人阴险，为了向王凤表忠，也在此时上书要求汉成帝调查王商。于是汉成帝免除王商丞相之职，司隶校尉逮捕王商。王商悲愤交加，三天后大口吐血而亡。

俗语称"谣言止于智者"。谣言随时会有，不信谣，不传谣，能辟谣，这是王商止讹故事给我们的启示。

袁安朝廷恃赖

袁安(？～92)，字邵公，东汉大臣，汝南汝阳(今河南汝南)人。

袁安少承家学，授《易》孟氏〔学〕，为人持重，见敬于州里。初为县功曹，有一次捧着檄文到州从事那里办事，从事托袁安捎封信给县令，袁安推辞说："您如果是为公事，自有邮驿替您传送；您如果是私事，就不应找我功曹。"办事人有些害怕，就不托他了。后举孝廉，任阴平长、任城令，驭属下极严，所在吏人畏而爱之。

晋周斐《汝南先贤传》记载有"袁安困雪"故事：袁安客居洛阳，很有贤名。一年冬天，大雪飘飞，洛阳令出外巡视，看见袁安院子里积雪很深，没有清扫过的痕迹。洛阳令以为他已被冻死，叫随从扫出一条路进到袁安屋里，发现袁安正冻得蜷缩在床上发抖。洛阳令问："你为什么不求亲戚朋友帮助一下？"袁安说："大雪天大家都没好日子过，我怎么好去打扰人家？"洛阳令佩服袁安贤德，举他为孝廉。

汉明帝时，袁安先后任楚郡太守、河南尹，政令严明，断狱公平，常说："凡学仕者,高则望宰相,下则希牧守。锢人于圣世,尹所不忍为也。”闻之者皆感激自励。在职10年,京师肃然,名重朝廷。后历任太仆、司空、司徒。汉和帝时,窦太后临朝,外戚窦宪兄弟专权,民怨沸腾。袁安不畏权贵,守正不移,多次直言上书,弹劾窦氏种种不法行为,为窦太后忌恨。但袁安节行素高,窦太后无法加害于他。

汉章帝元和二年,武威太守孟云上书朝廷:“北虏既已和亲,而南部复往抄掠,北单于谓汉欺之,谋欲犯边。宜还其生口,以安慰之。”皇帝令群臣商议,公卿皆言夷狄谲诈,求欲无厌,既得生口,当复妄自夸大,不可开许。袁安力排众议,称“北虏遣使奉献和亲,有得边生口者,辄以归汉,此明其畏威,而非先违约也。云以大臣典边,不宜负信于戎狄,还之足示中国优贷,而使边人得安,诚便”。司徒桓虞采纳了袁安的意见。此后在是否出击北匈奴的辩论中,袁安与司空任隗力主怀柔,反对劳师远涉、徼功万里,免冠上朝力争达10余次。

《后汉书·袁安传》称:“(袁)安以天子幼弱,外戚擅权,每朝会进见,及与公卿言国家事,未尝不噫呜流涕。自天子及大臣皆恃赖之。(汉和帝永元)四年春,薨,朝廷痛惜焉。”

杨继宗不私一钱

在明朝的清官中,杨继宗堪称佼佼者。他历仕天顺(1457～1464)、成化(1465～1487)、弘治(1488～1505)三朝,那时的官场已不似明初之严整,官吏贪黩渐成风气,杨继宗身处其中,不为所染,以至当时掌权的太监汪直都承认:“天下不爱钱者,惟杨继宗一人耳。”杨继宗虽仅官至按察使,但却名垂青史。

杨继宗为人耿直,从来不怕得罪人,做起事来敢动真碰硬。在他任浙江嘉兴知府时,御史孔儒来嘉兴检查军民情况,此人性情残暴,常将人拷打致死。杨继宗看不惯他的恶劣行为,便张榜告示说:“有被御史杖责致死的,来府衙报告名姓。”孔儒十分恼怒,杨继宗便去拜见说:“治官治民应有一定之规。您应着重清除奸邪弊端,对官吏惩恶扬善。像这样挨家挨户查核,不是您该做的。”孔儒无法辩驳,而内心十分痛恨杨继宗,在离开嘉兴时,他突然闯入府衙之中,打开杨继宗的箱子察看,结果发现里面只有几件破旧的衣服,只好狼狈而去。

有个任织造的宦官叫秦品,路过嘉兴,沿途捞尽金银财宝。杨继宗却只赠给秦品菱藕和历书两样礼物,暗示他为官要按照莲藕即廉洁的老皇历办事。秦品恼羞成怒,将礼物摔到地上,非要金银绸缎不可。于是,杨继宗发公函取出库金说:“钱全在这里,请你收下,不过得签名盖章!”秦品吓得赶紧溜走,说天下果真有吃了豹子胆的人。

有一次,杨继宗入京朝见,掌权的太监汪直想见他,他不去拜见。明宪宗问汪直，入朝觐见的官员中谁最廉洁？汪直回答说："天下不爱钱的人，只有杨继宗一个。"杨继宗任嘉兴知府九年后，被越级提升为浙江按察使。他几次触犯了宦官张庆，张庆的哥哥张敏在司礼监，常常在皇帝面前诋毁杨继宗。皇帝说："莫不是那不私一钱的杨继宗么？"张敏害怕了，连忙写信给张庆说："好生对待杨继宗，皇上已知道这个人了。"

在当时腐败盛行的官场中，杨继宗能身处其中，不为所染，并如此刚正廉洁，实在是令人钦佩。而至今在杨继宗的故乡——山西阳城，乡民们仍然在纪念这位为他们带来荣誉的先贤，比起那些贪渎的官员"尔曹身与名俱灭"，这是真正的名垂青史！

陈寔廉吏典范

陈寔(104～187)，字仲弓，因曾任太丘长，人称"陈太丘"，东汉颍川许(今河南长葛古桥乡陈故村)人。

陈寔少为县吏，后为督邮。县令邓邵见其勤奋好学，诵读不辍，荐其入太学读书。学成归里，任颍川郡西门亭长。司空黄琼因其德行高尚推荐为闻喜(今属山西省)长，到任月余，离职服丧。后任太丘(今河南永城西北)长，故时人称其陈太丘。陈寔为官清正廉明，黎民安居乐业，邻县百姓多向其辖境迁徙。今河南省永城市太丘镇为陈寔塑像，塑像基座正面"一代廉吏陈寔"六个大字，由原河南省教育厅厅长蒋笃运书写。

陈寔曾在沛国(治所在今安徽濉溪)为属吏，有一年上司加重赋税，陈寔抗之无力，从之不甘，愤然弃官归里。陈寔在乡里待人心平气和，公正不偏颇。乡人之间有所争执时，常找他评理。陈寔皆以真心来开导，说明事情是非对错，大家都感动说："宁可被刑罚，也不愿被陈寔说一句不对。"

灵帝初，大将军窦武辟为掾属，后复坐党事免。陈寔因"党锢之祸"自请入狱，并为他人承担责任。遇赦后隐退故里。三公每缺必召之，陈寔均推辞不受。

有一年灾荒，陈寔一天夜里发现梁上有一小偷，没有声张，而是把子孙聚集一起，训诫说："人不可以不好好努力，一个不善的人，本性未必是坏的，但坏习惯养成后就会一直坏下去，就像屋梁上的那位君子一样(梁上君子)。"小偷听了，赶快下来认罪。陈寔温和地对他说："看你相貌不像是个坏人，你应该好好地克制自己，改过向善。你会当小偷，一定是因为太穷困了。"于是就送了小偷两匹绢布让他回去了。从此他们乡里不再有偷盗的人。

陈寔教子有方，六个儿子都很贤德，其中长子陈纪、四子陈谌最为出色，父子三人因为同样高尚的人品与出色的教化风范，被人们并称为"三君"。

一年，太史上奏称"德星聚奎，其五百里内有贤人焉"。灵帝派人寻查，发现是陈寔常率子孙和号称“八龙”之一的荀淑等人游于许昌西湖，遂在此地敕建德星亭。

灵帝中平四年(187)，陈寔病逝，“海内赴吊者三万余人，制衰麻者以百数”，并刻石立碑，谥“文范先生”(文为德表，范为士则)。后在许昌建太丘祠专祀。

范丹甑中生尘

范丹(112～185)，一作范冉，字史云，东汉陈留外黄(今河南民权)人。

范丹18岁为县小吏，奉令迎接督邮，范丹认为可耻，遂逃跑外地。在南阳从樊英受业。后游历长安三辅，跟通儒马融学习，通经术。桓帝时被任命为莱芜长，但因为母亲守丧而未到任。后在太尉府任职，自知性格狷急，不能从俗，常佩戴皮绳上朝以自警。

东汉“党锢之祸”中，范丹以“不得匡世济时”为憾，遁逃于梁沛之间。他用小车推着妻子，徒行敝服，以卖卜为生，或靠拾麦穗自活，有时在客店里寓息，有时就依宿树下。这样过了十多年，才盖了一间草房子住下来。住的地方偏僻，有时粮食没有了，范丹也安之若素。在汉末年乐府古诗中，有首民谣赞颂范丹：“甑中生尘范史云，釜中生鱼范莱芜。”

后来，党锢解除，太尉、司徒、司空三府交相举荐范丹为官，他坚辞不就，于公元185年(中平二年)卒于家，年74岁。按其遗嘱“敛衣足蔽身，棺足周体”进行薄葬。因其享有很高声望，送葬者达两千多人。灵帝诏谥其为“贞节先生”，刺史、郡守各为其立碑表墓。明清两朝，莱芜为其建祠，并崇祀为名宦。

毛玠公正方直

毛玠(？～216)，字孝先，东汉陈留平丘(今河南长垣)人。

毛玠早年为县吏，以清廉著称。战乱发生曾欲去荆州避乱，未至，因闻知荆州刺史刘表政令不明，遂前往鲁阳。

曹操在兖州时，毛玠前来投奔，被召为治中从事。毛玠对曹操说：“现今国家分裂，君主流离，民众失业，饥饿流亡，公家没有可维持一年的储备，百姓没有安定的心思，这种状况是难于持久的。现在袁绍、刘表虽然兵民众多，力量强大，却都没有长远的考虑，没有树立基础、建设根本的人。用兵之事，合乎正义的才能取胜，保守权位需要财力，因此，应当拥戴天子以命令那些不肯臣服的人，致力于耕植业，积蓄军用物资，这样称霸称王的大业就可以成功了。”曹操采纳了他的意见，转任他为幕府功曹。

“宜奉天子以令不臣”并“修耕植，蓄军资”，这两条建议是毛玠对历史的重大贡献，曹操正是采取这两条措施，为统一北方起到了关键性的作用。

曹操任司空、丞相时，毛玠曾做过东曹掾，与崔琰一起主持选举，他所推荐任用的都是清廉正直人士，那些在当时有盛名而行为虚浮、不务根本的人，始终没有得到引荐任用。曹丕作五官中郎将时，亲自去见毛玠，托他任用自己的亲属。毛玠答复说："老臣因为能够恪守职责，才幸而得以免于获罪。现在您所提到的人不合升迁的次第，因此我不敢奉行您的命令。"

起初，曹操平定柳城，分赏所缴获的器物，特意把素色屏风、素色凭几赐给毛玠，说："您有古人的风范，所以赐给您古人的用具。"毛玠居显要之位，却常常穿布衣、吃素菜，抚育哥哥的儿子尽心尽意，所得的赏赐用来救济贫苦族人，自己家里没有多余的财物。

毛玠力求以俭朴作风为人表率，因此全国士人无不以廉洁的操守自我勉励，即使是宠臣，车马服饰也不敢超越制度。曹操感叹说："用人能做到这样，使天下人自己治理自己，我还有什么可做的呢！"

后来崔琰因反对曹操进位魏王被逼自杀，毛玠不满，被人告发"口出怨言"，于是被收治审讯。桓阶、和洽进言营救，毛玠免于刑罚，只是被罢免了官职，后来死在家里。葬于村南高岗上，其墓至今仍存。

陶渊明不为五斗米折腰

陶渊明(365～427)，又名陶潜，字元亮，自号"五柳先生"，东晋浔阳柴桑(今江西九江西南)人。

陶渊明年轻时抱有"积极仕进，戎马事国"的理想，29 岁出仕为江州祭酒，但其"颖脱不群、任真自得"的性格，使他无法适应官场的庸俗风气，不久便辞职回家。

公元 400 年，在家闲居 11 年，年已 40 岁的陶渊明再度出仕，在荆州刺史桓玄幕下任职。这一时期，陶渊明所作诗篇中，时时流露出归耕田园的思想倾向。大约一年之后，陶渊明因母丧辞职回家。"长吟掩柴门，聊为陇亩民。"

公元 404 年，建武将军、下邳太守刘裕起兵，把篡夺东晋帝位的桓玄赶出建康(今江苏南京)。刘裕为巩固势力，延揽人才，陶渊明被征为镇军参军，第二年转为建威参军，不久任彭泽县令。

陶渊明"在官八十余日"即"自免去职"。辞官原因据说一是他厌恶"口腹而自役"的官场行为，二是因妹妹丧于武昌，需要他去料理后事。而萧统《陶渊明传》则对此有生动描述："岁终，会郡遣督邮至，县吏请曰：'应束带见之。'渊明叹曰：'我岂能为五斗米折腰向乡里小儿！'即日解绶去职。"这一解释符合陶渊明的性格，故被传为千古佳话。

陶渊明这次辞官留下最有价值的作品，是他触景生情、兴之所至写下的《归去来辞》。北宋欧阳修认为，“晋无文章，陶渊明《归去来兮辞》一篇而已”。

陶渊明辞官后，开始了他的躬耕田园生活。“结庐在人境，而无车马喧”“采菊东篱下，悠然见南山”等反映田园生活的妙文佳句，给后人留下了宝贵的精神财富。特别是他的《桃花源记》，以寓言但逼真的笔法，创造出一个幽静的“人间仙境”，这个仙境既是诗人的理想国，也是世界上最早的“乌托邦”。

410 年，孙恩、卢循起义，陶渊明所居浔阳遭受战乱之苦。陶渊明在诗文中以屈原、司马迁的悲愤心情，写出了自己对天道的困惑。

426 年，江州刺史檀道济携肉食登门看望，陶渊明这时已病饿数日，但他拒绝接受馈赠，表示“潜也何敢望贤，志不及也”。第二年秋天，陶渊明自感时日不多，写下《挽歌诗》三首，《自祭文》一篇，表现出豁达的生死观。是年终，陶渊明病故，享年 62 岁。

亲友遵其遗嘱，“省讣却赙，轻哀薄敛”，从简出殡，并询诸友好，谥曰“靖节征士”。

阮长之不侮暗室

阮长之(379～437)，字茂景，陈留尉氏(河南开封)人。

阮长之 15 岁时父亲去世，其哀伤之情感动了周围的人。按礼节服孝期满，阮长之仍然吃菜蔬一年。他平时喜欢研究学问，不曾有过懒惰的情况。起先担任诸府参军，授予员外散骑侍郎。因为母亲年老，阮长之请求就近做官，担任襄垣令。因督邮蛮横无理，阮长之鞭打督邮，被免去职务。

不久，阮长之又被起用，先后任平越长史、东莞太守；进入朝廷担任尚书殿中郎，后又外放担任武昌太守。王弘时任江州刺史，对阮长之比较了解，推荐为车骑从事中郎。

当时郡县官吏俸禄以芒种节气为期限，在此之前辞去官职，一年俸禄皆归后面继任者所有；在此之后辞去官职，一年俸禄皆归前任者所有。阮长之离职武昌郡，前来接任的人还没有到，阮长之就在芒种之前一天辞去官职。刚到京城，亲朋故友见阮长之不收钱财，便送一些器物，阮长之收到之后就封存起来并做好记载。后来离任时全部都还给他们。

阮长之任中书侍郎，一天值夜误着木屐出阁，遂自到门下省听候处分。门下省认为天黑没有人知道，可以免于惩罚；阮长之说自己“一生不侮暗室”，坚持接受处分。

元嘉九年(432)，阮长之调任临川内史，因为南方潮湿，考虑母亲年纪大了，不适宜居住，阮长之辞职未去。元嘉十一年，阮长之任临海太守，上任不久母亲病逝。安葬完毕，阮长之不能忍受母亡之痛，三年后辞别人世，时年 59 岁。

三、孝悌诚信

晋文公信守承诺

晋文公(前697～前628),姬姓,名重耳。

重耳34岁据守蒲邑,43岁时因父亲晋献公宠爱骊姬,被迫流亡各国。随行者有狐偃、介子推等。重耳在外流亡19年,最后在秦国帮助下回国做了国君。

重耳曾在楚国受到礼遇,楚成王问重耳,将来公子回国,拿什么来报答我呢?重耳回答说:"如果将来在战场上与君王相见,我将退避三舍(一舍等于30里)。"晋文公在位后果然为救宋国而与楚国兵戎相见,晋文公信守承诺,让军队退避三舍;楚国将军子玉竟然认为这是晋文公怯战,长驱直入,结果败于城濮。晋文公凭此战取得中原霸主地位。

有一年,晋文公派兵攻打原国,与大夫们约定十天攻下原国。过了十天,没有攻下原国。晋文公决定收兵回国。这时从战场上回来的士兵报告说:"再有3天时间就可以攻下原国了。"左右群臣也纷纷劝说:"原国粮食已经吃完了,将士们也精疲力竭,请主公等待一些时日吧!"

晋文公说:"我与大夫们约定十日期限,若不回去,是失信啊。为了得到原国而失去信誉,我不能做这样的事。"于是下令撤兵回国。

原国的百姓听说这件事,纷纷议论说:"哪有君王像晋国这样讲信义的呢,我们怎可不归附他呢?"于是原国主动向晋文公降顺。

卫国人听到这个消息,也议论说:"哪有君主像晋国这样讲信义的,我们怎可不跟随他呢?"于是也向晋文公投降。

孔子听说这件事,郑重把这件事记载下来,并且评论说:"晋文公攻打原国竟获得了卫国,这是因为他能守信啊!"

郭伋竹马守信

郭伋(生卒年不详),字细侯,东汉扶风茂陵(今陕西兴平)人。

东汉初,郭伋做并州牧,到任不久巡行部属,到西河郡美稷县(故城在今内蒙古准格尔旗之北),有几百儿童,各骑着竹马,在道旁拜迎。郭伋下马,慈爱地问道:"孩子们为什么自己远来?"孩子们回答说:"听说使君来到,很高兴,所以来欢迎。"郭伋辞让致谢。

等到事情办完,孩子们又送到城郭外,问:"使君哪一天能回来?"郭伋叫别驾从事计算日程,然后告诉了他们。郭伋巡视得很顺利,比预定日期早了一天。

他怕失信于孩子们，于是在野外亭中歇宿，等到预定日期才进城。

郭伋就是这样说到做到，处事赏罚分明，受到了人们的尊敬。

不久，郭伋迁任渔阳都尉，建武四年任中山太守。第二年，彭宠叛乱被杀，转任为渔阳太守(渔阳治所在今河北怀柔)。此前，渔阳经历数年战乱，百姓背井离乡，民不聊生，寇贼充斥。郭伋到任后对寇贼示以信赏，纠戮盗贼首领，安抚百姓。经过一段时间，盗贼虽息，但匈奴仍数次抄掠郡界，祸乱百姓。郭伋整勒士马，凭借渔阳依山傍水的军事优势，设攻守之略，使匈奴畏惮远离，不再敢轻易入塞，郡民才得以安业。

郭伋在渔阳任职五年，渔阳户口增倍。光武帝称其为“贤能太守”。

郭伋 86 岁去世，光武帝亲临吊唁。

史赞郭伋做到了童叟无欺，信之至极！

张堪百万财产让侄

张堪(生卒年不详)，字君游，东汉南阳宛(今河南南阳)人。

张堪早年即成为孤儿，他把父亲遗下的一百余万财产全部让给侄子，自己16 岁即去长安求学，志向美雅，能够自励，儒生们都称他为“圣童”。光武帝刘秀还没有发迹时，了解张堪的志向和节操，经常称赞他。

刘秀称帝后，中郎将来歙推荐张堪，拜为郎中。吴汉讨伐公孙述，光武帝派张堪为谒者，送战马等物资，途中又任命他为蜀郡太守。当时吴汉的军队仅剩 7 天军粮，暗中准备船只要撤兵。张堪见到吴汉，论述公孙述必败，并建议示弱诱敌，取得胜利。

张堪进成都，检查府库所藏财物，收敛珍宝，全部列出名单上报，一点都没有装入自己腰包。他安抚城中的官员百姓，蜀地之人非常欢悦。

张堪在蜀郡任职两年，被征召回京，拜为骑都尉，后又拜为渔阳太守。他在渔阳打击奸猾之徒，赏罚必倍，官员、百姓都乐意为他所用。匈奴曾出动 1 万名骑兵入侵渔阳，张堪率骑兵数千奔袭，大败敌兵，渔阳界内从此安定无事。他在狐奴开垦稻田 8000 余顷，劝谕百姓耕种，郡中因此富庶起来。百姓作歌说：“桑树无乱枝，麦穗有双歧，张君施政，百姓乐不可支。”

光武帝曾召见各郡负责财政的官吏，向他们询问各郡的风土人情以及郡守县令能否称职。蜀郡负责财政的属官樊显进言说：“渔阳太守张堪在蜀郡时，惠待下属，讨罚奸人。攻破蜀郡时，珍宝堆积如山，他所掌握之财物，足以富及十代。然而张堪离职的时候，乘坐的是断了辕的破车，睡的是布被，用的是布袋而已。”光武帝听了，叹息很久。正要征召张堪，恰逢他病逝，皇帝非常惋惜，于是下令加以褒扬，赏赐 100 匹帛。

张堪折辕，这一典故亦是清廉为政的典范。

宋弘不弃糟糠之妻

宋弘（生卒年不详），字仲子，西汉京兆长安（今陕西西安）人。父亲宋尚，汉成帝时官至少府；汉哀帝宠幸董贤，而宋尚不愿党附，被以不敬之罪名治罪。

宋弘年轻时便很温顺，在哀帝、平帝朝中作过侍中，王莽当朝时他还当过共工（管理建筑的官员）。赤眉军攻入长安，派使者征辟宋弘，宋弘受逼迫，不得已只好从命。行至渭桥时，他跳下河去，家里人把他救了起来，他装死躲过，这样才免于治罪。

光武帝即位，任命宋弘为太中大夫。建武二年，宋弘代替王梁担任大司空，受封栒邑侯。他把所得租俸都分送给了远近亲戚，家中没有一点积蓄，这种清廉的风格受到了世人的好评。后来又改封为宣平侯。

光武帝曾经向宋弘了解国内通博之士，宋弘便推荐沛国的桓谭，称他才学广博，几乎可以赶上扬雄与刘向、刘歆父子。光武帝于是任命桓谭为议郎、给事中。此后光武帝每次宴会，总是叫桓谭弹琴，弹的都是光武帝喜欢的那种美妙的轻音乐，宋弘知道后，心中不高兴，便派一名属吏去传唤桓谭，自己则整整齐齐穿上朝服，坐在大司空府堂上。桓谭进来后，宋弘并不请他入座，批评说："我之所以推荐您，是希望您以道德辅佐君王，但您现在却向皇上演奏郑卫淫声，损害了《雅》《颂》正音，这不是忠正之士应当做的。你能够自己改正吗？还是叫我依法纠举呢？"桓谭一再叩头认错，过了好久，宋弘才让他离开。后来光武帝大会群臣，又叫桓谭弹琴。桓谭看见宋弘也在坐，便显得非常不安，弹得也不像平常那样熟练自如。光武帝很奇怪，询问其中缘故。宋弘便离开座位，摘下官帽，向光武帝陈述说："臣下之所以推荐桓谭，是希望他能够以忠正之节引导君王，可是现在他叫朝廷耽迷于郑卫淫乐，这是为臣的罪过。"光武帝为之动容，马上向宋弘道歉，让他戴上帽子。宋弘共推荐贤士冯翊、桓梁等30余人，其中有一些人相继担任了公卿大臣。

有一次，光武帝设宴会集群臣，席间，宋弘看到皇帝御座旁边有副新屏风，上面画着许多美女，光武帝几次回头欣赏。宋弘严肃地说："没有看见过好德像好色一样深的人。"光武帝听后，当即令人撤去屏风，笑着对宋弘说："闻义则服，还可以吧？"宋弘答道："陛下进德，臣高兴得不得了。"

那时光武帝的姐姐湖阳公主刚死了丈夫，光武帝便与她一起谈论朝廷群臣，悄悄地揣摩公主的想法。公主说："宋公的威容与道德，所有的朝臣都比不上。"光武帝于是召见宋弘，让湖阳公主坐在屏风后面，自己对宋弘说："谚语讲人升了官就换朋友，发了财就换老婆，这是人之常情吗？"宋弘答道："我听说，对贫穷卑贱的知心朋友不可忘，共患难的妻子不可抛弃(臣闻贫贱之交不可忘，糟糠之妻不下堂)。”光武帝回头对湖阳公主说：“事情不好办了。”

宋弘任司空五年，后来因为没有什么证据就考讯上党太守，被免去职务，回到了自己的邸舍，几年后去世。他没有儿子，封国也就被取消了。

郑均劝兄从善

郑均(约20～96)，字仲虞，东汉东平郡任城(今山东济宁任城区)人。

郑均喜读黄老之书，不愿出仕为官，以清廉敦义闻名。他哥哥曾在县衙为吏，经常接受贿赂。郑均深为兄长的行为所不齿，多次劝说无效，自己便更姓埋名到外乡去当佣人。一年后，郑均回家，把自己得来的工钱全部交给哥哥，说：“财物即使全部失去但可以重新获得，而名誉一旦丧失则是千金难赎。为官者应廉洁守职，如贪赃受贿，则必然名裂誉毁，遭人唾弃，这一生会再也抬不起头的。”

郑均所行所言终于感动了哥哥，他从此洗心革面，成为奉公守法的良吏。

后来，哥哥去世，郑均在经济上接济寡嫂孤侄，帮助侄子结婚成家。家庭和美，也被远近传为佳话。

官府得知郑均言行高洁，多次举荐他出任官职，都被他托病婉言拒绝。汉章帝建章三年，朝廷征召郑均，郑均再一次拒绝。过了三年，官府奉朝廷之命，派公车相迎。郑均不得已，到朝廷任职，不久升为尚书，协助皇帝处理政务。

郑均在任期间，严于律己，谦虚谨慎，秉公尽职，数次上书皇帝，直言朝廷得失之处，忠心浩然，深得皇帝及众朝臣的赞许。

入朝不久，郑均即告病辞官，朝廷不允。任尚书不久，郑均再次告病，得到朝廷准许，遂以议郎职衔致仕离京，皇帝特别恩赐了衣冠。

郑均归乡后，皇帝又发诏命给东平国相，特别褒奖了郑均的功德，谕示赐谷八千斛，并且每年都要派官员去郑均家赐送酒肉。第二年，汉章帝东巡，路过任城，特地看望郑均，并在其家中寝宿。皇帝在此又颁下恩旨，特赐郑均以尚书俸禄终身。故世谓之“白衣尚书”。

唐李白作《任城县厅壁记》，有“青衣太昊之遗墟，白衣尚书之旧里”之句，赞誉任城土俗古远，民风淳厚。

刘宽宽厚仁恕

刘宽(生卒年不详)，字文饶，东汉弘农郡华阴县(今陕西华阴)人。

刘宽父亲刘崎，在汉顺帝时担任过司徒。刘宽曾经乘牛车出行，有一个丢失了牛的人，指认为刘宽驾车的牛是他丢失的牛。刘宽没有说什么，就把牛解下交给了他，然后自己步行回家。过了不久，丢牛的人找到了自己的牛，于是将刘宽的牛送还，并叩头谢罪说："我对不起您这样的长者，听凭您的处罚。"刘宽说："事物有相似之处，事情也允许有错误，劳累你把牛归还我，为什么还要道歉呢?"州里的人都很钦佩刘宽的宽厚忍让。

汉桓帝时，刘宽被大将军梁冀召用。延熹八年(165)，授尚书令，后升任南阳太守。先后主管过三个郡，他和气仁慈，多行宽恕，事情再急，也不见他言语、神情有急躁的表现。刘宽一向认为若以刑罚来整治百姓，百姓就会只求逃避刑罚而没有了羞耻之心。属吏犯了过错，只用蒲草做的鞭子施刑处罚，让其感到羞愧。每次巡视属县，都是住在乡间客舍中，与老年人谈农事和乡土之事，以示关切；对年轻人则用孝顺父母、顺从兄长的教诲加以鼓励。人们为他的道德和行为所感化，风俗一天天地改善。

汉灵帝年间，刘宽被征召为太中大夫。熹平五年(172)，代许训担任太尉。灵帝爱好学术，常让刘宽在华林园为他讲解经书。刘宽曾经在座位上显出醉酒入睡的样子，灵帝问："太尉是醉了吗?"刘宽仰起头回答说："臣不敢醉酒，但深感责任重大，内心忧虑如醉。"

刘宽一次招待客人，派仆人去买酒。隔了好久，仆人醉醺醺地回来了。客人忍不住骂仆人是畜生。刘宽恐怕仆人自杀，立即派人探视，并对身边的人说："他是个人啊，骂他是畜生，还有什么样的污辱比这更厉害呢？所以我害怕他会去死。"

一次刘宽夫人想试试如何让刘宽发怒，待他准备上朝，已穿好官服的时候，让侍女送上肉汤，故意打翻玷污了官服。侍女匆忙收拾，刘宽神情不变，缓缓地对侍女说："汤烫伤你的手了吗?"刘宽如此温和慈爱，人们都称他是长者。

范式重情守信

范式(生卒年不详)，一名范氾，字巨卿，东汉山阳郡金乡(今山东金乡)人。

范式年轻时在太学学习，与汝南张劭(字元伯)是好朋友。两人同时离开太学返回乡里。临别时，范式对张劭说："元伯，两年后我到你家里拜访你的父母。"张劭回答说："我一定杀鸡为黍，等待兄长。"两人于是约好了日期。

两年过后，到了约定日期，张劭对母亲说："我的好友范巨卿今天要来，咱们杀了鸡做好饭等他吧。"母亲说："你们分别已经两年，又远隔千里，你怎么知道他今天一定要来呢?"张劭肯定地说："巨卿是个守信用的人，他一定不会违约的。"母亲半信半疑，开始准备酒菜。饭刚刚做好，范式果然来到，拜见张劭母亲之后，与张劭一起饮酒，尽欢而别。

范式、张劭的信义之风，为后人所敬仰。范式家乡的人们改村名为鸡黍，并修建二贤祠，以纪念这两位信义贤者。

太学有一位学生叫陈平子，久闻范式名声，只是无缘相见。后陈平子染病将死，对妻子说："我听说山阳范巨卿是位英烈之士，可以托死，我死后就把我暂埋在巨卿门前吧。"并写下遗书，留给范式。后范式回家见到坟茔和遗书，即置办行装，亲自护送陈平子的妻子和灵柩到长沙，在离陈平子家只有几里地时悄然离开。

长沙上计掾吏闻听此事，专门进京上书，表彰范式，范式被举为茂才，后迁为荆州刺史。他为官清正廉洁，所弹劾的都是为世人所深恶痛绝的贪官污吏，所举荐的都是为人所称颂的贤达之士。范式因举刺得当，升迁为庐州太守，后卒于任上。

孔融四岁让梨

孔融(153～208)，字文举，东汉鲁国(今山东曲阜)人，是孔子二十世孙。

孔融 4 岁时父亲孔宙带回几个甜梨，孔融把大梨分给父亲、母亲和哥哥、弟弟，自己留下一个最小的。父亲问："你为什么不吃大的呢?"孔融回答说："我年龄小，应该吃小的。"父亲又问："那你弟弟不是更小吗?"孔融说："我是哥哥，应该让着弟弟。"

孔融 10 岁随父亲到洛阳，3 年后因父亲病故回到鲁国，一边守孝一边读书。这时哥哥孔褒故友张俭因得罪宦官侯览，投奔孔府，孔褒不在，孔融问清原由后仍留下张俭。后来事情泄露，孔融与哥哥一起掩护张俭逃走。官府因此把孔褒、孔融抓捕入狱。孔褒和孔融都把罪责揽下，为对方开脱责任。孔融母亲也出面请罪："孩子们都小，家中事皆由我作主。请释放他们，罪由我当。"官府不好决断，向上边请示，诏令判孔褒有罪，处以死刑。

东汉后期，外戚、宦官轮流擅权，孔融对此常有批评。外戚何进为大将军，司徒杨赐派孔融去送贺表，孔融不得已到了何府，当何府来人迎接时，孔融夺回贺表，弃官而去。何进听从谋士建议，推举孔融做侍御史，孔融托病躲避回到家中。

孔融性格豪放，爱才好士。汉献帝建安九年(204)，孔融在许都任少府，后任太中大夫，每每宾客盈门，孔融为此欣慰，说："坐上客恒满，樽中酒不空，我是无忧无虑啊!"

建安十三年(208)，孔融得罪曹操，曹操指使亲信上书指控孔融狂妄不羁，朝廷因此下令将孔融捕杀弃市。

孔融所著诗、颂、论议共 25 篇。在中国文学史上，孔融因其出众的才华，与王粲等七人被称为"建安七子"。

吴隐之孝心感邻

吴隐之(？～413)，字处默，东晋濮阳郡鄄城(今山东鄄城)人。

吴隐之少年时代就显出与众不同、崇尚廉洁的情操。家贫没有粮食，每顿饭即使只有一调羹那么一点食物，也决不会享用非分之粮；虽然家中一无积蓄，也绝不拿取不合道义而来的东西。

吴隐之父亲早丧，他侍奉母亲孝顺谨慎，到他为母亲守丧时，哀伤的表现超过礼制的规定。吴隐之与太常韩康伯是邻居，韩康伯的母亲是一位贤良聪明的妇人。她每次听到吴隐之的哭声，就放下筷子不再吃饭，为之悲痛流泪。后来，她对韩康伯说："你如果掌管国家官吏的任用权，应当推举像这样的人。"这段故事即成语"隐之感邻"的典故。

后来韩康伯做了吏部尚书，吴隐之被推荐为辅国功曹，转任征虏将军参军。吴隐之的哥哥吴坦之是袁真的功曹，袁真失败，吴坦之受牵连遭祸，吴隐之为此拜见桓温，请求代兄领罪。桓温不仅释放了吴坦之，还对吴隐之非常赏识，任命他为奉朝请、尚书郎，不久又升为晋陵郡太守。吴隐之在州郡廉洁自守，妻子自己去拾柴草，寒冬腊月竟然没有棉被可盖。曾经脱下衣服浣洗，因没有衣服替换，只好披着棉絮遮体，勤劳清苦与庶民没有什么差别。

广州地方多有宝物，来这里做官多因贪污得罪。朝廷打算革除岭南弊端，任命吴隐之为广州刺史。广州城外有一地叫石门，石门有一泉，据说饮了它就贪得无厌，故名贪泉。吴隐之对亲人说："不见可贪的东西，寸心即不乱。官员越过五岭不再廉洁，我知道其中原因了。"即亲往泉水所在处，舀取泉水喝了，并赋诗一首："古人云此水，一歃怀千金，试使夷齐饮，终当不易心。"

吴隐之在广州，廉洁的品行有加无减，日常吃饭不过是些蔬菜和干鱼，官备的帷帐器用皆交给外库，当时有人认为他是故意做作，然而他始终不改变自己的做法。帐下人给他送鱼，总是剔下鱼骨留下肉，吴隐之察觉了他们的用意，便加以责罚除名。当卢循侵入南海时，吴隐之督率将士，坚守很久，长子吴旷之战死。卢循围城达一百余天，翻过城墙放火，焚烧了 3000 多间房屋，死了 1 万多人，城最后被攻陷。吴隐之携带家小逃出，不料被卢循截获。刘裕给卢循去信，命送吴隐之还都，过了许久才返回。归途中，船上没有多余资财。

这里还有一个吴隐之的故事。吴隐之离开广州时，士绅感激其任内德政，纷纷致送礼品，吴隐之一一婉拒。不料归舟在珠江上行走，忽然风浪大作，吴隐之连忙查问家人有无收受礼物者，众人都说没有，这时有人提醒他，吴夫人手上的沉香扇乃一父老所赠。吴隐之马上焚香向天祷告，然后把沉香扇投入江心，果然便风平浪静，江上出现一小岛，即今日之沉香浦。有诗赞曰："浦号沈香遗旧恨，渡江犹忆古人心。可怜当日辞官去，虽有馨留不易寻。”

吴隐之到家后，仅有几亩田地，篱笆墙垣倾坏，内外茅屋六间，容纳不下妻室子女。刘裕赏赐车牛，又给建造住宅，吴隐之坚辞不受。后任中领军，每月初领取俸禄，取部分留作自身吃用，其余的全分给亲族。有时困苦到极点，两日只吃一天的粮，妻室子女不沾一点俸禄。义熙八年(412)，上书请求退休，第二年在家去世。

吴隐之情操高洁始终不改，廉洁之士都以此为荣。

孟信不卖病牛

孟信(生卒年不详)，字脩仁，南北朝广川索卢(今河北冀县)人。

孟信家世贫寒，但崇尚儒学。孟信常对人说：“穷则变，变则通。吾家世传儒学，却没有做官的，原因应该是儒学不是当今要务吧。”遂投笔从戎。

孟信为政宽厚和平，土豪都不敢犯法。一位老人为了表示感谢，以美酒和烤猪肉作为礼物送给孟信。孟信对老者说：“自从来到此地，这还是第一次有人给我送来礼物。我虽然素餐已久，但为了您的好意，就接受一块猪肘吧。酒水我家里就有，就不再破费您的了。”老人很感动，把猪肘掰下来，与孟信把酒喝尽才告别。

后来孟信没有了官职，家里穷得连吃的东西都没有了。一天，孟信侄子把家里仅有的一头病牛卖了，想用卖牛的钱买些柴米。孟信回家后发现病牛被卖了，找到买主，诚恳地说：“这是一头病牛，干一点活就会发病，您不需要这样的牛吧！”于是把病牛要了回来。买牛人很感动，对孟信说：“孟公，我只是买一头牛，不一定要用它出力。”苦苦相劝，孟信不为所动。

恰巧买牛人是北周文帝手下，周文帝深感诧异，不久即任命孟信为太子少师，再迁太子太傅，当时儒者学士都深以为荣。后来又加车骑大将军、仪同三司、散骑常侍。孟信辞老请退，周文帝允准，并赐车马、几杖、衣服、床帐。孟信卒于家，赠冀州刺史，谥曰“戴”。

李勉埋金守信

李勉(717～788)，字玄卿，唐朝宗室，曾祖李元懿为唐高祖李渊第十三子。

唐玄宗天宝年间，有一个书生游学宋州。当时李勉和这个书生同住在一家旅店。没过多长时间，书生患了病，无法医治。书生临死对李勉说：“我家住在洪州，要到北都谋求官职，不想在这里得病将要死了，这是我的命啊。”从口袋里把百两金子送给李勉，说：“你用这些钱为我处理后事，剩下的就送给你了。”李勉答应为他办理后事，等到葬礼结束，便把剩下的金子埋在坟墓里。几年以后，书生的兄弟带着洪州官府开的证明，寻找书生的行迹来到宋州，知道是李勉为书生办理了丧事，专门到开封去见他，寻问金子的下落。李勉请假到了墓地，挖出金子交给了他。

李勉时任开封府尉，他到任后即张贴告示："凡受贿者，须在三天内自首，过日者舁榇（抬棺）相见。"告示贴出后，有一个自恃有点背景的污吏，一天受贿后故意放出风来，让李勉知道。过了期限后，他又满不在乎，而且还让人抬着棺材去见李勉。李勉弄清真相后说："故意受贿枉法，罪加一等。"对方不以为然，李勉命令手下"将他装入棺材"。这时他才如梦方醒，但为时已晚，被扔进河里。此后，那些手脚不干净的官员心惊肉跳，再也不敢贪赃枉法了。

安史之乱时，李勉随唐肃宗来到灵武，拜监察御史。入朝为太常少卿。因不附和李辅国，出为汾州、虢州刺史。大历二年（767），李勉入朝拜为京兆尹兼御史大夫。因与鱼朝恩不和，不久罢官。大历四年，任广州刺史兼岭南节度观察使。大历十年，召为工部尚书。贞元四年（788），李勉病逝。

卢革耻为私荐

卢革（1004～1085），字仲辛，北宋湖州德清（今浙江吴兴）人。

卢革自幼聪颖，很小就被地方推举为学童。杭州知府马亮看到卢革的诗作，很是赞赏。恰逢秋天考试，马亮私下对主考官说："这次考试不要遗漏了卢革。"卢革听说这件事情，对人说："我如果因此考取，这是我的耻辱。"然后没有进入考场就回去了。

过了两年，卢革再去参加科举考试，结果考了第一名。到他科举及第，才只有 16 岁，可谓少年得志。

北宋庆历年间，卢革任龚州知州。广西侬智高起事，岭南、桂管一带为之震动。卢革筹划军备，在事前就已作好防御准备。并写信给安抚使杜杞，请修葺诸郡城墙。又建言说："岭外小郡，合四五郡还不如中州一大县，且无城池甲兵之备，恐怕将为贼所困，应该根据远近裁撤归并诸郡。"杜杞没有采纳卢革的建议。后侬智高来犯，九郡相继不守，和卢革考虑的一模一样。

后卢革先后任婺州知州、泉州知州、提点广东刑狱、福建湖南转运使。王安石变法，卢革主动请求外任，神宗对宰相王安石说："卢革廉洁且知进退，应该给他一个好地方。"于是任命卢革为宣州知州，不久以光禄卿荣休。神宗元丰八年（1085），卢革病逝，享年 81 岁。

四、治学求真

伯乐精心相马

伯乐(约前680～前610),姓孙名阳,春秋时期郜国(今山东成武)人。

伯乐对马很有研究,精于鉴别马匹优劣。一天,伯乐见一匹马拉盐车上山,其体形瘦弱,蹄伸膝折,灰汗交流。伯乐大惊,知道此为名曰骐骥的千里马,立即将其解下,脱衣为马披上,此马仰首而鸣,声达于天,如金石之声。伯乐买下此马,精心饲养,一年后,此马体形如龙,毛色闪亮,两目如炬。齐、秦诸国遣使持金来购,伯乐谢绝,将它赠给墨翟。墨翟乘此马翻山越岭,如行平地,世人方知伯乐为良马之知音。

周王屡求伯乐相马,伯乐为其选千里马四匹。周王将四马共一辕,以驾天子之车。御者扬鞭催马,四马狂啸,车不能行。周王大怒,责伯乐相马之误。伯乐笑道:"四马皆为千里马,但大王御者却非善御之人,善御者需要选择不同等级的马共驾一车,以千里马领辕,配以中下等之马,主次协力,其车既快且稳。这如同治国,大臣们品德、能力有高下,把他们放到合适的位置,德能互补,同心协力,其国才能大治。"周王命御者按伯乐之法,选一匹千里马领辕,配三匹一般的马,果然驾驭甚便。周王大悦,欲聘伯乐入朝为官,伯乐辞谢。

鬼谷弟子庞涓,素闻伯乐大名,适逢伯乐寿诞,庞涓随老师前来贺寿。此时伯乐大弟子食河豚而死,而这位弟子自幼跟随伯乐,师徒之情如同父子,见弟子死,伯乐并不悲伤。庞涓问其故,伯乐道:"河豚有毒,世人皆知。其味之美,也无它食能比。我多次劝他,莫贪口腹之欲而招来亡身之祸,但他不听,前几次垂钓河豚,蒸而食之,侥幸未遇其毒,今日又食,终至身死。世上达官显贵,皆是如此,贪名逐利,身死名灭,卒为人笑。"鬼谷子闻此,对庞涓道:"名利之害,甚于河豚之毒,弟子谨记。"庞涓不悦。后来庞涓贪暴奸诈,身死马陵道。时人称赞伯乐既善相马,又善相人。

伯乐在秦国为监军少宰,被封为"伯乐将军"。一天,秦穆公对伯乐说:"您年老了,您的子孙中有没有可以派去访求良马的人呢?"伯乐回答:"良马可以凭形体外貌和筋骨来鉴别,但天下稀有的骏马,其神气却在若有若无、似明似灭之间。像这样的马,奔驰起来足不沾尘土,车不留轮迹,极为迅速。我的子孙都是下等人才,可以教他们识别良马,但无法教他们识别天下稀有的骏马。有一个同我一起挑担子、拾柴草的朋友,名叫九方皋,他相马的本领不在我之下。"

穆公召见了九方皋,派他外出找马。过了三个月他回来报告说:"已经得到一匹好马，在沙丘那边。”穆公问：“是什么样的马？”他回答：“是一匹黄色的母马。”

穆公派人去沙丘取马，却是一匹黑色的公马。穆公很不高兴，把伯乐召来，对他说：“你介绍的那位找马人，连马的黄黑、雌雄都分辨不清，又怎能鉴别马的好坏呢？”

伯乐听了叹口气说：“竟到了这种地步了啊！这正是他比我高明不止千万倍的地方啊！像九方皋所看到的是马的内在神机，洞察它的实质而忘记它的外表；只看他所应看的东西，不看他所不必看的东西；只注意他所应注意的内容，而忽略他所不必注意的形式。像九方皋这样相马，有比鉴别马还要宝贵得多的意义。”

后来马送到了，果然是一匹天下少有的骏马。

伯乐将毕生经验总结写成我国历史上第一部相马著作——《伯乐相马经》。伯乐在医治马病方面也有心得，有《伯乐针经》《伯乐疗马经》《疗马方》《伯乐治马杂病经》等传世，在后世兽医学术的发展中产生了较大的影响。

澹台楚国设教

澹台灭明（前 522～?），字子羽，春秋鲁国武城（今山东平邑）人，小孔子 39 岁。

史称澹台灭明长相丑陋：额低口窄，鼻梁低矮，不具大器形貌。年轻时求拜孔子为师，孔子以貌取人，颇为厌恶，不愿收其为徒，但因有悖于自己“有教无类”的主张，勉强收为弟子。澹台灭明跟随孔子学习三年时间，毅然退出孔子的弟子行列，更加发奋求学，严谨修行。后来游历吴地楚国，在豫章百花洲（今江西南昌东湖一带）结草为堂，以孔子为宗师，崇奉孔子学说，从学弟子 300 多人。南昌人民为他立祠祭祀，并设立澹台门以表纪念，进贤县也因他南游至此而名。

子游（言偃）做武城宰时，孔子问：“你在那里得到什么人才了吗？”子游说：“有位叫澹台灭明的，做事从不走捷径投机取巧，如果没有公事他从不到我屋里来。后来，澹台灭明往南游学到吴地，跟从他学习的有三百多人。”孔子听了沉默良久，然后感慨地说：“我凭语言判断人，看错了宰予；凭长相判断人，看错了子羽。”

东晋干宝《搜神记》记载了澹台灭明一段带有神话色彩的故事：澹台灭明带着一块宝玉过河，船至河心，风波忽起，有两条蛟龙从波涛中跃出，对渡船成夹击之势，欲夺宝玉。澹台灭明气愤地说：“吾可以义求，不可以力劫。”遂挥剑斩杀二蛟，风波平息。上岸后，澹台灭明把宝玉投入水中，以示自己毫无吝啬之意。“河伯三归之。子羽毁璧而去。”这段故事即是“澹台毁璧”的典故。澹台毁璧，作为重义轻财、鄙弃财宝的事例影响久远。数千年盛行于齐鲁大地“宁让钱，不让言”的鲁国遗风，可以从澹台灭明身上找到影子。

程邈狱中创造隶书

程邈(生卒年不详)，字元岑，秦朝下杜(今陕西西安南)人，一作下邳人。

程邈最初在县衙里当狱吏，负责文书一类的差事。后来因事得罪，被幽禁于云阳(今陕西淳化西北)狱中。

当时正值秦始皇推行“书同文”政策，以小篆为全国统一文字。但小篆不便于速写，影响工作速度和效率。程邈以前身为狱吏，心想如果能创造出一种容易辨认又书写快速的新书体，不是更好吗？脑子里有了这个想法，程邈便绞尽脑汁地琢磨，一心钻研字体结构，做起文字学问来。

程邈托人把流传在民间的各种书体搜集在一起，一个一个地加以改进，把大小篆的圆转改变为方折，同时删繁就简，去粗取精，历时10年，终于创造出书写便利、又易于辨认的3000个隶字来。他把这一成果献给秦始皇。秦始皇看了程邈整理的文字，非常高兴，不仅免了程邈的罪，还让他出来做官，提升为御史。

由于程邈官职很小，属于“隶”，所以人们就把他编纂整理的文字叫“隶书”。同时，“隶人”也指“胥吏”，即掌管文书的小官吏，所以在古代，隶书也被叫作“佐书”。这种隶书的特点是扁阔取势，结构简单，笔画平直，与小篆相比，书写方便，易于辨认。后来为了和汉朝的隶书区别开来，就称之为“秦隶”。时至今日，隶书仍然是一种常用的字体，并作为一种书法艺术而存在。

程邈在狱中创造隶字，这种历经坎坷而矢志不移、精勤奋进、自强不息、好学不已的精神更值得肯定和赞赏。人生在世，谁无挫折？谁无逆境？人在挫折逆境中“愿保金石志，无令有夺移”，把苦难和挫折当作一块垫脚石，就会在对厄运的征服中出现超越自然的奇迹。人在顺利时不能得意忘形，在逆境中也不要一蹶不振，这正是程邈创造隶书所给予人们最重要的启示和教益。

董仲舒三年不窥园

董仲舒(前179～前104)，西汉广川(今河北衡水)人。

董仲舒自幼习今文经学，刻苦攻读，学舍后有花园，他三年时间一次也没有进去，前来游园的人们没有一人能见到他。史书称“其精如此，进退容止非礼不行，学士皆师尊之”。正是这种治学精神，使董仲舒成为西汉一代著名经学大师。

汉景帝时，董仲舒任博士，讲授《公羊春秋》。元光元年(前134)，汉武帝下诏征求治国方略，董仲舒上《举贤良对策》，提出其哲学体系的基本要点，并建议“罢黜百家，独尊儒术”，为汉武帝所采纳。其后，任江都易王刘非的国相；元朔四年（前125），任胶西王刘端的国相。此后，居家著书，朝廷每有大议，令使者及廷尉就其家而问之，仍受武帝尊重。

董仲舒在新的历史条件下复兴了被扼杀达百余年之久的儒家文化，而且在一个新的历史时期融会贯通了中国古典文化中各家各派的思想，把它们整合为一个崭新的思想体系。他的著作后来大都汇集在《春秋繁露》一书中。《春秋繁露》以《公羊春秋》为依据，将周代以来的宗教天道观和阴阳、五行学说结合起来，吸收法家、道家、阴阳家思想，建立了一个新的思想体系，成为汉代的官方统治哲学，对当时社会所提出的一系列哲学、政治、社会、历史问题，给予了较为系统的回答。

董仲舒的儒家思想大大维护了汉武帝的集权统治，为当时社会政治和经济的稳定做出了贡献。

司马迁忍辱著述

司马迁（前145年或前135～?），字子长，西汉左冯翊夏阳（今陕西韩城南）人，一说龙门（今山西河津）人。父亲司马谈汉初为太史令。

司马迁10岁能读古书，20岁游历各地。回京后任皇帝末等侍卫官郎中。35岁奉命出使云南、四川、贵州等地，第二年回来时父亲病重，临终遗命司马迁记述孔子之后数百年的历史。

司马迁服丧三年，接任太史令，与公孙卿、壶遂等上书建议修改历法。几年后新历法修成，史称《太初历》。在此前后，司马迁开始撰写《史记》。

公元前99年，飞将军李广之孙李陵出击匈奴失利被俘，司马迁认为李陵有国士之风，为他辩护，触怒汉武帝，被下令治罪。两年后李陵被匈奴重用，汉武帝迁罪司马迁，以“诬罔主上”罪名处以死刑。按照律法，司马迁可纳钱50万免死，或处以腐刑（割掉生殖器）。司马迁“家贫，货赂不足以自赎”，本想一死了之，但《史记》“草创未就”，故决定接受腐刑，自入“蚕室”而无愠色。其后司马迁在《报任安书》中追记此事，留下“人固有一死，或重于泰山，或轻于鸿毛”的名言。

出狱后，司马迁任中书令，他用古代贤人历经磨难而发奋著述的事迹激励自己，“人皆意有所郁结，不得通其道也，故述往事，思来者”，《周易》《春秋》《离骚》《说难》，“大抵贤圣发愤之所为作也”。

大约在公元前90年，司马迁完成《史记》创作。这时司马迁因《报任安书》和《史记》触怒汉武帝，不久即神秘失踪。

《史记》书成，“藏之名山，副在京师，俟后圣人、君子”。后由其外孙杨恽公布于世。此书“究天人之际，通古今之变，成一家之言”，始于黄帝，止于汉武帝太初年间，以传记体为主，共 130 篇，近 53 万字。本纪、书、表、世家、列传五种体例相互配合，翔实反映出 3000 年的社会历史面貌。鲁迅称赞《史记》为“史家之绝唱，无韵之离骚”。

桓谭批判谶纬

桓谭(前 23～56)，字君山，沛国相(今安徽濉溪西北)人。

桓谭爱好音律，博学多闻，遍习五经，皆训诂大义，不为章句。汉哀帝、平帝间，“以父任为郎”。王莽时任掌乐大夫，常“独自守，默然无言”。

公元 23 年，西汉皇族刘玄被绿林军立为皇帝，年号更始，桓谭诏拜太中大夫。光武帝时，桓谭被征召，上书言事，不合光武帝心意，未被任用。后来因大司空宋弘推荐，官拜议郎、给事中。

光武帝刘秀曾以符瑞图谶起兵，即位后崇信谶纬，“宣布图谶于天下”，谶纬之学遂成为东汉显学。桓谭上《抑谶重赏疏》，指出谶纬的预言“虽有时合”，但如同占卜一样只是一种偶然性，不足为信。他希望光武帝听取意见，“屏群小之曲说，述《五经》之正义”。

建武中元元年(56)，光武帝欲建灵台以观天象，诏令群臣会议灵台建造在什么地方，并对桓谭说：“吾欲以谶决之，何如?”桓谭沉默了一会儿，说：“臣不读谶。”意思是，我对谶不感兴趣。光武帝追问他什么缘故，桓谭极言谶纬之术“非经”，不是正道而是迷信把戏。光武帝大怒，指责桓谭“非圣无法”，当即下令将桓谭迁出为六安郡丞。七十多岁的桓谭受此打击，内心“忽忽不乐”，忧郁成疾，在赴任道中病死。

桓谭治学求知求实，追求真理，不唯命是从，不怕打击迫害，这种治学精神，难能可贵。桓谭历次上书及文论有 29 篇，集为《新论》一书。稍后学者王充称道桓谭著作是“讼世间事，辨昭然否，虚妄之言，伪饰之辞，莫不证定”(《论衡》)。桓谭把烛干比作人的形体，把烛火比作精神，提出“以烛火喻形神”的有名论点，断言精神不能离开人的形体而独立存在，正如烛光之不能脱离烛体而存在一样。桓谭的学说对后来无神论思想的发展有所影响。

王充闭门著述

王充(27～约 97)，字仲任，东汉会稽上虞(今浙江上虞)人。

王充祖籍魏郡元城(今河北大名)，系元城王氏之后，和篡汉建立新朝的王莽同宗。王充祖上“几世尝从军有功”，骁勇善战，后被封到会稽阳亭，其后人又辗转迁徙到会稽上虞。

王充为家中长子，其时家里已是“贫无一亩庇身”“贱无斗石之秩”。王充少“有巨人之志，父未尝笞，母未尝非，闾里未尝让”。6 岁时父亲便教他读书写字，8 岁时进小学。10 岁左右父亲去世，王充以事母至孝闻名于乡里。

青年之时，王充被选送到洛阳太学读书。当时太学受今文经学的影响，盛行章句之学。

王充对这种教育极不满意，喜欢阅读今文经学之外的书籍，因为买不起书，他就经常到书肆读书，由是精通百家之言。王充还喜欢结交京师鸿儒如桓谭、班彪，思想上受他们影响也最深。“王充阅市”在后世成为勤奋好学的典范。

王充后来回到乡里教书。会稽郡征聘他为功曹，刺史董勤征聘他为从事，不久改任治中，因为多次和上司争论而辞职离开。王充认为庸俗读书人做学问，大都失去儒家学说本质，于是闭门思考，写作《论衡》85 篇，20 多万字。

《论衡》一书对当时的许多学术问题，特别是社会的颓风陋俗进行了针砭，许多观点鞭辟入里，石破天惊。《论衡》解释万物的异同，纠正了当时人们疑惑的地方，也可以说是我国古代的一部“百科全书”。就物理学来说，王充对运动、力、热、静电、磁、雷电、声等现象都有观察，书中记载了他的观点。王充还解释了人与自然的关系。王充把人的发声，比喻为鱼引起水的波动；把声的传播，比喻为水波的传播。他的看法与现代声学的结论是一致的：声是物体振动产生的，声要靠一定的物质来传播。17 世纪欧洲人波义耳认识到空气是传播声音的媒介，比王充晚 1600 年。

汉章帝时，同郡人谢夷吾上书推荐王充，皇帝特地下诏派遣公车去征聘他。当时王充年近 70，写作《养性书》16 篇，倡导节制欲望，守住原神。汉和帝永元年间，王充病死在家中。

许慎五经无双

许慎（约 58～约 147），字叔重，东汉汝南召陵（今河南郾城）人。

许慎，性格淳厚，诚实守信，少年时代即博学经籍，曾受到著名古文经学学者马融的推崇。师从经学大师贾逵，研究五经造诣很深。当时人都赞赏说，许叔重《五经》学问举世无双。

许慎不仅是著名经学家，更是文字学家、语言学家。他于汉和帝永元十二年（100）开始撰写《说文解字》，历时 21 年，书成。

《说文解字》是中国首部字典。计 14 编，收单字 9352 个。该书广泛吸收了两汉古文经学有关文字训诂的研究成果，对古汉字进行了全面、系统的整理和阐释。许慎也因此被誉为“字学宗师”。

张衡耻智之不博

张衡(78～139),字平子,东汉南阳西鄂(今河南南阳)人。

张衡幼年生活贫苦,但他勤奋学习,少年时代就能写得一手好文章。17 岁到长安游学,然后就读于洛阳太学,与王符、马融、窦章等大家相交为友。他曾勉励自己:“不患位之不尊,而患德之不崇;不耻禄之不夥,而耻智之不博。”

张衡后应南阳太守鲍德邀请,回家乡任主簿。公务之余,潜心文学创作,花费十年时间,写成《二京赋》,闻名于当时。

永初四年(110),张衡应安帝特征到洛阳任郎中,不久为尚书侍郎,再迁为太史令。在这个职位上长达 14 年之久。正是这个职位的关系,张衡的研究兴趣转移到哲学和自然科学等方面。

张衡赞成用“浑天说”解释天体的构造,写成《灵宪》一书,提出宇宙无限的思想,认为月亮本身并不发光,月光是太阳照射后反射出来的。他还计算出日、月的角直径,记录了用肉眼能够观察到的 2500 颗恒星。

根据“浑天说”理论,张衡创制出观察天体运行的“浑天仪”,并写下《浑天仪图注》。这台仪器用水力发动,其精密令人叹为观止。今人根据《浑天仪图注》复制的浑天仪,陈列于北京中国历史博物馆。

张衡还发明了世界上第一台用于测定地震及其方位的地动仪。永和三年(138),陇西发生地震,安放在洛阳的地动仪在相关方位上突然报警。今人据距离及震感测算,这台地动仪可以测出的最低烈度为 3 度左右。

张衡研究领域广阔,在气象学方面,创造出测定风向、风力的候风仪;在数学方面,著有数学名著《算罔论》;在地理方面,他绘制出一幅《地形图》;在机械制造方面,他制造过指南车、木制飞鸟和记里鼓车等精密器械;他还擅长绘画,是东汉六大画家之一。

东汉图谶盛行,张衡不顾自身安危,向汉顺帝上《请禁绝图谶疏》,建议“宜收藏图谶,一禁绝之”。张衡因此被排挤出京任河间相。他在任期间,“治威严,整法度”,惩奸治恶,清理冤狱,河间风气大为好转,受到当地人民的称颂。

永和四年(139),张衡请求告老还乡,朝廷不准,把他调到中央任尚书。时隔不久,张衡与世长辞。享年 61 岁。后人尊之为“科圣”。

1956 年,郭沫若在新立张衡墓碑上题词:“如此全面发展之人物,在世界史上亦所难见。”

沈括治学宏广

沈括(1031～1095),字存中,北宋浙江钱塘(今浙江杭州)人。

沈括24岁因父荫授海州沭阳主簿，在此任上，他治理河道，开挖水渠，使7000多顷荒地变成良田沃壤。其后，沈括先后担任东海、宁国、宛丘县令，所在皆有政绩。

沈括公务之余刻苦攻读，32岁时考中进士，任扬州司隶参军，三年后入京为司天监。沈括研究浑天仪、浮漏和景表等天文观测仪器并作了改进。为观测北极星的实际位置，沈括曾连续三个月夜间观察，最后得出北极星同北极距离为3度多一点的科学结论。离开司天监，沈括一直研究天文学，在晚年提出用“十二气历”代替原来历法的主张。

沈括曾参与图书编校工作，担任史馆检讨、集贤院校理等职，他因此丰富充实了自己的学识。王安石熙宁变法，沈括是支持者并担任三司使等要职。他主持汴渠疏浚和测量工作，采用前所未有的分层筑堰法，测量、疏浚840多华里。

王安石变法失败，沈括受牵连出知宣州，三年后改知延州，在这里发现石油矿藏，并发明了用石油炭黑代替柘木炭黑制墨的工艺。元丰四年(1081)，西夏大举入侵，沈括指挥军队在无定河粉碎了西夏几万人的进攻。

因守边有功，沈括升任龙图阁直学士。不久因代人受过，被贬任均州团练副使等职。哲宗元祐二年(1087)，沈括奉旨编制的《天下州县图》完成。

元祐三年(1088)，沈括定居于润州(今江苏镇江)托人购置的园林，取名“梦溪园”。他在此深居简出，埋头著述，写成一部科学巨著《梦溪笔谈》，内容涉及科学史、天文历法、地理地质、气象、数学、化学、磁学、光学、声学、医药学等多个学科。这部著作被英国科学史家李约瑟誉为“中国科学史上的里程碑”。

五、清正廉洁

子罕不贪为宝

乐喜(生卒年不详)，字子罕，春秋时宋国(今河南商丘)人。宋平公(前575～前532年在位)时任司城(即司空，因宋武公名司空，改名为“司城”)，主管建筑工程，制造车服器械，监督手工业奴隶，位列六卿。

《春秋左传》记载了子罕辞宝(子罕弗受玉)的故事：宋国有人得了一块宝玉，拿去献给当权的子罕。子罕没有接受。献玉的人说：“我给做玉器的师傅看过，说是件宝物，所以才敢拿来献给您。”子罕说：“我把不贪图财物这种操守当作是宝物，你把宝玉作为宝物；如果你把宝玉给了我，我们都失去了自己的宝物，还不如各人留着各自的宝物好啊！”献玉者听后跪下磕头，说：“我是个小小老百姓，带着这块宝玉，不能安全地回到乡里，把玉石送给您，我就能在回家的路上免遭杀身之祸。"子罕于是把这块玉石放在自己的乡里,请一位玉工替他雕琢成宝玉,卖出去后,把钱交给献玉的人,让他富有后才让他返回家乡。

鲁襄公十七年(前556),皇国父做了太宰,要为宋平公建造一座高台,这个时候建造会妨碍农业收割。子罕请求在农事完毕以后再建造,宋平公没有答应。

鲁襄公二十九年(前544),郑国发生饥荒,而当年的麦子还未收割,老百姓困苦不堪。担任上卿的子皮根据父亲子展的遗命,给国内的人分发粮食,每户一钟,郑国人没有挨饿。子皮也得到了郑国百姓的极大拥护。

子罕听说这一情况后,说:"多做善事,这是百姓所希望的。"宋国不久也发生了饥荒,子罕便请示宋平公,要求拿出公室的粮食借给百姓,让大夫们也都把粮食借出来。子罕带头将粮食借给别人,却不写借据,同时还以那些缺乏粮食的大夫的名义,借给百姓粮食。宋国人也没有挨饿。

晋国的叔向听说后,说:"郑国的罕氏(即子展、子皮的家族)、宋国的乐氏(即子罕的家族)肯定会长盛不衰,他们应该都能够执掌国家的政权吧!这是因为民心都已归向他们了。以其他大夫的名义施舍,不只是考虑树立自己的德望,在这方面子罕更胜一筹。他们将与宋国共存亡吧!"

晏子脱粟之食

晏子(前578～前500),名婴,字仲,因谥号为"平",习惯上多称"平仲",春秋时齐国莱地夷维(今山东高密)人。春秋后期齐国的国相,也是一位著名的政治家和外交家。

晏婴是齐国上大夫晏弱之子,以生活节俭、谦恭下士著称。齐灵公二十六年(前556),其父晏弱病死,晏婴继任为上大夫。历任齐灵公、齐庄公、齐景公三朝,辅政长达50余年。晏婴能言善辩,勤政爱民。对外他既富有灵活性,又坚持原则性,出使不受辱,捍卫了齐国的国格和国威。

晏婴秉公无私,亲友、僚属求他办事,合法者办,不合法者拒。他从不接受礼物,大到采邑、住房,小到车马、衣服,都被他辞绝。不仅如此,晏子还时常把自己所享的俸禄送给亲戚朋友和劳苦百姓;晏子虽贵为相国,生活却十分俭朴,吃的是"脱粟之食"(粗粮,只脱去谷皮的粗米)、"苔菜",用现代汉语说就是粗茶淡饭;穿的是"缁布之衣";上朝坐的是弊车驽骊;住的是"近市湫隘嚣尘,不可以居"的陋仄之室。

景公见晏子妻"老且恶",想把女儿嫁给他,他坚辞不纳,说:"去老者,为之乱;纳少者,为之淫。且夫见色而忘义,处富贵而失伦,谓之逆道。"

司马迁非常推崇晏婴,将其比为管仲,"以节俭力行重于齐。既相齐,食不重肉，妾不衣帛。其在朝，君语及之，即危言；语不及之，即危行。国有道，即顺命；无道，即衡命。以此三世显名于诸侯”。明黄道周《节寰袁公传》：“予观古人尚哲简戆，因事蝉脱，如季札、蘧瑗、晏婴、乐毅之流，皆值祸难飘然，有以自立。”

杨震暗夜却金

杨震(59～124)，字伯起，东汉弘农华阴人。他出身名门，八世祖杨喜因诛杀项羽有功，被封为赤泉侯；高祖杨敞，汉昭帝时为丞相，因功被封安平侯。

杨震幼年丧父，生活贫苦但爱好学习，精通欧阳《尚书》，儒者送雅号为“关西孔子杨伯起”。杨震教了20多年的书，州郡长官聘请他去做官，他都没有应允。大将军邓骘听说后请他入府做事，不久举荐做官，这时杨震已经50多岁了。

杨震公正廉洁，不谋私利。他在荆州刺史任上发现王密才华出众，便向朝廷举荐王密为昌邑县令。后来他调任东莱太守，上任途经昌邑，王密晚上怀揣10斤黄金，前去拜会杨震，俩人聊得非常高兴，不知不觉已是深夜。王密准备起身告辞时从怀中捧出黄金，放在桌上，说道：“恩师难得光临，我准备了一点薄礼，以报栽培之恩。”杨震正色说：“我了解你，你却不了解我，这是为什么呢？”王密说：“现在已是深夜，这件事没有人知道的。”杨震回答说：“你这是什么话？天知，地知，我知，你知。此为四知，怎么说没有人知道呢！况且没有别人在，难道你我的良心就不在了吗？”王密羞愧地拿着金子回去了。后人因此称杨震为“四知先生”，族人一支以“四知堂”为堂号。

汉安帝元初元年(114)，杨震调任为涿郡(今河北涿州)太守。元初四年，杨震入朝任太仆，负责舆马及畜牧之事。同年十二月调为太常，掌管朝廷礼、乐、郊庙之事。汉安帝永宁元年(120)升为司徒，为“三公”之一，主管教化。汉安帝延光二年(123)升为太尉，掌管朝廷军事大权。

杨震公正廉洁，虽做高官子孙们却常常吃饭没有肉，出门没有车，有老朋友劝他为子孙置办一些产业，杨震不答应，对他们说：“我要让后代被称作清白官吏的子孙，用这个来馈赠给他们，不也是很优厚的吗！”

杨震任太尉，汉安帝的舅父、大鸿胪耿宝向杨震推荐中常侍李闰的哥哥，杨震坚决予以拒绝。耿宝不死心，亲自到杨震住处拜访，并威胁说：“李常侍是皇上所重用的人，想让你征召他哥哥入朝做官，我耿宝只是给你传达一下皇上的意思而已。”杨震义正词严地说：“如果朝廷想让三公之府征召谁，就应该由尚书那里把皇帝的敕书送来，怎么能让你来传达皇上的意思呢？”耿宝无言以对，愤恨而去。

延光三年(124)春天，安帝巡游泰山，中常侍樊丰等人乘机修建宅第。杨震属下掾吏高舒召来大匠官署的令史查问，得到樊丰等人伪造诏书等罪行证据，于是杨震便准备好奏章，等安帝巡游回京后上奏此事。樊丰等人获悉这个消息后非常害怕，当时恰好发生太白犯昴的自然星象变化，太史官奏说此星变逆行，昭示人臣有悖逆犯上行为。樊丰等人乘机将此星象变化归罪到杨震身上，并在安帝面前造谣诬陷杨震，安帝于是下诏遣送杨震回归故里。

杨震接诏后，立即动身返乡，在途经洛阳城西几阳亭时，慷慨悲愤地对儿子和门人说："死，本是士大夫的寻常本分之事，我蒙圣上之恩官居上司，痛恨奸臣狡猾而不能诛杀，厌恶奸邪小人倾乱朝廷而不能禁止，我还有什么面目活于人世。我死之后，以杂木做棺板，以粗布做寿衣，既不要送我回归祖茔，也不要设祠祭祀。"说完饮毒酒而死，享年 66 岁。

弘农太守移良，秉承樊丰等人意旨，派人在陕县截住杨震灵车，不准运回本籍，并将灵柩露停道旁，一任日晒雨淋。杨震的几个儿子则被罚做苦役，代替邮差往来送信，百姓闻之无不为之垂泪。

一年以后，汉顺帝即位，樊丰、周广等人都被处死，杨震的门生虞放、陈翼等人上书顺帝，要求重新调查处理杨震冤案。当时朝廷上下交口称赞杨震的正直忠烈，于是顺帝下诏给杨震平反，改葬杨震于华阴潼亭。改葬这天，远近百姓络绎不绝参加葬礼，以纪念这位清正廉洁、正直无私、疾恶如仇、敢于直谏的好太尉。

羊续悬鱼拒贿

羊续(约 141～189)，字兴祖，东汉太(泰)山阳平(今山东莘县)人。祖父羊侵，汉安帝时任司隶校尉。父亲羊儒，汉桓帝时任太常。

羊续因父荫初拜郎中，后被征辟至大将军窦武幕府做事。窦武因事被治罪，羊续被禁锢不许为官，在家中闭门不出，静居自守。党禁解除后，再被征辟至太尉府任官，经四迁升为庐江太守。以后扬州黄巾军攻打舒城，放火焚烧城郭，羊续调发县里 20 岁以上的男子，发给兵器上阵，年幼体弱者，让他们担水灭火。共调数万人，大败敌兵，庐江郡界内得以平定。

汉灵帝中平三年(186)，江夏兵卒赵慈起事，杀宛南阳太守秦颉，攻陷六个县。朝廷拜羊续为南阳太守。他进入南阳郡界内，化装成平民间道而行，仅带一名随侍，了解各县情况，然后才去上任。各县令长贪猾还是廉洁，官民善良还是奸邪，他都有了较清楚的认识，郡中人惊奇震恐，都被他慑服。于是调兵与荆州刺史王敏一同进攻赵慈，将其斩首，俘获 5000 余人。

羊续在郡中颁布政令，为百姓兴利除害。当时有权势者及富豪人家都崇尚奢侈华丽，羊续对此深为憎恶，自己常穿破旧衣服，乘用车马也很简陋。府丞焦俭曾送他一条活鱼，羊续收下后悬挂在庭院之中，府丞后来又向他献鱼，羊续便把先前悬挂的那条鱼拿给他看，以告诫他以后不要再献。

羊续的妻子和儿子羊秘到南阳找他，羊续向儿子展示自己的所有家当，然后对羊秘说："我自己用的东西只有这些，用什么来养活你的母亲呢?"于是把他们送走了。

中平六年(189)，汉灵帝准备任命羊续为太尉。当时拜任三公的人，都要向东园交纳礼钱上千万，灵帝命令宦官监督此事，名之为"左驺"。监督此事的宦官所到之处，都要以上等礼节相迎，并给予贿赂。而羊续却让他坐在单席上，举起旧棉絮做的袍子给他看说："臣下的家产，仅有这件袍子而已。"这个宦官报告了灵帝，灵帝很不高兴，羊续因此而没有登上三公之位。又征召他任太常，还未成行就病故了，当时年仅48岁。

羊续悬鱼成为拒贿佳话。明朝于谦赋诗曰："喜剩门前无贺客，绝胜厨传有悬鱼。清风一枕南窗外，闲阅床头几卷书。"

时苗寿春留犊

时苗(约171～245)，字德胄，东汉、三国钜鹿郡平乡县(今河北平乡)人。

时苗少时家贫而不坠青云之志，品行端正，为人疾恶如仇。汉献帝建安年间进丞相府为曹操做事。建安十八年(213)，被任命为寿春县(今安徽寿春)县令。

时苗在寿春治理有方，"令行风靡"。为官年余，被调任太官令。在寿春这一年多时间，恰巧其上任时所乘牛车母牛生犊，时苗辞任时要把牛犊留下，对主簿说："我来此做县令时本来没有这个牛犊，牛犊是淮南生淮南长，应该留在寿春。"送行官吏劝说道："畜生没有父亲，当然应随其母。"时苗坚持把牛犊留下，当地人非常感动。今寿春仍有留犊池、留犊祠(时公祠)、留犊祠巷等遗迹。

"时苗留犊，羊续悬鱼"，是唐人李翰《蒙求》中的一句话，蒙学类读物《龙文鞭影》《幼学琼林》，也都载有"时苗留犊"的掌故。时苗作为古代清官的典范，自汉代以来一直为人们所推崇。世人常以"留犊"喻官吏清廉，以教后人。

时苗留犊，千古佳话。明张轨《留犊池诗》云："来一牛来去一牛，清风高节至今留。岘山堕泪碑犹在，南国甘棠诗尚讴。雨后池清新旧藻，祠前月白古今秋。惭无健笔追公德，独把椒浆奠一瓯。"明成化进士寿州人汤鼐有《留犊池》诗："漫说池湮不记年，开池今见郡侯贤。爱民政向当时著，留犊名从去后传。未许品题齐让水，也应声价胜贪泉。千年清节今仍在，秀发池中几瑞莲。"

诸葛亮自报财产

诸葛亮(181～234),字孔明,三国琅琊阳都(今山东沂南)人。青年时耕读于南阳,有“卧龙”之名。

刘备闻名拜访,三顾茅庐,诸葛亮作隆中对,奠定联吴拒魏之策。诸葛亮随刘备转战四方,出谋划策,屡建奇功。

223年刘备死后,刘禅继位为蜀汉皇帝,诸葛亮受封武乡侯,诸葛亮“受任于败军之际,奉命于危难之间”,蜀国国事,事无巨细,每必亲躬。“抚百姓,示官职,从权制,开诚心,布公道”,蜀国境内“刑法虽峻而无怨者”。长期操劳使他心力交瘁,积劳成疾,英年早逝。诸葛亮以实际行动验证了自己“鞠躬尽瘁,死而后已”的诺言。

诸葛亮严于律己,一身廉洁,他在给后主刘禅的一份奏章中自报财产;“成都有桑800株,薄田15顷,子弟衣食,自有余饶。至于臣在外任,无别调度,随身衣食,悉仰于官,不别治生,以长尺寸。若死之日,不使内有余锦,外有赢财,以负陛下。”

诸葛亮临终前曾给8岁儿子诸葛瞻一封家书:“夫君子之行,静以修身,俭以养德。非淡泊无以明志,非宁静无以致远。夫学须静也,才须学也,非学无以广才,非志无以成学。淫慢则不能砺精,险躁则不能冶性。年与时驰,意与日去,遂成枯落,多不接世,悲守穷庐,将复何及!”这篇《诫子书》言简意赅,成为后世学子修身立志的名篇。

诸葛亮病危时,留下遗嘱,要求把遗体安葬在汉中定军山,丧葬力求节俭简朴。依山造坟,墓穴切不可求大,只要能容纳下一口棺木即可。入殓时,只着平时便服,不放任何陪葬品。

诸葛亮一生为官廉洁,不仅为当时蜀国的大小官员作出了表率和榜样,而且垂范千秋。

田豫俭素清贫

田豫(171～252),字国让,渔阳雍奴(今河北安次)人。

黄巾军起义时,刘备投奔公孙瓒,田豫小小年纪,把自己托付给刘备,刘备非常看重他。刘备任豫州刺史,田豫以母亲年老为由请求回乡,刘备执手流泪,说:“只恨不能与君一起建立大业。”

公孙瓒命田豫为东州县令,公孙瓒的部将王门背叛公孙瓒,率领1万余人前来进攻东州。众人恐惧,准备投降。田豫登上城墙对王门说:“你受到公孙将军厚待,却离开他,想必有不得已的原因;如今却回来与将军为敌,这才知道你是个犯上作乱的人。一个人虽然只有提瓶打水的才智,但也知道守护自己的瓶子。我已接受了公孙将军的委任,你为什么不赶紧来进攻?”王门惭愧地退走了。

公孙瓒失败后,鲜于辅为官民所推重,代行太守之事,他与田豫素来关系很好,任命田豫为太守府长史。当时群雄并起,鲜于辅不知依从谁好。田豫对鲜于辅说:“最终能够安定天下的,一定是曹操。应该赶紧投奔他,不要等着以后遭祸。”鲜于辅听从了他的建议,因而受到曹操的重用。曹操召田豫为丞相府军谋掾,任命为颍阴、郎陵令,迁升为弋阳太守。

鄢陵侯曹彰征讨代郡,以田豫为相。军队进抵易水北岸,敌人骑兵偷袭。田豫根据地形,用战车围绕成圆形战阵,弓弩手拉满弓守在里面。胡人攻不进来,便溃散了。大军乘势追击,大破敌兵。田豫于是挥兵前进,平定了代郡。

田豫为南阳太守。先前,郡里人侯音反叛,率众数千人在山中做盗匪。前任太守收捕了侯音的党羽500余人,上表奏请全部处死。田豫召见全体在押囚犯,为他们指明悔过自新之路,打开刑具,一次全部释放。囚犯都叩头感恩,当即互相转告,各部盗贼一天之内便都解散了,郡中得以安定。田豫如实向上汇报,曹操予以表扬。

太和末年,公孙渊在辽东反叛,中领军杨暨向魏明帝推举田豫为将,假予符节,统帅青州的各路军队前往讨伐。正值吴国派使臣与公孙渊相勾结,魏明帝因为敌人众多,又要渡海,诏令田豫停止出兵。田豫估计敌人船只将要返回,正是年底风急的季节,一定惧怕风高浪大,东面又无岸可依,肯定要到成山。他亲自到成山,观察好地形,在险要之处布置军队防守。敌人返回时,果然遇到大风,船只触礁沉没,飘荡到岸边,无处逃窜,全为田豫布置的将士俘虏。起初,各位将领都笑他在空地等待敌人,及至敌人惨败,无不佩服田豫的谋略。

田豫生活俭朴,朝廷给他的赏赐都分发给部下将士。每次胡人给他个人送来礼品,都登记好收入官府,从不拿到家里。他虽然性情孤傲,与他人很少来往,但人们都很看重他的节操。正始初年,迁为使持节护匈奴中郎将,加官振威将军,领并州刺史。

嘉平元年(249),朝廷发布诏令褒扬田豫,下令赐给他的家属钱谷。

曹魏嘉平四年(252),田豫81岁时去世。

胡威问绢出处

胡威(? ~280),一名貔,字伯武,魏晋淮南寿春(今安徽寿春)人。

胡威的父亲胡质,以忠清著称,少与乡人蒋济、朱绩俱知名于江淮间,仕魏至征东将军、荆州刺史。胡质廉洁奉公,死后家无余财,只有朝廷赏赐的衣服和数箱书籍而已。陈寿在《三国志》中评价胡质“素业贞粹,掌统方任,垂称著绩。

可谓国之良臣、时之彦士矣”。

胡威少有志向，厉操清白，不让其父。早年，胡质为荆州刺史，胡威从京城洛阳去荆州看望父亲。因家中生活窘迫，胡威没有车马，也没有仆人随从，只有他独自一人骑着毛驴上路。途中投宿客栈时，胡威自己劈柴、做饭、放驴。同住客栈的得知他是荆州刺史胡质之子后，无不惊讶而钦佩。

在荆州停留了十余天，胡威准备回去。父亲给他一匹绢，说："儿啊，这匹绢你拿着，就算父亲给你的盘缠吧。"可没想到胡威不但不领情，反而跪下责问父亲："人们都说您清正廉洁，为官不贪不占，那不知此绢从何而来？"胡质先是一愣，然后解释道："这是我节余下来的。"胡威这才放下心来。

当时胡质部下有一位官员，事先知道胡威要回家，便请假回家，暗中准备了盘缠，在百余里外的路上等候胡威。一路上与胡威为旅伴，遇到什么事都帮助胡威做，这样走了几天，胡威产生了疑问，私下问他，才知道这位旅伴是父亲的都督。于是拿父亲给他的绢来答谢，打发他回去了。后来胡威将此事告诉了父亲。胡质打了这位都督 100 杖，并罢免了他的官职。"其父子清慎如此，于是名誉著闻。拜侍御史，历南乡侯、安丰太守，迁徐州刺史。勤于政术，风化大行。"

晋朝时胡威为官，武帝召见时，感叹他父亲的清廉，并问胡威，你与你父亲哪个更清廉？胡威回答说，我比不上我父亲。武帝问，怎么知道自己不如呢？胡威回答说："我的父亲清廉不愿意让别人知道，我清廉惟恐别人不知道，这点我远远赶不上父亲。"

武帝以胡威"言直而婉，谦而顺"，累迁监豫州诸军事、右将军、豫州刺史，入为尚书，加奉车都尉。太康元年(280)去世，被追授为镇东将军。

山涛梁上悬丝

山涛(205～283)，字巨源，河内怀县(今河南武陟西)人，西晋大臣。好老庄之学，与嵇康、阮籍等结交，为"竹林七贤"之一。

山涛少孤，家贫，40 岁始出仕，始为郡主簿，累官至吏部尚书、尚书右仆射，领吏部 10 余年。每逢官位有缺，山涛总是预选几个备用的人，看到诏旨倾向于某一人，然后明言上奏，先将皇帝所想用的人提出。众人不了解详情，认为是山涛凭自己的意愿用人。有人在武帝面前说山涛的不是，故武帝亲手写诏告诫山涛说："用人的标准是有才，不遗漏疏远孤贱而有才的人，教化才能行于天下。"而山涛还是照样行事。一年以后，众人的意见渐次平息。山涛将所荐拔上奏的人物，列名成册，选用官吏，皆亲作评论，以供皇帝选择，时称《山公启事》。

山涛曾推荐好友嵇康到洛阳做官，不料嵇康不但不领情，还写了一篇《与山巨源绝交书》的奇文，称"志气所托，不可夺也"，"又每非汤武而薄周孔，在人间不止此事，会显世教所不容”，“不可己嗜臭腐，养鸳雏以死鼠也”。然而，嵇康在临刑前将自己的儿女托付给了山涛，留言道“巨源在，汝不孤矣”。在嵇康被杀后多年，山涛荐举嵇康的儿子嵇绍为秘书丞。人们因此称赞山涛洪量，有“山涛识量”成语传世。七贤之一的王戎善识人，他曾称山涛为“璞玉浑金，人莫知其器”，即夸山涛像璞玉浑金，气量深不可测。

山涛为官 30 余年，宠辱不惊，始终以清廉简约安身立命，从不收受他人礼物。他担任吏部尚书时，前来请托送礼的人络绎不绝，但无一不被他当面拒绝，灰溜溜地离去。县令袁毅心生一计，趁山涛不在，偷偷地给山涛家送去百余斤真丝。山涛回家得知后，无可奈何，只得命令家人将这些真丝悬挂于梁上而不用。后来，袁毅劣迹败露，朝廷得知他曾送真丝给山涛，派人到山涛府上查询，只见那百斤真丝仍悬挂在梁上，虽已为虫蛀食，但尘埃封印如故，众人不禁钦佩山涛为官清廉，因而送了他一个雅号——“悬丝尚书”。

江秉之不置私产

江秉之(381～440)，字玄叔，济阳考城(今河南兰考)人

江秉之少年时父亲病故，给他留下 7 个弟弟妹妹。江秉之省吃俭用，尽心竭力把他们抚养长大，不仅个个知书达理，而且都成了家，因而受到邻里交口称赞。

南朝刘宋初年，江秉之任尚书省都官郎。曾为乌程县令，以勤政爱民著名，很快升任建康令。

建康是刘宋王朝都城，达官贵人云集，不少王公子弟骄横不法，对此历任建康令都很头疼。江秉之上任后，铁面无私，不畏权势，不惧强暴，严厉打击不法之徒，使京城的社会风气焕然一新，社会治安大为改善，平民百姓安居乐业。

后来江秉之出任山阴县令。山阴人口众多，有居民 3 万多户，是全国著名的大县，因此公务繁忙，刑事案件堆积如山，官府大院内每天告状者几百人。江秉之到任后，对部属一方面推心置腹，一方面严格约束，要求他们恪尽职守。他体恤民情，合理化解各种矛盾，教导人民互相礼让，各种社会问题与矛盾逐渐消失，原来官府人员忙得焦头烂额，江秉之上任不久就门庭清静。

江秉之被升迁为新安太守、临海太守，在两地同样以简约著称。他所得俸禄，几乎全部分给家庭贫困的亲友，而他的妻子与孩子则享用甚少。有人劝他买田置地，江秉之严肃地说，我们靠国家俸禄生活，怎么能与农民争利呢?

任临海太守时，江秉之曾自己制作一张办公桌，离任时把它交到官府仓库。可见他是如何节俭廉洁。

周镇漏船还都

周镇，生卒年及籍贯均不可考，正史也无记载，南朝宋刘义庆《世说新语》记载了一段他清廉为官的故事：

周镇从临川郡解任，坐船回到京都建康，还来不及上岸，船停在青溪渚。丞相王导听说周镇回来，亲自到河边去看望他。

当时正是夏天，突然下起暴雨来，船很狭窄，而且雨漏得厉害，几乎没有可坐的地方。王导见状感叹说："人们都说胡威父子清廉，可是胡威的清廉，哪里会超过这种情况呢？"

王导于是立刻决定任命周镇做吴兴郡太守。周镇漏船，成为清廉为政的典故。

范柏年廉泉让水

范柏年（？～479），祖籍梓潼（今四川梓潼），后来移居梁州华阳县（今陕西勉县）。

范柏年最初在梁州做州将，州刺史派他到京师建康见宋明帝并请示机宜。宋明帝与他谈话，说到广州附近的贪泉时问："你们梁州有没有像贪泉这样，朝廷命官一旦饮用就变得贪婪的泉水？"范柏年沉吟片刻回答说："梁州可没有这样的泉水，只有文川、武乡，廉泉、让水。"宋明帝又问："那你住在什么地方呢？"范柏年回答说："臣自然是居住在廉泉、让水之间了。"宋明帝非常欣赏范柏年的巧言善对，范柏年也因此开始被朝廷提拔重用。"廉泉让水"这个成语典故，被后世用来比喻廉洁和礼让的人。

范柏年不但自己为官廉洁，而且对那些依仗权势贪占公物的人，也深表厌恶。南齐武帝萧赜永明年间，曾先后担任过左卫将军、太子中庶子等要职的南昌人胡谐之，深受皇帝宠信，他以为自己身居权要，就肆无忌惮地到处伸手，要财要物。有一次，他派专使到梁州，向已任该州刺史的范柏年索要骏马，范柏年很为恼火，对使者说："马又不是小狗，怎么能说要就要呢？我不能答应这种贪得无厌的无理要求。"专使回到京都，便向胡谐之添油加醋地说："范柏年不仅不答应给骏马，而且还骂您是何方狗子，如此贪婪之极！"胡谐之嫉恨在心，准备伺机报复。

后来，朝廷让范柏年调京听用，范柏年因病向朝廷请假说自己不能按时赴京。胡谐之见有机可乘，即向武帝诬告说："范柏年哪里有什么病啊！他是依恃梁州山川险固，聚集一批乌合之众，想与您分庭抗礼呢！"武帝虽然对胡谐之的话半信半疑，但是将范柏年免职罢官了。胡谐之见宋武帝对范柏年只免官不加罪，又向宋武帝说："您如此对待范柏年这样一个心怀异志的逆臣，不是放虎归山吗？"昏庸的宋武帝竟然依顺胡谐之，下旨将范柏年赐死。范柏年这个清直之臣，就这样死在了胡谐之这个贪鄙而又恶毒的小人之手。范柏年虽然因为为官清直丢掉了性命，可他廉洁正直的品德及事迹却永载史册。

刘怀慰以饭辞礼

刘怀慰(447～491)，本名刘闻慰，南朝平原(今山东平原)人。

刘怀慰父亲死于战乱，他持丧不食醯酱，冬日不用絮衣。抚养弟妹，侍奉寡叔母，皆有恩义。在宋元嘉年间曾做过冠军长史，南齐时任辅国将军、齐郡太守。齐郡为南齐新设，属南齐京都建康所辖，治所在瓜步，地理位置极为重要，又是田地肥美、人口聚居之地。刘怀慰上任后，修整场廓，抚慰居民，并发动百姓开垦出200亩良田，还引出邻近湖里的水灌溉土地，政绩非常显著，百姓也很拥戴他。

一天，刘怀慰正在家里歇息，有人给他送来一袋新收的大米。刘怀慰端出自己家里食用的米饭，对来人说："您的心意我接受了，但我的粮食还吃不完呢，怎么能劳烦您来送米呢？"

此后，刘怀慰为了表明自己不受馈赠的心迹，专门撰写了一篇《廉吏论》。齐高帝看后，曾亲手书写敕令给予奖励，任命刘怀慰为秦、沛二郡都督，还赐给他留在京都的妻子儿女300石米。

刘怀慰清廉的情操受到了有识之士的称道。他获齐高帝奖励后，兖州刺史柳世隆曾写信对他的廉行大加赞美；齐明帝登基后，曾对仆射徐孝嗣说："倘若刘怀慰还健在，我朝决不会担心没有廉吏清官了。"

于谦两袖清风

于谦(1398年～1457)，字廷益，号节庵，明浙江钱塘(今浙江杭州)人。

于谦永乐十九年(1421)考中进士；宣德元年(1426)为山西道监察御史，曾随宣宗镇压汉王朱高煦之叛。宣德五年(1430)升兵部右侍郎，巡抚山西、河南，整顿军备。

明英宗正统年间，宦官王振专权，百官争相献金求媚。而于谦每次进京奏事，从不带任何礼品。有人劝他说："您不肯送金银财宝，难道不能带点土产去？"于谦甩了甩两只袖子，说："唯有两袖清风而已。"并特意写《入京》诗以明志：

手帕蘑菇与线香，本资民用反为殃。
清风两袖朝天去，免得闾阎话短长！

王振因此对于谦怀恨在心，第二年找个借口把于谦打入牢房，三个月后因山西、河南官民联名上书保释出狱，降职为大理寺卿。

正统十三年(1448)，北方防务吃紧，于谦被召还京师，任兵部左侍郎。次年秋，明军主力在土木堡之战中溃败，英宗被俘，蒙古瓦剌军乘胜进攻北京。在此紧急关头，于谦反对迁都，力主抗战，拥立成王朱祁钰为帝，即景泰帝。于谦升任兵部尚书，率军击败瓦剌军，取得京师保卫战的胜利。战后，他首创团营军制，加强边戍，委任名将镇守。他主张以战求和，多次击败瓦剌军的进攻，迫使其首领也先释放英宗回朝。

明景泰帝八年(1457)正月中旬，英宗借"夺门之变"重登帝位。于谦以谋逆罪被判处死刑。明宪宗时于谦沉冤昭雪，赠太傅，谥"肃愍"，又改谥"忠肃"。遗有《于忠肃集》。

于成龙天下廉吏第一

于成龙(1617～1684)，字北溟，号于山，山西永宁(今山西吕梁)人。

于成龙于明崇祯十二年(1639)参加乡试并中副榜贡生，但因为父亲年迈需要照顾而没有出去做官。清顺治十八年(1661)以明经谒选，不顾亲友劝阻，怀着"此行绝不以温饱为志，誓勿昧天理良心"的抱负，出任广西罗城县令。罗城因战乱，城内荒草遍地，仅有 6 户居民，此前两任知县一死一逃，县衙也仅 3 间破旧茅房，于成龙只得寄居于关帝庙中，随行 5 人不久或死或逃。于成龙惩治盗贼，安定秩序，恢复生产，治理 3 年，百姓安居乐业。康熙六年(1667)，两广总督金光祖举荐于成龙政绩"卓异"，升任四川合州知州。罗城百姓"遮道呼号"，"追送数十里，哭而还"。

于成龙在合州招抚百姓，奖励垦荒，两年后被调任湖广黄州府同知。当时黄州盗贼肆虐，于成龙微服私访，采取"宽严并治"和"以盗治盗"的方法，取得突出效果。湖广巡抚张朝珍举荐于成龙政绩"卓异"，擢升武昌知府，时逢"三藩之乱"，局势不稳，于成龙两次平定湖北境内"东山之乱"。

康熙十二年(1673)，于成龙升任湖广下江陆道道员，他以糠代粮，把节余口粮、薪俸救济灾民。百姓为此作歌谣："要得清廉分数足，唯学于公食糠粥。"为让富户解囊，他更以身作则，甚至把自己骑乘的骡子也"鬻之市，得十余两，施一日而尽"。康熙十七年(1678)，于成龙升福建按察使离开湖北时，依然一捆行囊，两袖清风，沿途以萝卜为干粮。

福建沿海实行"海禁"政策，当地官府以"通海"罪名屡兴大狱。于成龙审阅案卷，发现冤屈者甚多，有人劝阻他不要重审，他说："皇天在上，人命至重，吾誓不能咸阿从事！"在他力争和主持下，先后使千余名百姓免遭屠戮而获释，贫困不能归者还发给路费。

康熙十八年(1679)夏，于成龙在按察使任上第三次举“卓异”后升任省布政使。福建巡抚吴光祚还专疏向朝廷举荐，称于成龙为“闽省廉能第一”。康熙十九年春，康熙帝“特简”于成龙为畿辅直隶巡抚；翌年春，又召见于成龙于紫禁城，当面褒赞他为“今时清官第一”，并“制诗一章”，赐白银、御马以“嘉其廉能”。未逾两年，又出任为总制两江总督。身为“治官之官”，于成龙始终把整顿吏治放在工作的首位，先后颁布《兴利除弊约》《新民官自省六戒》，“官吏望风改操”。康熙帝也称其“宽严并济，人所难学”。

于成龙官阶虽越升越高，但生活却更加艰苦。为扼止奢侈腐化之风，他带头实践“为民上者，务须躬先俭朴”。在直隶“屑糠杂米为粥，与同仆共吃”；在江南“日食粗粝一盂，粥糜一匙，侑以青菜，终年不知肉味”。江南民因而亲切地称他为“于青菜”。总督衙门官吏在于成龙严格约束下，“无从得蔬茗，则日采衙后槐叶啖之，树为之秃”。

康熙二十三年(1682)，于成龙死于任上，谥“清瑞”。去世时木箱中只有一套官服，别无余物，居室中只看到“冷落菜羹……故衣破靴，外无长物”。

康熙皇帝破例亲为于成龙撰写碑文，这是对他廉洁一生的表彰。

郑板桥卧听民苦

郑板桥(1693～1765)，原名郑燮，字克柔，号理庵，又号板桥，人称“板桥先生”，江苏兴化人。

郑板桥父亲为廪生出身，郑板桥出生时家道已经中落，生活十分拮据。3岁时母亲汪夫人去世，14岁时继母郑夫人去世。祖母婢女、乳母费氏成为郑板桥生活和感情上的支柱。郑板桥晚年曾写诗追忆乳母：“平生所负恩，不独一乳母，长恨富贵迟，遂令惭恧久。黄泉路迂阔，白发人老丑，食禄千万钟，不如饼在手。”

郑板桥天资聪慧，3岁识字，八九岁时即可作文联对。20岁左右考取秀才。23岁娶妻徐夫人，26岁至真州之江村设塾教书。30岁父亲去世，生活更加困苦。此后客居扬州，以卖画为生。为“扬州八怪”之一，其诗、书、画世称“三绝”，擅画兰、竹、石、松、菊等，尤以竹为佳。在扬州期间，夫人徐氏病故。

1732年，郑板桥赴南京参加乡试，中举人。1736年，在北京参加科举考试，殿试中二甲第88名进士，为赐进士出身。特作《秋葵石笋图》并题诗曰“我亦终葵称进士，相随丹桂状元郎”，喜悦之情溢于言表。6年后被任命为范县县令。郑板桥宰范期间，重视农桑，体察民情，与民休息，百姓安居乐业。在范县第三年，续妻饶氏生一子。

1746年，郑板桥53岁，自范县调署潍县。是年山东大饥，人相食。郑板桥开仓赈灾，使万余人得以活命。

至1748年秋，潍县庄稼丰收，灾情渐趋缓解，饥民络绎返乡安居，郑板桥作《还家行》纪其事。1751年，海水溢，郑板桥亲至潍县北边禹王台勘察灾情。郑板桥理政能体恤平民和小商贩，改革弊政，采取各种措施维护他们的利益。郑板桥治潍期间，勤政廉政，案无留积，亦无冤民，深得百姓拥戴。

郑板桥居官力倡简朴，提携人才，留下了许多佳话。1750年，他重修文昌祠，倡建状元桥，作《文昌祠记》。1752年，他主持修潍县城隍庙，撰《城隍庙碑记》，力劝潍县绅民"修文洁行"，对变革民俗产生了相当大的影响。同年，他与潍县童生韩镐论文，并作行书七言联"删繁就简三秋树，领异标新二月花"。郑板桥在潍县任上著述颇多，其中题画诗"衙斋卧听萧萧竹，疑是民间疾苦声。些小吾曹州县吏，一枝一叶总关情"尤为表露为官爱民情怀。

1753年，郑板桥以为民请赈忤大吏而辞去官职。离任之时，百姓遮道挽留，家家画像以祀，并自发于潍城海岛寺为郑板桥建立生祠。郑板桥在惜别潍县绅民所画的一幅竹子上题了一首诗："乌纱掷去不为官，囊橐萧萧两袖寒。写取一枝清瘦竹，秋风江上作渔竿。"

去官以后，郑板桥卖画为生，往来于扬州、兴化之间，与同道书画往来，诗酒唱和。1766年1月22日，郑板桥卒，葬于兴化城东。

六、建功立业

大禹治水三过家门而不入

大禹，姒姓，名文命，夏后氏首领。"禹"字一说为其本名，一说为谥号，而"大"字，则是人们对大禹的尊称。

在帝尧之时，洪水滔天。尧咨询四岳群臣，任命鲧负责治理洪水。鲧采用"障"的办法，筑坝造堤，耗费九年时间，结果是坝高水高，洪水四处流溢。舜"摄行天子之政"，在巡视中发现鲧治理洪水不力，于是把他流放到羽山，不久处死。

待舜正式即天子位，洪水仍然泛滥不已。舜咨询四岳，大家推荐鲧的儿子大禹，舜于是任命大禹主持治水工程。

大禹总结父亲治水失败经验，采取疏导的办法治理洪水。他带领众人勘察高山大川，制定出划分天下为九州，开通九条河道，凿通九座大山，修建九大湖泊的宏伟规划。为实现这个规划，大禹离开新婚妻子，"劳身焦思""薄衣食""卑宫室"，13年时间，三过家门而不入，终于彻底治服了洪水。舜赐大禹黑色玉圭，"以告成功于天下，天下于是太平治"。

舜因大禹治水有功，于是决定向上天举荐大禹为自己的继承人。

舜死，大禹隐居商城，让舜的儿子商均即位。天下诸侯都朝拜大禹，于是大禹即天子位，定国号为夏后。

大禹在位后期先是向上天举荐皋陶为继承人，不料皋陶早逝；又举荐伯益，最后把帝位传给伯益。伯益在大禹三年丧礼后效仿舜、禹，把帝位让给大禹的儿子启。各国诸侯非常拥护启，由此世袭制取代禅让制，中国由此进入“天下为家”的奴隶社会。

张骞凿空西域

张骞（前195～前114），字子文，西汉成固（今陕西城固县）人。

建元二年（前139），汉武帝从匈奴俘虏口中了解到，西域有个大月氏国因不能忍受匈奴奴役，迁徙到天山北麓的伊犁河流域。后又受乌孙国的攻击，再向西南迁到妫水（今阿姆河）流域。月氏王想报杀父之仇，但苦于无人相助。武帝了解这些情况后，想联合大月氏，以“断匈奴右臂”，于是决定派使者出使大月氏，张骞以郎官身份应募。

张骞由匈奴人甘父（因归顺堂邑氏为其家奴，故又名堂邑父）做向导和翻译，率领一百多人从陇西（今甘肃临洮）出发。他们朝行暮宿，备尝艰辛，不料中途为匈奴骑兵所俘，并押送至匈奴王庭。匈奴王军臣单于得知张骞欲出使月氏后，对张骞说：“月氏在吾北，汉何以得往？使吾欲使越，汉肯听我乎？”这就是说，站在匈奴人的立场，无论如何也不容许汉使通过匈奴人地区，去出使月氏，就像汉朝不会让匈奴使者穿过汉区，到南方的越国去一样。张骞一行被扣留和软禁起来。匈奴为笼络、软化张骞，为他娶了妻子，并生了儿子。但这些并没有动摇张骞完成通西域使命的决心，带去的旌节一直留在身边。

十年之后，张骞一行在一个月黑之夜趁匈奴戒备松懈，逃离匈奴。他们取道车师国（今新疆吐鲁番盆地），进入焉耆（今新疆焉耆一带），又从焉耆溯塔里木河西行，经过龟兹（今新疆库车东）、疏勒（今新疆喀什）等地，翻越葱岭，到达大宛（今费尔干纳盆地）。在大宛向导的带领下到达康居（今巴尔喀什湖和咸海之间），最后到达大月氏。

这时大月氏的情况已发生很大变化。他们迁到妫水流域后，征服了邻国大夏（今阿富汗北部），决定在此安居乐业，不想再跟匈奴打仗。同时，月氏人还认为汉朝离自己太远，不能联合起来共击匈奴，因此张骞“断匈奴右臂”的目的没有达到。张骞在大夏等地考察了一年余，于元朔元年（前128）启程回国。归途中，张骞为避开匈奴控制地区，改从南道，他们翻过葱岭，沿昆仑山北麓而行，经莎车（今新疆莎车）、于阗（今新疆和田）、鄯善（今新疆若羌）等地，进入羌人居住地区。但在途中又为匈奴骑兵所获，扣押一年多。元朔三年(前 126)，匈奴内乱，张骞带着妻子和助手甘父等 3 人，乘机逃回汉朝。

汉武帝详细听取了张骞对西域的情况汇报，十分高兴，任命他为太中大夫，赐甘父为奉使君。张骞自请出使西域，历经艰险，前后 13 年，足迹遍及天山南北和中亚、西亚各地，是中原去西域诸国的第一人。

张骞在大夏时，看到汉朝邛山的竹杖和蜀地的细布在市场上出售，很觉奇怪。一问商人，得知是从身毒买来的。身毒在大夏东南数千里，那里的百姓骑象打仗，临近大海。大夏国远离汉朝 1 万余里，位于汉的西南方，而身毒国又位于大夏国东南几千里，竟有蜀地产物，可见离蜀地不远。他估计从蜀走身毒到大夏，不仅路途近便，而且还可免于匈奴阻击，于是建议武帝打通西南夷道。武帝采纳了他的建议，命蜀郡、犍为郡派使者分别从駹、莋和邛、僰等四路并出，打开西南通道，为经略西南夷奠定了基础。元朔六年(前 123)，张骞以校尉随大将军卫青出征匈奴，有功封博望侯。元狩二年(前 121)为卫尉，与李广出右北平(今河北东北部)击匈奴，张骞因延误军期，当斩，后用侯爵赎罪，免为庶人。

两年后，张骞复劝武帝联合乌孙(今伊犁河流域)，武帝命张骞为中郎将，率 300 人，马 600 匹，牛羊金帛万数，浩浩荡荡第二次出使西域。此时匈奴势力已被逐出河西走廊，道路畅通。他到达乌孙后，请乌孙东返故地。乌孙王年老，不能作主，大臣都惧怕匈奴，又认为汉朝太远，不想移徙。张骞派遣副使分别赴大宛、康居、大月氏、安息、身毒、于阗、扜弥(今新疆于田克里雅河东)等国展开外交活动，足迹遍及中亚、西南亚各地，最远的使者到达地中海沿岸的罗马帝国和北非。

元鼎二年(前 115)，乌孙王配备了翻译和向导，护送张骞回国，同行的还有数十名乌孙使者，这是西域人第一次到中原。乌孙王送给汉武帝数十匹好马，深得武帝欢心。武帝任命张骞为大行，负责接待各国使者和宾客。第二年，张骞去世。他所派遣的副使以后也陆续带了各国使者来到长安，汉和西域诸国建立了友好关系。而汉朝的使者不断往来于西域诸国，一年多则十几次，少则五六次，都用“博望侯”的名义，以取信于各国。乌孙国见汉朝军威远播，财力雄厚，遂重视与汉朝的关系，要求和亲。武帝以江都王刘建之女细君公主远嫁乌孙王昆莫；细君死后，武帝又把解忧公主嫁给乌孙王岑陬，两国长期通婚友好。相传葡萄、苜蓿、石榴、胡桃、胡麻等物皆为张骞从西域传入中原。

司马迁《史记》把张骞出使西域誉称为“凿空”，“空”即“孔”，意思就是开辟孔道。张骞对开辟丝绸之路卓有贡献，至今仍为人称道。

李广身正令行

李广(？～前119),西汉名将,陇西成纪人。其先祖李信为秦国名将,曾率秦军追逐燕太子丹直到辽东。

汉文帝十四年(前166),匈奴大举入侵边关,李广少年以良家子从军,抗击匈奴。他作战英勇,杀敌颇众。汉文帝曾慨叹:"惜乎,子不遇时!如令子当高帝(刘邦)时,万户侯岂足道哉!"

汉景帝即位,李广升为骑郎将,参与平定七国之乱。诸王叛乱平定后,李广任上谷太守,典属国公孙昆邪上书:"李广才气,天下无双,自负其能,数与虏敌战,恐亡之。"于是被任为上郡太守。后李广又在北地、雁门、代郡、云中等地做太守,以打硬仗而闻名。

汉武帝时,召李广为未央宫卫尉。元光六年(前129),任骁骑将军,领万余骑出雁门(今山西右玉南)击匈奴,因众寡悬殊负伤被俘。匈奴兵将其置卧于两马间,李广佯死,于途中趁隙跃起,奔马返回。后任右北平郡(今内蒙古宁城西南)太守。匈奴畏服,称之为"飞将军",数年不敢来犯。

元狩四年(前119),漠北之战中,李广自请任前将军,从大将军卫青出塞,受命迂回匈奴单于侧翼,因迷失道路,未能参战。卫青派长史急责李广到幕府对簿,李广对部下说:"广结发与匈奴大小七十余战,今幸从大将军出接单于兵,而大将军又徙广部行回远,而又迷失道,岂非天哉!且广年六十余矣,终不能复对刀笔之吏(主办文案的官吏)。"言毕拔刀自刎。李广部下一军皆哭。百姓闻之,无论老幼,皆为之流泪。

司马迁在为李广立传后评价说:《传》曰"其身正,不令而行;其身不正,虽令不从",其李将军之谓也?余睹李将军悛悛如鄙人,口不能道辞。及死之日,天下知与不知,皆为尽哀。彼其忠实心诚信于士大夫也?谚曰"桃李不言,下自成蹊"。此言虽小,可以谕大也。

霍去病无以家为

霍去病(前140～前117),西汉河东郡平阳县(今山西临汾)人。

霍去病出生卑微,母亲是平阳公主府中女奴卫少儿,父亲为平阳县小吏霍仲儒,两人私通生子,霍仲儒却不敢承认,霍去病只能跟母亲生活。

霍去病出生不久,姨母卫子夫入宫受封夫人,舅舅卫青因此被加官侍中。汉武帝元光五年(前130),卫青拜车骑将军,和李广等三位将军各领1万人出塞。结果四路大军一路无功,两路折损,只有卫青出上谷直捣匈奴祭天圣地龙城,斩敌700。卫青的军事天才使汉武帝对他刮目相看,也从此开启了汉对匈奴反败为胜的新篇章。

元朔六年(前 123),卫青领军出征,年仅 17 岁的霍去病随军出征,带 800 骑兵奔驰数百里奇袭匈奴,杀敌 2000 余人,俘其国相等。霍去病首战告捷,被汉武帝封为“冠军侯”。

元狩二年(前 121),汉武帝任命霍去病为骠骑将军,让他统率 1 万骑兵从陇西出发,出击河西走廊的匈奴。汉军向匈奴发起了猛烈的进攻,所到之处势不可当,仅用 6 天的时间就击溃了匈奴的 5 个部落。回师以后,汉武帝封二千户食邑给霍去病以作嘉奖。

这年夏天,霍去病又率军在祁连山一带与匈奴军相遇,激战几天,大败匈奴而归。经过霍去病的两次攻击之后,匈奴遭受重大损失,被迫退到焉支山北,汉王朝收复了河西平原。匈奴人作歌曰:“亡我祁连山,使我六畜不蕃息;失我燕支山,使我妇女无颜色。”

元狩四年(前 119),霍去病又与大将军卫青分别统帅 5 万骑兵出征匈奴。此役霍去病率部奔袭 2000 多里,以 1.5 万人的损失,歼敌 7 万多人,俘虏匈奴王爷 3 人,将军、相国、都尉等 83 人。在今蒙古肯特山一带,霍去病暂作停顿,率大军进行了祭天地的典礼。封狼居胥之后,霍去病继续率军深入追击匈奴,一直打到翰海(今俄罗斯贝加尔湖),方才收兵。

经此一役,“匈奴远遁,漠南无王庭”。霍去病和他的“封狼居胥”,从此成为中国历代兵家人生的最高追求。

因霍去病抗击匈奴功劳显著,汉武帝曾经为他在长安建造一座华丽的府第,让他自己去看满不满意。他回答说:“匈奴未灭,何以家为!”意思就是说:匈奴尚未消灭,要家有什么用。所以他毫不犹豫地谢绝了。

可惜,霍去病英年早逝,只活了 24 岁(23 周岁),就病死于军旅之中。汉武帝对霍去病的死非常悲伤。他调来铁甲军,列成阵沿长安一直排到茂陵东的霍去病墓。他还下令将霍去病坟墓修成祁连山的形状,彰显他力克匈奴的奇功。

苏武持节牧羊

苏武(? ～前 60),字子卿,西汉杜陵县(今陕西西安东南)人。

苏武弟兄三人,因父荫都做了皇帝的侍从。当时朝廷与匈奴有战有和,关系很不稳定。汉武帝天汉元年(前 100),匈奴新单于即位,向汉朝示好,自称“汉皇帝是我的长辈”,送还先前被扣押的汉朝使节路充国等人。汉武帝很高兴,派遣苏武为使节,持旄节护送扣留在汉朝的匈奴使者回国。

苏武同副使中郎将张胜以及使臣属官常惠等 100 多人,带丰厚礼物献于且鞮单于。不想单于却以为汉朝软弱,态度非常傲慢。这时原来投降匈奴的卫律手下虞常和副使张胜联系,密谋杀死卫律。不想事机泄漏,张胜这才把事情告诉苏武。苏武不想以使节身份在匈庭受辱，欲拔剑自刎，被手下拦住。

单于派卫律召苏武，苏武在卫律面前拔剑自刺，卫律急忙请医生救护，半日才复苏。单于派人杀死虞常，张胜投降，苏武坚贞不屈，被幽禁于地窖中，不给饮食。其时天降大雪，苏武吞雪和旃毛，数日不死。匈奴上下惊异为神，于是把苏武流放北海，让他放牧公羊，声称如果公羊能够生下小羊，就可释放苏武回去。

苏武刚到北海，没有粮食，只能掘取野鼠所储藏的野生果实来吃。他拄着汉廷的符节牧羊，以致系在节上的牦牛尾毛全部脱尽。在北海期间，苏武曾受到单于的弟弟于靬王的照顾，但好景不长，于靬王病逝，苏武又陷于穷困。

单于曾派投降匈奴的李陵到北海劝降。李陵对苏武说："你哥哥苏嘉因大不敬罪用剑自杀；你弟弟孺卿因不能完成皇帝的使命服毒自杀；你母亲也已去世葬在阳陵；听说你夫人也已经改嫁。人生如朝露，你何必苦着自己呢？皇帝年纪已老，朝令夕改，在朝大臣人人自危，你打算为谁守节呢？"苏武回答说："苏武受朝廷厚恩，常愿肝脑涂地。能够报效国家，即使受斧钺汤镬极刑，也心甘情愿。"李陵劝说几天没有结果，叹息说："嗟乎，先生真是义士啊！我和卫律真是罪恶滔天！"李陵不好意思亲自送礼物给苏武，让他的妻子送给苏武几十头牛羊。

汉武帝死，苏武因李陵得知消息，面向南面痛哭，悼念几个月之久。

汉昭帝登位后与匈奴达成和议，寻求苏武等人，匈奴谎说苏武已死。后来汉使者又到匈奴交涉，匈奴单于被迫放回苏武。此时距出使时已经19年。苏武召集部下，除去投降和死亡的，跟随苏武回去的只有9人。

汉昭帝始元六年（前81）春，胡须皆白的苏武持节回到长安，被任命为典属国。第二年因儿子苏元参与谋反，苏武被免去官职。

几年后昭帝去世，苏武因拥立宣帝有功，赐封关内侯，食邑300户，复任右曹典属国。

汉宣帝神爵二年（前60），苏武病逝，年已80余岁。

马援马革裹尸

马援（前14～49），字文渊，扶风茂陵（今陕西兴平东北）人。马援的祖先是战国时赵国名将赵奢。赵奢因战功被赵惠文王赐号为"马服君"，自此，赵奢的后人便以马为姓。

马援"少有大志，诸兄奇之"。12岁父母双亡，马援随长兄马况生活。长成后欲到边郡从事田牧。马况鼓励他说："汝大才，当晚成。良工不示人以朴，且从所好。"适值长兄病故，马援守丧期满，辗转陇汉间，常对宾客说："丈夫为志，穷当益坚,老当益壮。""凡殖货财产,贵其能施赈也,否则守钱虏耳。"王莽末年,马援曾为新城大尹(汉中太守)。后避难于凉州,受隗嚣器重,任绥德将军,参与决策定计。

刘秀称帝,建立东汉,马援归附,献策平定陇西。建武十一年(35),马援为陇西太守。任职六年,"郡人服之"。入朝为虎贲中郎将,马援一再建议重铸五铢钱,光武帝采纳,"天下赖其便"。他"尤善述前世行事",听者"属耳忘倦"。又善兵策,常谋划,为光武帝所用。

建武十七年(41),交趾太守苏定依法处决诗索。诗索之妻征侧及妹征贰起兵反抗,攻占郡城。九真、日南、合浦"蛮夷"起而响应,攻掠岭外 60 余城,征侧自立为王。光武帝拜马援为伏波将军,以扶乐侯刘隆为副将,督楼船将军段志等征讨二征。大军行至合浦,段志病故,诏马援统带段志所部。马援缘海而进,随山开道千余里。建武十八年(43)春,大军大破二征,斩首数千级,降者万余人。马援追二征至于禁溪。次年正月,斩杀征侧、征贰,传首洛阳。马援受封为新息侯,食邑 3000 户。

马援还朝后因思匈奴、乌桓扰乱北边,上书请战,说:"男儿要当死于边野,以马革裹尸还葬耳!"友人孟冀称许其为"烈士"之志。

建武二十三年,武陵五溪发生叛乱,朝廷两次征剿不利,马援请战,光武帝担心他年事已高,不许。马援说:"臣尚能被甲上马。"光武帝令他试骑。马援"据鞍顾眄,以示可用"。光武帝笑称"矍铄哉是翁也"! 遂令马援带兵出战。马援当夜即与送者诀别,对友人杜愔说:我已年老,"常恐不得死国事。今获所愿,甘心瞑目"。孰料不幸言中,马援即在此次征战中病死。

马援戎马一生,为国尽忠,殒命疆场,实现了马革裹尸、不死床箦的志愿。

毛泽东当年离开家乡,在给父亲的书信中曾引用过"马革裹尸"的典故,留下"青山处处埋忠骨,何必马革裹尸还"的豪迈词句。

王安石志在稷契

王安石(1021～1086),字介甫,号半山,北宋抚州临川(今江西临川)人。

王安石自幼随身为地方官的父亲四处为家,眼界为之开阔。17 岁即立志像古代贤人契和后稷一样,做出惊天动地的伟业而辉映史册。

1042 年,年仅 21 岁的王安石科举获得第一名,宋仁宗复审考卷,见王安石文中有"孺子其朋"四字,认为"此语犯忌,不可以魁天下",降为第四名。

初入仕途,王安石为刺史韩琦幕僚,任扬州签判。五年后任鄞县(今浙江宁波)知县。王安石上任后近 13 天时间,就走遍全县 14 个乡,考察生产和水利情况。当年冬天,动员百姓疏浚河渠,兴筑堤坝陂堰,修整完善了水利设施。考虑到农民青黄不接的困难，王安石决定以常平储粮，低息贷给农民。秋收还粮付息，以减轻农民受高利贷的盘剥。在劝课农桑的同时，王安石还兴学校，严保伍，任职四年，“治绩大举，民称其德”，历代鄞县县志都有专门记载。

王安石在鄞县任职不过两年时间，但这却是他施展政治抱负的初次尝试，为他以后熙宁变法积累了经验。

嘉祐元年（1056），王安石经欧阳修举荐入朝，任群牧司判官，与司马光、韩维、吕公著等人志趣相投，被称为“嘉祐四友”。一年后，王安石坚决要求外任，出知常州，不久为提点江东刑狱。

嘉祐三年（1058）、嘉祐四年（1059），王安石两次向宋仁宗上书，提出“因人情之患苦，变更天下之弊法”，引起朝野震动。不久，王安石因上书不被采纳而心灰意冷，正逢母亲病故，便借丁忧回江宁聚徒讲学，英宗即位几次召任，他都没有出仕。

宋神宗即位后，任命王安石为江宁知府，不久入朝为翰林学士兼侍讲。王安石上《本朝百年无事札子》，提出一整套变法蓝图。熙宁三年（1070），王安石官拜同中书门下平章事（宰相），开始大力推行新法。

王安石变法在一定程度上抑制了豪强势力的恶性膨胀，初步扭转了北宋“积贫积弱”的局面。然而王安石变法也受到各方面责难。王安石虽然有“天变不足畏，祖宗不足法，人言不足恤”的斗争精神，但迫于压力，曾先后六次上书求退。熙宁七年（1074），王安石被解除宰相职务。第二年春天，王安石再任宰相，但独木难支，变法事业无法继续。熙宁九年（1076），宋神宗同意王安石的请辞要求，解除宰相职务，出判江宁府。熙宁十年（1077），王安石辞去江宁府职务，在钟山（今江苏南京紫金山）开始隐居生活。

元丰八年（1085），神宗病逝，高太后临朝，用司马光为相，先后取消新法。次年，免役法废除，王安石满腔悲怨，说“此法终不可罢。安石与先帝议之二年乃行，无不曲尽”，悲叹新法“亦罢至此乎”？一月后，王安石即带着无尽的惆怅与忧虑，与世长辞。

近代维新派代表人物梁启超作《王荆公传》，推崇王安石“若乃于三代以下求完人，惟公庶足以当之矣”！

岳飞精忠报国

岳飞（1103～1142），字鹏举，北宋相州汤阴县（今河南汤阴）人。

岳飞家境贫寒，自幼随父亲打柴、割草，参加田间劳动，每天劳作之余发奋苦读，对兵法书籍更是特别喜欢。岳飞曾拜师学武，练枪“一县无敌”，能挽300斤硬弓，左右射击，百发百中。青年时曾两次从军，担任“十队长”，因父亲病故回乡守丧。

北宋靖康元年(1126),康王赵构在相州开大元帅府,树起抗金旗帜,招募义勇民兵。岳飞于国家危难之际第三次从军,行前母亲姚氏在岳飞背上刺下"精忠报国"四个大字。岳飞此行投身行伍,戎马倥偬,从此再没有回过故乡。

岳飞参军后深受副元帅宗泽赏识,几个月后因战功升为秉义郎。靖康二年(1127),赵构称帝,表面言战,暗中求和。岳飞慨然上书,请求赵构亲率六军北渡黄河,收复中原。结果却被以"小臣越职,非所宜言"罪名"夺官归田"。回乡途中碰到河北招抚使张所招募兵士,岳飞第四次从军。张所破格提拔岳飞为"准备将",随后又升为统制。

张所后被主和派排挤,贬往岭南,岳飞与都统制王彦带领军队转战黄河以北。不久,岳飞与王彦因意见不合分道扬镳,自己带部队投奔宗泽,被任命为"踏白使"。岳飞奉命率500骑兵在汜水关打败金军,宗泽论功行赏,提升岳飞为统领,继而升任统制。

建炎二年(1128)八月,宗泽病逝。杜充以"勤王"为名,放弃汴京。次年金军攻陷扬州,岳飞请求出战不被允许。十一月,杜充降金,岳飞召集部下,刺血声言"当以忠义报国,立功名,书竹帛,死且不朽"。

岳飞率部在广德六战六捷,迫使金兀术放弃南进计划,由杭州沿大运河北撤。岳飞在宜兴迎头阻击,四败金兵。金军如惊弓之鸟,岳飞率军追击,收复建康。岳飞因此被授以通泰镇抚使。岳家军纪律严明,"冻死不拆屋,饿死不掳掠",成为抗敌御侮的中流砥柱。有人问岳飞:"天下纷纷,不知几时方可太平?"岳飞慨然作答:"文官不爱钱,武臣不怕死,天下自然就会太平!"

绍兴三年(1133),宋高宗赵构召见岳飞,亲书"精忠岳飞"军旗赐给岳飞,同时提升岳飞为镇南军承宣使。同年十月,岳飞上书请战,赵构在主战派支持下,任命岳飞率师出征。岳飞于绍兴四年出征,不到两月时间,收复襄阳六郡。朝廷升岳飞为清远军节度使,不久进封武昌郡开国侯。

绍兴六年(1136),赵构决计北伐,以张俊为主帅。岳飞出师神速,不到一个月即由汉水打到黄河南岸。这时赵构却改变主意,以"孤军深入,难以持久"为借口,下令岳飞撤军。岳飞此时复填《满江红》一首,表现出"待从头,收拾旧山河"的豪言情志。

绍兴七年(1137),赵构起用秦桧为右相,次年与金签订和约,向金称臣纳贡。一年后金兀术撕毁和约,再次发兵南下。赵构不得不派岳家军抵御金兵。岳飞在郾城一带大破金军两支骑兵,乘胜前进在临颍、颍昌、朱仙镇连克金军。金军哀叹:"撼山易,撼岳家军难!"岳飞则豪情万丈,对部下说:"直捣黄龙府,与诸公痛饮耳!"

赵构此时却猜忌岳飞，一日之内连发12道金牌催岳飞班师。岳飞泪流满面，悲愤交集："十年之力，废于一旦！所得州郡，一朝全休！社稷江山，难以中兴！乾坤世界，无由再复！"

班师不久，岳飞被解除兵权，数月后又免除枢密副使职务。秦桧等收买岳飞部将王俊等人诬告岳飞谋反，将岳飞投入监狱。绍兴十二年(1143)，岳飞被害于临安大理寺风波亭。岳飞临终在供状上写下"天日昭昭，天日昭昭"8个大字，表明自己宁死不屈、光明磊落的一生。

岳飞死后22年，宋孝宗赵昚为岳飞平反昭雪，谥号"武穆""忠武"。

文天祥丹心汗青

文天祥(1236～1283)，初名云孙，字天祥，后以天祥为名，改字履善，中状元后再改字宋瑞，后因住过文山而号文山。南宋吉州庐陵(今江西吉安)人。

宝祐四年(1256)，年仅20岁的文天祥在《御试策》中提出"法天不息"的改革主张。宋理宗大为赞赏，由第五名拔为状元。

其后近20年时间，文天祥因性格秉直，仕途跌宕，曾几次被罢官闲居。咸淳十年(1274)，文天祥为兵部侍郎，率部保卫临安。

德祐二年(1276)正月，元军伯颜部兵临临安，要求宋朝廷派丞相出城谈判。时丞相陈宜中已逃离临安，朝廷任命文天祥为右丞相兼枢密使，赴皋亭山伯颜兵营谈判。

文天祥在皋亭山不卑不亢，以理相争，伯颜以死相威胁，文天祥不为所惧，被软禁起来。文天祥被软禁第二天，伯颜接受宋朝廷降表，胁迫5位宋臣做"祈请使"北上，文天祥亦被裹挟其中。

行至镇江，文天祥在抗元志士林浒等人协助下逃脱，辗转赶到福州，被已经称帝的益王赵昰任命为枢密使，督诸路军马，经略江西。在离开临安至此一段时间，文天祥写诗100多首，编成《指南录》，表示心向南方，矢志不移。

其后文天祥曾在赣南取得雩都大捷，收复赣州等10余县。南宋景炎三年(1278)十二月，元军勾结海盗，包围文天祥兵营，文天祥服毒未死被俘。

第二年正月十二日，文天祥在珠江口外零丁洋写下千古传诵的《过零丁洋》七律一首：

辛苦遭逢起一经，干戈寥落四周星。
山河破碎风飘絮，身世浮沉雨打萍。
惶恐滩头说惶恐，零丁洋里叹零丁。
人生自古谁无死？留取丹心照汗青。

元军都元帅张弘范看后也不禁肃然起敬，连说："好人！好诗！"

南宋灭亡，张弘范设宴劝文天祥改事元朝，文天祥回答说："国亡不能救，为人臣者死有余罪，难道还能贪生怕死、背叛国家吗？"张弘范于是派兵押解文天祥北上。途中，文天祥曾绝食 8 日未死。

"在大都，元朝廷几次派人劝降未果，便把文天祥关在一座土牢里。文天祥在此三年，编写《指南后录》，又集杜诗 200 余首。牢内阴冷潮湿，环境恶劣，文天祥三年竟然没有生过一次病，他认为自己身上有孟子所说的浩然正气，于是挥笔写下 300 字的《正气歌》，歌颂中国历史上 12 位仁人志士，"是气所磅礴，凛冽万古存。当其贯日月，生死安足论"！

元至元二十年(1283)，元世祖忽必烈亲自召见文天祥，许以丞相、枢密之职，文天祥不为所动。忽必烈遂决定杀文天祥以绝后患。文天祥在柴市口刑场问明方向，向南拜后说："吾事已毕，心无怍矣！"遂引颈就刑，从容就义。年仅 47 岁。

戚继光平息倭寇

戚继光(1527～1587)，字元敬，号南塘，又号孟渚，明山东登州(今山东蓬莱)人。

戚继光出生于山东济宁鲁桥镇，少时好读书，通经史大义。嘉靖二十三年(1544)依例袭父职为登州卫指挥佥事。嘉靖二十六年(1547)，戚继光在山东乡试中武举，次年秋赴京会试，参与抵御鞑靼，其间两次上书，献备敌方略，被视为"可望干城之寄"。

嘉靖三十二年(1553)，戚继光任署都指挥佥事，负责山东备倭事宜。日本故称"倭国"，倭寇即日本海盗，由溃兵败将、流氓、奸商组成。因戚继光治军严明，防备森严，倭寇转向浙江一带。嘉靖三十四年(1555)，戚继光调浙江任职，第二年升任参将。八月，倭寇 800 余人侵扰宁波府龙山所，戚继光率万人迎敌，结果竟不堪一击，戚继光纵身跃上一块高石，连发三箭，射中三个倭寇头目。明军振奋，倭寇群龙无首，仓皇逃窜。

戚继光深感军队腐败，多次向朝廷提出请创兵营、训练士兵的建议。嘉靖三十八年(1559)，明宪宗终于同意戚继光在义乌募兵。戚继光在义乌招募 4000 名农民和矿工，训练成一支纪律严明、勇于作战的劲旅，被人们誉为"戚家军"。嘉靖四十年(1561)，戚继光又招募疍民，建立起一支高素质的水师。

嘉靖四十年春天，倭寇集结一两万人进犯浙江，戚继光挥军迎击，先后在宁海、台州击溃倭寇。倭寇溃退途中遗弃大批金银财物，戚家军没有 1 人拾捡，个个奋勇冲杀。此后不久，戚继光又在台州一带取得陆战七捷、水战五捷的战果，浙江倭寇基本被肃清。

倭寇在浙江惨败，兵锋指向福建。戚继光受命入闽抗倭，在牛田一带大破倭寇。戚家军班师回浙江，倭寇额手相庆："戚老虎去，吾又何惧！"竟攻占兴化，这是倭寇第一次攻陷府城，朝野震动。朝廷起用俞大猷为福建总兵，同时调戚继光再次入闽。戚继光在义乌招募1万新兵，一面训练，一面开往福建。

嘉靖四十二年(1563)，倭寇两万人围攻仙游城，戚家军乘大雨出发，与俞大猷配合，"用寡击众"，"三战而悉收全捷"。倭寇在仙游城惨败，余众万余南逃，戚继光紧追不舍，至嘉靖四十五年(1566)，延续几百年的倭寇终于基本平定。

第二年，戚继光被调任蓟州总兵，负责抗御鞑靼侵扰。戚继光在蓟州坐镇16年，"节制精明，器械犀利"，境内烽火寂然，"一矢不惊，军民安堵"。

明神宗万历十年(1582)，内阁首辅张居正病逝；半年后戚继光被调任广东镇守，实际是闲置不用。三年后戚继光告老还乡，埋头整理书稿。万历十六年(1587)，戚继光逝世于山东蓬莱故里。

林则徐开眼看世界

林则徐(1785～1850)，字元抚，又字少穆、石麟，晚号"竢村老人""瓶泉居士""竢村退叟""七十二峰退叟""栎社散人"等，福建侯官(今福建闽侯)人。

林则徐12岁中秀才，19岁中举，20岁进京会试铩羽而归，成为私塾先生。26岁第三次会试考中殿试二甲第四名。历任庶吉士、编修等职，期间曾出京做乡试主考。

嘉庆二十五年(1820)，林则徐出京做官，先后任江南道监察御史、浙江嘉湖道、署浙江盐运使、江苏按察使等职，在任上修海塘、兴水利、整顿盐务，劝平粜、禁囤积、减缓征赋，亲自断案。审理积压案件，人称"林青天"。在杭州任职期间，林则徐曾主持重修于谦祠墓和岳飞坟墓。

道光十年(1830)，林则徐进京候补，与龚自珍、魏源、黄爵滋过从甚密。其后任湖北布政使、河南布政使、江宁布政使，道光十一年来济宁任东河河道总督，他自持刻苦，"弊除帑节，工固澜安"，并亲至灾地考察，初步形成黄河由山东出海以根治河患的方案。

道光十二年(1832)，林则徐调任江苏巡抚，第二年与两江总督陶澍联名上书，主张严禁鸦片，自铸银币，解决银贵钱贱问题。道光帝斥责此奏章"太变成法，不成事体"。时隔56年，清朝才开始自铸银币。

道光十七年(1837)，林则徐升任湖广总督。道光十八年(1838)六月，鸿胪寺卿黄爵滋奏请厉禁鸦片，林则徐上奏支持禁烟主张。道光帝召林则徐进京，商讨禁烟大计。不久任命林则徐为钦差大臣，加兵部尚书衔，前往广州主持禁烟。林则徐在广州会见十三行行商，严正宣布“若鸦片一日未绝，本大臣一日不回”。

道光十九年(1839)六月，林则徐亲自主持在虎门将缴获的19000多箱鸦片悉数烧毁。虎门销烟向全世界表明了中国人民的禁烟决心和反对外国侵略的坚强意志，揭开了中国人民反帝反封建斗争的序幕。

道光十九年(1839)十一月，林则徐被任命为两广总督，奉旨在广州正式封港，断绝中英贸易。林则徐在禁烟同时就认真整顿广东防务。次年六月，鸦片战争正式爆发。英军在广东沿海碰壁后转而北上，侵占浙江定海等地，兵临天津大沽口外。道光皇帝此时改变态度，斥责林则徐禁烟抗英是“误国病民”，下旨将林则徐革职，听候查问。

道光二十一年(1841)四月，林则徐奉旨到浙江，协助浙江巡抚刘韵珂办理沿海防务。一月后，林则徐被发配伊犁“效力赎罪”。行至扬州，因黄河在开封决口，林则徐奉旨协助王鼎办理堵口工程。次年二月，工程竣工，林则徐仍被差往伊犁。

林则徐在途中身染重病，病愈后于西安辞别亲人，以“苟利国家生死以，岂因祸福避趋之”的精神到达伊犁惠远城。他带病捐办阿齐乌苏垦地，承修龙口水利工程。道光二十五年(1845)，林则徐奉旨历勘南疆，他行程3万里，所到之处指导兴修水利，新疆人民至今仍称坎儿井、棉纺车为“林公井”“林公车”，以表达对林则徐的感激和怀念。

道光二十五年十一月，林则徐在哈密奉旨释还，先后署陕甘总督、陕西巡抚、云贵总督。道光三十年(1850)，沙俄诱迫清廷开放塔城、伊犁，林则徐目睹时艰，指出:“终为中国患者，其俄罗斯乎!”提醒人们警惕沙俄侵略危险。

就在这一年，林则徐奉旨赴广西镇压天地会起义，途中病逝，赠太子太傅，谥号“文忠”。

林则徐是中国近代开眼看世界第一人，他曾主持编译《四洲志》一书，并委托魏源纂写《海国图志》50卷。毛泽东指出:“我们的民主革命”，“从林则徐算起，一直革了一百多年”。

七、造福一方

邾文公迁都利民

邾文公(？～前614)，名籧篨，为春秋诸侯国邾国君主，以德政著称，在位52年。

邾文公所处的时代，大国争霸，战争频繁。势单力薄的邾国夹在齐、楚、宋、鲁之间，经常受到战争威胁，尤其受鲁国的威胁更大，随时都有覆灭的危险。为了应付这种局面，邾文公曾与朱、鄫等国结盟，共同对抗大国的侵犯。鲁僖公二十三年（前 637），邾国出师伐鲁，战于升陉。鲁国卑视邾国，不设武备而战，结果大败。邾国士兵获得鲁僖公的头盔，悬于城门之上，大灭鲁国的威风。

据《左传》记载，鲁文公十三年（前 614），“邾文公卜迁于绎”。将邾国迁都于峄山之阳，是邾文公顺乎民心之举。但是卜史认为迁都“利于民而不利于君”，大臣们因此非常担心，纷纷劝阻迁都。邾文公却说：“上天树立君主，就是为了替民众谋利，至于我的生命如何，这是天意。如果迁都有利于民，就迁吧。”于是将国都由訾娄迁至峄山之阳。不久，邾文公真的病死了，这虽是巧合，时人却因此更加赞誉邾文公的贤良。

峄山之阳地理形势优越，易于防守；周围河流纵横，适于农业生产的发展。邾文公定都后，减轻了战乱威胁，邾国经济得到了迅速发展。邾国定都峄山之阳，也奠定了邹城古代行政区划的基础。后人颂扬邾文公迁都功绩，留下了不少诗篇，并在峄山建了邾文公祠，以供后人祭祀。

现山东邹城峄山之阳尚存邾国故城遗址，1977 年 12 月，邾国故城遗址被山东省人民政府公布为省级文物保护单位。

宓子贱弹琴治单父

宓子贱（前 521～?），姓宓，名不齐，字子贱，鲁国人，孔子弟子七十二贤之一。

宓子贱被派去治理单父（一作“亶父”），辞行时请求鲁君派两个亲信随行。到单父让两个随员写文书，自己却不断碰他们的胳膊，两个随员写不好字，宓子贱就大发脾气。两个随员回去报告鲁君，鲁君知道这是宓子贱劝谏自己不要掣肘他，于是派人告诉宓子贱：“从今以后单父不是属我所有的了，而是属你所有的了。凡是利于单父的事情，你决定了就办吧！”

宓子贱任单父宰前，曾向渔者阳昼讨教治国治民方略。阳昼说：“我把带有鱼饵的钓绳放到水里，有一种鱼很快就上来吃，这种鱼叫阳桥鱼，肉少而又难吃。而另一种鱼面对鱼饵有些犹豫，这种鱼叫鲂鱼，肉多而味美。”宓子贱心领神会，上任那天，车马还没到单父，早有一群官吏富豪在道旁迎接。宓子贱命令赶车人：“快走，快走！‘阳桥鱼’来了！”

宓子贱初到单父，正值麦熟，齐攻鲁取道单父。单父百姓数次请求出城抢收小麦，宓子贱都未应允。结果齐人把麦子抢走了。季孙氏听说此事，派人质问宓子贱。宓子贱回答说：“今年没有麦子，明年还可以再种，假若让不种田的人也能轻易收取麦子，就会助长其不劳而获的思想。如果民众产生了如此非分之想，那么造成的损失将是无法弥补的。”

一天，宓子贱路过鱼市，买了一条大肚子鱼和许多小鱼。有好奇者跟在宓子贱后面，发现他走到河边把鱼全放生了。有人问宓子贱为什么这样，宓子贱回答说：“大鱼有孕，正是产籽期；小鱼还没有长大。如果把这两种鱼吃了，河里的鱼不就越来越少了吗？”

宓子贱在单父举能、招贤、退不肖；减赋役，灾年发仓粟、赈困穷、补不足；以实际行动提倡孝敬父母、尊敬师长。反对不干实事的人，尊重敦厚持重的长者，以礼乐治士民。人们皆被感化，商贩至诚待客，农民勤劳耕种，妇女知织守节，单父因此成为鲁国最好的地方之一。

宓子贱治理单父，每天弹琴取乐，悠然自在，很少走出公堂，却把单父治理得很好。同是孔子弟子的巫马期也曾治理单父，披星戴月，日夜不得安宁，事事都亲自办理，这样才把单父治理好。

巫马期向宓子贱请教其中缘故，宓子贱说：“我的办法是凭借众人的力量，你的办法是依靠自己的力量。依靠自己力量的人当然劳苦，依靠众人力量的人当然安逸。”“身不下堂而单父治”，成为古代治政典范。

孔子到单父问宓子贱：“自到任以来，你有什么得失呢？”宓子贱答道：“我自到单父以来，并未失去什么，收获倒有三点：原来学习的知识得到了实践，学问益精；俸禄虽不多但也能照顾亲人，亲朋益亲；公事虽多也能兼以吊死问疾，朋友之情益笃。”孔子听后称赞说：“你可称得上君子了！”

宓子贱晚年和闵子骞、樊子迟在棠邑设坛讲学，著有《宓子》16 篇，传至东汉散佚。

李冰修筑都江堰

李冰（生卒年不详），战国时秦国人。

公元前 256 年，李冰被秦昭王任命为蜀郡守。古蜀郡在今四川省中部，岷江由北向南流贯其间。每年夏秋季节，岷江下游灌县地区泛滥成灾，而洪水过后灌县东部又常因缺水而旱魃肆虐。李冰到任后面对水旱灾情，决心治理岷江，变水患为水利，为一方百姓造千秋功业。

李冰与儿子二郎不辞劳苦，走访艄公、渔夫，勘察地形，在此基础上制定出治理岷江的规划方案：一凿玉垒山以通水道（宝瓶口）；二修分水大堤以分水势（都江鱼嘴）；三造飞沙堰以泄洪水。又在内外江下游开挖分支河流 500 多条，分堰 2000 多道，渠道总长 1100 多公里。“旱则引水侵润，雨则堵塞水门”，从而保证了大约 300 万亩良田的灌溉，基本解除了成都平原的水旱灾患。

为保证这项水利工程永久发挥作用，李冰还制定岁修方案，原则是“深淘滩，低作堰”，这六字被后人刻在为李冰父子修建的二王庙石碑上。

飞沙堰在当时被称作“湔堋”，这是因当地氐羌人称堰为“堋”。三国时称为“都安堰”，宋元之际始称“都江堰”。都江堰不仅是中国古代水利史上的奇迹，也在世界水利史上有着重要地位。

文翁四川兴学

文翁（前156～前101），名党，字仲翁，西汉庐江郡舒县（今安徽庐江）人。

文翁年少时喜好学习，通晓《春秋》大义，初为庐江郡县吏，被地方官举荐到朝廷。汉景帝末年，文翁被任命为蜀郡守。当时蜀郡为边陲，没有学校，文翁选拔明达有才能的郡县小吏，亲自诫勉，然后送他们到京城学习，待学成归来，委以重任，这些人中后来有的曾担任郡守、刺史。

文翁在蜀郡修建学校，招收郊县子弟入学，为他们免除更赋徭役，成绩优异的提拔担任郡县官吏，次者担任教民务农的乡官。几年后，吏民争相入学，以至到了富人要出钱来求取的地步。经文翁倡导，四川学风大兴，渐与齐鲁之学齐名。班固在《汉书》中评论说：“至今巴蜀好文雅，文翁之化也。”郡国设立学校（官立学校）自文翁开始，到汉武帝时，乃令天下郡国都设立学校。

今成都石室中学，即为文翁创校原址，以石室为名，是因为校舍以石头修筑，又称“玉堂”或“文翁石室”。此学校延续2000多年，现代著名学者北京大学季羡林教授曾为石室中学题辞：“古今一校，扬辉千秋”，充分肯定了文翁兴学的历史地位与现实意义。

据《都江堰水利述要》记载，文翁在任职期间，带领人民“穿湔江，灌溉繁田一千七百顷”，是第一个扩大都江堰灌区的官员。由于注重兴修水利，发展农业，使蜀郡出现了“世平道治，民物阜康”的局面。

文翁死在蜀郡，当地官民为他建立祠堂，每逢节气祭祀不断，至今仍旧。由于当时舒县属于庐江郡，故庐江城建乡贤祠（移建易名“忠义祠”），首立文翁崇祀，以启后贤。

侯霸攀辕卧辙

侯霸（？～37），字君房，今河南新密人。

侯霸严肃有威仪，家资丰厚，不治其业。然苦心孤诣，好学不倦，因研究《穀梁春秋》素有心得，曾为九江太守房元授课，（一说以九江太守房元为师）。

汉成帝时，侯霸初为官，为太子舍人。王莽建立新朝，迁为随县令。随县地界辽远，临近河流湖泊，县内贼寇多为亡命之徒。侯霸一上任，当即根据实际情况诛杀桀骜不驯之豪强，分派捕吏四处缉捕盗贼，于是县中太平无事。侯霸复被擢为执掌法律之官，以揭发作奸犯科之朝臣，检举与监察位尊势大之权贵，而无所忌惮。后拜为淮平大尹，为政之道，颇有法度，声名远播。

王莽末期，天下大乱，侯霸能保卫固守，独全一郡。更始元年(23)，刘玄遣谒者侯盛、荆州刺史费遂，捧玺书召侯霸，百姓闻讯，扶老携幼，当道嚎哭，遮拦使者之车，或有中道而卧，皆曰："求君复留任一年。"使者担忧侯霸离任淮平郡必乱，竟不敢授之玺书，乃以所见所闻，具实上报朝廷。恰逢更始帝刘玄兵败，道路不得通行。攀辕卧辙，其"卧辙"典故即出于此；攀辕，说的是东汉山阳太守秦彭离任时的故事。攀辕卧辙，人们挽留或眷恋贤明之长官，常用此成语作比喻。

建武四年(28)，后汉光武帝刘秀遣使召侯霸于寿春，拜为尚书令。其时朝廷无故典，又少旧臣，侯霸熟知旧制，收录遗文，列奏前朝法令制度，有益条文多被刘秀采行。每春依月令布德行庆，施惠下人，这些制度规章悉为侯霸所制。建武五年(29)，大司徒伏湛遭免职，侯霸代为大司徒，封关内侯。

建武十三年(37)，侯霸去世，皇帝亲自临吊。追封侯霸为则乡哀侯，食邑2600户。其子侯昱承袭爵位。临淮吏人怀念侯霸恩德，共为立祠，四时祭祀。

贾琮上任褰帷

贾琮(生卒年不详)，字孟坚，东汉东郡聊城(今山东聊城)人。

贾琮以孝廉身份出仕为官，前期为官事迹不详，灵帝时为京兆令。《后汉书·贾琮传》有12字记载："举孝廉，再迁为京令，有政理迹。"

中和元年(184)，今越南北部一带军民聚众造反，号称"柱天将军"，扣压交阯刺史和合浦太守。汉灵帝为平息这起事件，特敕三府精选能吏，有司推举贾琮任交阯刺史。

贾琮上任后，查问叛军情况，都说前任刺史为了搜刮金银珠宝，对上串通权贵，对下勾结奸商，横征暴敛，因为赋敛过重，百姓没有不家财空空的，距京城又遥远，无处告状伸冤，民不聊生，所以聚在一起成为盗贼。贾琮问明真相，随即贴出告示，并派人给造反的人们送去书信，号召逃出去的人们都回来经营其本业。同时免除了他们的赋税和劳役，诛杀那些制造祸害的贪官恶棍，挑选了一批清官到各县任职，不到一年时间，就把动乱平息下来，把一个社会秩序十分混乱的地方，治理成为全国最安定的地方，使老百姓过上了安居乐业的生活。大街小巷流传歌谣说："贾父来晚，使我先反；今见清平，吏不敢犯。"

在交阯三年，贾琮被召回京，官拜议郎。当其时，黄巾军刚刚被打败，兵祸之后，郡县加重赋敛，奸佞丛出。朝廷下诏淘汰刺史、二千石，重新挑选清正贤能官吏，贾琮被任命为冀州刺史。依据旧典，刺史上任车上应该垂下红色帷裳，地方官吏到州界迎接。贾琮上任时，对随从说："刺史应当看得远、听得广，审察美好和邪恶的事情，哪里有倒垂着帷裳来掩藏、堵塞自己的呢？"于是命御者撩起帷裳。冀州所属城池官吏闻听此事受到很大震动。那些作过恶、犯过罪的，自动解除印绶、辞去官职，于是冀州一片安定。此即成语"贾琮褰帷"之典故。

灵帝驾崩，大将军何进上表推举贾琮担任度辽将军，贾琮在任上去世。

仇览宽和理政

仇览（生卒年不详），一名仇香，字季智，东汉陈留郡考城（今河南民权）人。

仇览少年读书，性格淳朴沉默，不为人所知。40 岁时，县征召小吏，选为蒲亭亭长。

仇览当亭长后，劝勉农民发展生产，制订村规民约，协调村民家庭关系，农闲时组织农家子弟到学堂读书，帮助村人办理婚丧事，救助贫穷、孤寡之人，以道德教化百姓，一年内乡里风气大变。

蒲亭有个人叫陈元，独自与母亲居住，一天他母亲到仇览处控告陈元不孝。仇览吃惊地说："我近日经过你们家，看到房屋很整齐，田地按时耕耘。你儿子应该不是恶人，不过是教育感化没有做到罢了。你作为母亲守寡养育孤儿，自己受苦接近年老，怎么能因一时愤怒，把不孝之名加给儿子，让儿子陷于不仁不义呢？"这位母亲听了很后悔，流着泪离开。仇览亲自到陈元家，和他们母子一起吃饭聊天，向陈元讲述孝敬的道理，陈元终于成为孝子。

考城县令河内人王涣，听到仇览用道德感化人，提拔仇览为主簿。一天王涣对仇览说："你听到陈元的过错，不治罪而感化他，你是不是缺少鹰鹯一样威猛的心志呢？"仇览说："我认为鹰鹯虽然威猛但不如鸾凤美好。"王涣说："枳树荆棘不是鸾凤栖息之处，百里之路哪里是你这样大贤人走的路呢。现在太学中那些人拖着长长的衣襟，声名飞扬，哪能和你相比。我愿意拿一个月的俸禄作为资助，勉励你最终成就崇高的品德。"于是推荐仇览入太学学习。

仇览在太学与同郡生员符融邻屋居住，符融很有名望，常常宾客满屋。仇览坚守心志，很少与符融谈话。符融暗暗观察仇览的容貌举止，认为他与众不同，就对他说："我和您是同乡，现在京城英雄从四方聚集，正是志士结交之时，您虽然致力经学，可守住学业为什么这样坚定？"仇览面色严肃地说："天子建立太学，难道只是让人们在这里游谈吗？"说完向符融拱手施礼离开，不再跟他说话。后来符融把此事告诉了郭林宗，郭林宗于是与符融带着名帖拜见仇览，并请求留下住宿。夜间谈话，郭林宗很是感叹，下床向仇览行礼。

仇览学成归里，州郡争相邀请他做官，他都借口生病推辞。虽然在家闲居，他一定用礼法严格要求自己。妻子儿女有过失，他就脱帽自责。妻子儿女在院中道歉，等到仇览戴上帽子，才敢走进堂屋。后来仇览被征召为方正之人，不久生病去世了。

杜预富平建桥

杜预(222～285)，字元凯，魏晋京兆杜陵(今陕西西安东南)人。祖父杜畿是三国曹魏的名臣，担任河东太守16年，官至司隶校尉、尚书仆射。父亲杜恕曾任散骑常侍、河东太守等职务，因为人忠义、正直，与朝廷权臣交恶，最后被发配边地。杜预也因此缘故不得出仕。

司马昭当权后，杜预因是其妹夫成为相府重要幕僚。在平定蜀国的战争中，杜预作为长史被派到钟会军中参与军事。平定吴国战争，杜预被任命为镇南大将军，成为重要统帅之一。

杜预曾担任度支尚书，在任7年共向晋武帝提出过50多项治国治军的建议，其中包括兴建常平仓、调整谷价、盐运管理和边防建置等等。此外，他还充分施展自己的聪明才智，积极进行科学发明。

当时孟津渡口位置险要，影响洛阳的交通，杜预为此请求在富平津渡口建造一座黄河桥。有人议论说：“殷周时期的都城，都建在黄河边上，但是经历了圣人贤人的时代而没有造桥，必定是有不宜于建桥的缘故。”但是杜预力排众议，坚持造桥主张。等到桥建起来了，晋武帝和百官集会，举杯向杜预敬酒，说：“如果不是你，这桥就建不起来。”杜预谦虚回答说：“如果不是陛下圣明，我也没有机会施展我的技巧。”

咸宁四年(278)秋，兖豫诸州郡连降暴雨，发生大面积涝灾，晋武帝下诏求计。杜预前后两次上书陈述救灾计划，指出粗放滥垦、火耕水耨和水利设施(陂竭)年久失修是造成灾难性后果的根本原因。杜预认为解决的办法只能是坏陂宣泻。

在西晋灭吴、统一全国后，杜预继续镇守襄阳。他在荆州兴建了一些水利工程。其中，在修整前代河渠的基础上，引滍水、淯水入田，使1万余顷农田受益。为了使屯田和普通民田均能得到灌溉，杜预又把水渠按照地段标上界石。杜预开凿了从扬口到巴陵的运河，使夏水和沅、湘两水直接沟通，既解决了长江的排洪问题，又改善了荆州南北间的漕运。杜预的政绩，受到了当地人民的赞扬，老百姓称他为“杜父”，并歌颂说：“后世无叛由杜翁，孰识智名与勇功。”

太康五年(285)闰十二月，杜预被征调到朝廷任司隶校尉，途中行至邓县，突然病故，终年63岁。

杜预自幼喜读《左传》，著有《春秋左氏经传集解》30卷，收入《十三经注疏》

中，对后世《左传》研究颇有影响，至今仍有重要的学术价值。

荣諲开通真阳峡

荣諲（1007～1071），字仲思，宋济州任城（今属山东济宁太白湖新区）八里店人。

荣諲于仁宗年间考中进士，被任命为盐铁判官。时晋州产盐，京城富豪每年向官府缴钱 5 万缗，垄断开采权。荣諲上书请求官府垄断，每年收入 20 万缗。

此后，荣諲转任广东转运使，当时广东还比较落后，特别是板布古河地方，道路险绝不通。荣諲到任后即动员组织民力，开通真阳峡（在广东英德）到洸口（在英德西南）的道路，修建 70 里栈道直达清远，自此从湖广趋广州遂为坦途。

荣諲因政绩突出被召入京，任开封府判官。时太康县有人借崇佛为名组建天地会，太康县捕捉数十人。开封府尹贾黯怀疑有妖术作怪，主张杀掉首领，余者全部流放。贾黯 24 岁中状元，极有才华，且为荣諲顶头上司。但荣諲认为贾黯处理过重，为此与贾黯同时上书，提出不同处理意见。中书省认可荣諲的意见，只流放为首者，其余受杖释放。

荣諲曾任澶州知府、京东转运使、使成都路、户部副使，所在皆有政绩。

宋神宗熙宁变法，荣諲被排挤外放，以秘书监、集贤殿修撰知洪州，一年后被有司弹劾不勤于职事。神宗下诏徙荣諲知舒州。转运使徐亿仗义执言，“考諲课上等”。中书省召回荣諲，“候到案取旨”，荣諲在回朝途中病逝。享年 64 岁。

苏轼杭州修堤

苏轼（1037～1101），字子瞻，一字和仲，号东坡居士，眉州眉山（今四川眉山）人。

苏轼 7 岁知书，10 岁能文，20 岁与弟弟苏辙同科进士，父亲苏洵免试起用，“三苏”名动京师。

神宗熙宁二年（1069），王安石变法，苏轼虽赞同变法，但在改革思想上与王安石相左，“上疏六千余言，极论新法不便”，因此被贬出京，先后在杭州、密州、徐州、湖州等地任职。

苏轼“以天下之重为自任”，在杭州疏通西湖，灌溉农田；在密州如实反映蝗灾，呼吁朝廷减免赋税，组织百姓生产自救，拨出库粮，安顿老弱病残；在徐州遇黄河决口，他亲临抗灾第一线，组织军民冒雨抢修堤坝，“庐于城上，过家不入”，奋战 70 余日，徐州得以保全。调任湖州之时，百姓揽辔送行，深感苏轼厚恩。

在湖州，苏轼因写讽刺诗被诬陷下狱，王安石上书称“安有圣世而杀才士乎”，神宗因此免苏轼死罪，贬官为黄州团练副使。苏轼在黄州城东坡筑室，因自号“东坡居士”，并亲自垦种数十亩土地养家自给。

哲宗即位，苏轼被调回京师，先后任起居舍人、中书舍人、翰林学士知制诰，但因政治上反对全部废除“熙宁新政”，4 年后再出知杭州。他主持治理茅山、盐山两运河，结合救灾疏浚西湖，挖葑田淤泥筑成横贯西湖南北的长堤，夹岸植树，中有桥洞相连，“望之如图画，杭人名之苏公堤”。“苏堤春晓”，在南宋时被列为西湖十景之首。

哲宗元祐八年(1093)，哲宗亲政，新党视苏轼为旧党，一月三降，绍圣四年(1097)贬为琼州安置。苏轼“食无肉，病无药，居无室，出无友，冬无炭，夏无寒泉”，所居房屋不遮风雨，遇雨时竟一夜三迁。尽管环境恶劣，苏轼“食芋饮水，著书以为乐”，主动向黎族人民传播文化及农耕知识，与当地百姓建立了真诚的友谊。

苏轼在琼州 7 年，徽宗赦令北归，途中病逝于常州。

黄光升修鱼鳞石塘

黄光升(1506～1586)，字明举，号葵峰，泉州晋江(今福建晋江)潘湖埯边临漳人。

黄光升秉性好学，年少时就学于潘湖仁颖书院，精通赋役、理讼、律狱等知识。嘉靖七年(1528)中举人，嘉靖八年(1529)中进士，授浙江长兴知县。因“贤声蔚著”升任刑部给事中。后因母亲吴氏在潘湖去世，回家守制。制满后，补兵部。居官清介，不事田宅，子孙至无以为衣食。居家杜门，以经史为业。在官严诬告、权轻重、详讼词、惩奸慝、省佐证。

嘉靖二十一年(1542)，黄光升为浙江佥事。浙江海岸受海浪冲击，海塘崩毁不止，成为修防重点。黄光升认真调查研究，认为海塘易圮的原因是“塘根浮浅”“外疏中空”，首创修筑石塘新法：改用桩基，用极大极厚之石，方方结合，面面相同，五纵五横，品形垒砌，称之为“鱼鳞石塘”，从而极大地提高了抗御海潮侵袭的能力。后人称五纵五横桩基鱼鳞石塘为“海上长城”，它保护了海盐这一方水土及百姓平安。在浙江任上，黄光升还治湖蓄水，疏浚山阴、会稽(今绍兴县)、萧山、诸暨四县的水利工程；提倡兴学，奖励知识分子；编写县志，政绩显著。

任浙江佥事三年，黄光升进参议，调任广东副使，转任四川参政、广东按察使、四川布政使等。在任上设立稽查，核验册籍，平息“夷人”与地方之争。安南大臣范子仪作乱，黄光升授俞大猷作战方略，大败范氏，明与安南边境恢复安定。

嘉靖三十八年(1559),升任南京户部尚书,“库藏为之一清”。嘉靖四十一年(1562),入朝任刑部尚书。时严嵩秉政,黄光升在任刑部尚书五年内不与私交,亲自审理杨选、严世蕃及海瑞三大案件。

穆宗隆庆元年(1567),黄光升告老还乡,在潘湖埯边儒林书堂撰志著书。4年后再任南京刑部尚书。隆庆六年(1572)复回归故里。

神宗万历十五年(1587)十一月二日,黄光升病逝,终年81岁。海瑞因当年黄光升营救之恩,闻信悲伤至极,带病前来奔丧,10天后,海瑞也猝然卒于南京任上。

冯梦龙牢房时空

冯梦龙(1574～1646),字犹龙,又字公鱼,号“龙子犹”“墨憨斋主人”“顾曲散人”“绿天馆主人”等。南直隶苏州府长洲县(今江苏苏州)人。

冯梦龙出身名门世家,兄弟三人被称为“吴下三冯”。其兄冯梦桂是画家,其弟梦雄是太学生,作品均已不传。冯梦龙除了写诗文,还写了大量历史小说和言情小说。其诗集今已不存,但值得庆幸的是他编纂的30种著作得以传世,为中国文化宝库留下了一批不朽的珍宝。其中除世人皆知的“三言”外,还有《新列国志》《增补三遂平妖传》《古今烈女演义》《广笑府》《智囊》《古今谈概》《太平广记钞》《情史》《墨憨斋定本传奇》,以及许多解经、纪史、采风、修志的著作,而以选编“三言”影响最大、最广。

冯梦龙自幼读书,青少年时代主要精力放在诵读经史以应科举上。然而他的科举道路却十分坎坷,屡试不中,直到崇祯三年(1630)他57岁时,才补为贡生。次年破例授丹徒训导。崇祯七年(1634),冯梦龙61岁,升任福建寿宁知县。他减轻百姓徭役,改革吏治,明断讼案,革除弊习,整顿学风,兴利除害,打造了一个百姓安居乐业的社会环境。当时记载说是“牢房时时尽空,不烦狱卒报平安也”。在寿宁知县任上,曾上疏陈述国家衰败之因。

四年后,冯梦龙回到家乡闲居。清兵南下,他以70岁高龄,奔走反清,刊行《中兴伟略》诸书。清顺治三年(1646)春,冯梦龙在亡国之痛中忧愤而死(一说为清兵所杀)。

牛运震一身三县宰

牛运震(1706～1758),字阶平,人称“空山先生”,山东滋阳县(今山东兖州)人。

牛运震于雍正十一年(1733)考取进士;十三年,被举博学鸿词,报罢(没有考取)。乾隆三年(1738),牛运震任甘肃秦安县令,“开九渠,溉田万亩。县北玉钟峡山崩塞河,水溢为灾,运震率丁夫开浚,凡四日夜,水退。缘山步行,以钱米给灾户”。西固远离县城200多里,村民交纳粮食费时费力,长年拖欠公粮,胥吏进村催缴,村民则成群结伙手持棍棒抗拒。牛运震单人匹马前往劝谕,询问百姓疾苦和拖欠公粮的原因,村民请求用银子代替粮食,牛运震同意他们的请求,从此西固百姓再也没有拖欠赋税的了。

牛运震在秦安县明察秋毫,平反了许多冤狱。前任误审马姓五兄弟为盗,并将一人监毙狱中。牛运震复审此案,为之昭雪。当地文教落后,牛运震倡设陇川书院,“日与诸生讲习,民始向学”,有不少学子考取功名。秦安因此被人们誉为“陇右邹县”。上镌“真谷先生讲学处”的石碑至今仍存立于书院旧址。牛运震还指导农民制作新式农具,学习先进的耕作方法,给贫困农户以无息贷款,农民生活条件逐渐好转。

由于牛运震治秦有方,功绩卓著,乾隆六年(1741),朝廷令其兼任徽县知县。乾隆八年(1743),又兼摄两当县县令。三县地域广袤,事务更加繁忙,听断十分困难,牛运震特意在三县中心点的大门镇(别名小甘州)设堂办公,听讼断案。其五言诗《大门镇晓行》即描述了这段经历:“落日微心道,遥林风未收。簿书妨月夜,鞍马任霸秋。峡虎饥难卧,江猿晚易愁。一身三县宰,憔悴小甘州。”

徽县多虎患,在牛运震兼摄县令的三年里,共招募壮士捕杀26只,从此徽县道路畅通无阻。徽县民众为表感激之情,在其离任时特绘制了《驯虎图》赠送给他,表达了徽县百姓对牛运震的爱戴和崇敬。乾隆九年(1744),逢甲子乡试,牛运震被召赴西安任考官,因考核政绩优异,于次年调任平番(今甘肃永登)知县。

平番县地当要冲,是兵家必争之地,屯兵3000余人。牛运震到任后采取对外友好、对内安抚、恩威并重的政策,取得显著成果,威信大增。他还针对此地常受干旱威胁的现状,兴修水利,发动民众修治县城东南的咸水河,开浚渠道10余里,使附近180余顷农田得到灌溉。乾隆十二年(1747),县城东南玉道岘等地发生饥荒,他带头捐粮200石,使遭受饥饿死亡威胁的百姓得以活命。当地百姓为表感激,每人捐献一文钱,做了件“万民衣”,并把剩余的钱兑成银子,一起赠送给他。牛运震再三推辞,不得已收下“万民衣”,银子则分文不受。

甘肃东南边境固原发生兵变,乱军攻占提督府,情势十分危急。陕甘督抚调大军来到平凉,并召牛运震一起商议。牛运震派被俘乱兵回城游说乱军交出首领,而督抚却又派兵进城抓捕300乱军准备处斩,乱军为之惊恐,谋划新的骚乱。牛运震请求亲自审理此案并入城安抚,结果除对首犯3人和主犯10人判斩立决和秋后处斩外,对胁从者进行了赦免,这次叛乱由此平息。督抚对牛运震非常赞赏，报请朝廷让他兼摄古浪县县令。

乾隆十三年（1748），朝廷准备提升牛运震官职，一些人却抓住牛运震受“万民衣”一事，对其进行弹劾，结果牛运震被罢免官职。离任时，平番县百姓近千人夹道哭送。

牛运震在甘肃为官十年，却清贫到没有回家的盘缠，好友深为感慨，聘他为皋兰书院主讲，以积归乡之资。牛运震学识渊博，教学有方，深得学生钦佩，等到他回归故里时，竟有学生不远千里步行送他到西安灞桥方才返回。

牛运震回乡后专心研习经学，并游历四方，曾主讲过晋阳、河东两书院，深受学界推重，尊称其为“空山先生”。然而就在空山先生开始实施其“贯穿万家，删拾前史”，准备写成几部“永为典记”著作的计划时，却于乾隆二十三年（1758）正月二十二日溘然长逝，年仅53岁。

八、执法严明

郅都苍鹰显名

郅都（生卒年不详），西汉河东郡杨县（今山西洪洞东南）人。

郅都初任郎官，为文帝侍从。汉景帝即位，郅都被晋为中郎将。他性格耿直，“敢直谏”，也能抛开情面，“面折大臣于朝”，很快便得到汉景帝的重视。

汉初政治推崇黄老“无为而治”，豪强地主势力迅速膨胀，有的横行地方，蔑视官府，不守国法。如济南郡闲氏，仗着宗族户多人众，称霸地方，屡与官府作难。地方官循于常法，“莫能制”，于是汉景帝拜郅都为济南太守。郅都采取以暴制暴的酷烈手段，到任即捕杀闲氏首恶，推行严法，开西汉以严厉手段打击豪强之先河。济南郡首恶被诛，“余皆股栗（大腿发抖）”，不敢再与官府对抗。他在任一年多时间，济南秩序安定，“郡中不拾遗”。

汉景帝七年（前150），郅都升为中尉，掌管京师治安，亲领北军。他执法不阿，从不趋炎附势，凡犯法违禁者，不论何官何人，一律依法严惩。列侯宗室对郅都是又恨又怕，见他皆侧目而视，背后称他为“苍鹰”，喻指他执法异常凶猛。

汉景帝中元二年（前148），郅都因得罪窦太后，被免官归家。当时匈奴铁骑比年南侵，汉朝无得力边疆大吏，沿边数郡久不安宁。因此郅都还家不久，汉景帝又派专使到郅都家乡，拜郅都为雁门郡太守，并特许他不必按常规赴朝面谢，由家中直接取道赴任，“得以便宜从事”——一切事情，均可酌情裁定。匈奴人亲闻郅都节操威名，得知他就任雁门太守，惊恐万分。郅都才抵达雁门郡，匈奴骑兵便全军后撤，远离雁门。

匈奴首领曾用木头刻成郅都形状，立为箭靶，令匈奴骑兵飞马试射，众骑兵因极其畏惧郅都，竟无一人能够射中。匈奴对郅都恨之入骨，乃遣人深入内地，四处散布不利于郅都的谣言，窦太后听到后，不加分辨，立即下令逮捕郅都。汉景帝心知郅都冤枉，说“郅都忠臣”，请求释放。窦太后不忘旧恨，坚决不许，在她的蛮横干涉下，郅都终于被杀。郅都死后不久，匈奴骑兵复侵入雁门。

史载郅都为人勇敢，有气力，公正廉洁，不翻开私人求情的信札，送礼他不接受，私人的请托他不听。他常说：“已经背离父母而来当官，我就应当在官位上奉公尽职，保持节操而死，终究不能顾念妻子儿女。”司马迁称赞郅都“伉直，引是非，争天下大体”。西汉成帝时，大臣谷永在一道奏折中曾论及郅都：“赵有廉颇、马服，强秦不敢窥兵井陉；近汉有郅都、魏尚，匈奴不敢南向沙幕。”把他与战国时赵国的廉颇、赵奢等名将并列，誉为“战克之将，国之爪牙”。

于公以德治狱

于公，生卒年不详，名字不详，因其子西汉丞相于定国之故史称“于公”，东海郡郯县（今山东郯城）人。

于公曾担任县里的狱吏，郡里的狱官副佐（县狱吏、郡决曹）。他精通法律，治狱勤谨，以善于决狱而成名，无论大小案件，他都详细查访，认真审理，因此“每决而无恨”。

于公以德治狱，千古称颂。相传某年除夕，他见囚犯们愁眉苦脸，唉声叹气，想必是因为不能与家人团聚而愁苦。于是他冒着“私放囚犯该杀”的风险，放犯人回家过年。他对犯人说：“岁尽腊除，谁无父母子女，谁不盼着家人团聚，我今天与你们约定，大年三十放你们回家。新年过后，初三回来，不准逾期。如逾期不归或私自逃走，当加倍治罪。”犯人听后，无不欢喜感动。正月初三，果然犯人全部归来。

于公秉公办案，不徇私情，深得人心，特别是东海孝妇案，民众更是拍手称颂。东海有位孝顺的妇人年轻守寡，婆母劝她改嫁，她始终不肯。婆母对邻人说：“这孝顺媳妇侍奉我很是恭谨，我哀怜她没有子女，又守着寡。我年纪老了，怎么能长久地拖累年轻人呢?”这位婆母竟然为此自杀了。婆母的女儿去官府告状，说寡嫂杀死了自己的母亲，官府支持诬告。于公明察暗访，得知孝妇冤枉，与上司争辩，但没有成功，只得手捧申诉状在衙门口痛哭。太守下令斩杀了孝妇，于公愤而辞官。

孝妇被杀当年，全郡大旱，旱情持续三年。三年后，新任太守寻问枯旱的原因，于公说：“孝妇不应当处死，前任太守强行杀死了她，灾祸的原因应当就在这里吧?”新任太守于是杀牛为牲，亲去祭奠孝妇，还在孝妇坟墓边表彰了她。天上即刻降下了大雨，当年就五谷丰登。郡中的人因此更加敬重于公，为他建立了生祠，名叫“于公祠”。

当初，于公家的门坏了，家乡父老商量帮忙修建。于公说：“把门修造得高高大大的，要让高车驷马都能通过。我判案多积阴德，从未有过冤案，我的后代一定有受封赏的人。”果然他的儿子于定国做了丞相，孙子于永做御史大夫，留下了封侯传世的佳话。

赵广汉推理断案

赵广汉(？～前67)，字子都，西汉涿郡蠡吾县(今河北博野)人。

赵广汉年轻时做过郡吏、州从事，以廉洁和礼贤下士闻名，先被推举为秀才，担任管理物价的平准令，后又被察廉为阳翟县令，因政绩突出，迁为京辅都尉，代理京兆尹职务。

此时汉昭帝驾崩，京兆掾属杜建负责监造陵墓。杜建指使门客中饱私囊，赵广汉规劝无效，遂即逮捕杜建，宦官、豪绅为之说情，赵广汉不为所动。杜建门客密谋劫狱，赵广汉派人以“灭家”警告为首者。随之，判处杜建极刑，行刑时没有人敢靠近，京城人士为之称道。

昌邑王刘征继昭帝登上皇位，行为荒淫，赵广汉参与大将军霍光行废立之事。汉宣帝即位，赵广汉因功封关内侯，任颍川太守。郡内原、褚两家豪强不守法令，纵容门客作奸犯科，赵广汉到任不久，即诛杀其罪魁祸首，郡内为之震动。赵广汉还让属下制作密告箱，鼓励百姓匿名揭发，一经核实，便依法治罪。这是中国历史上最早的检举箱。

在颍川第二年，赵广汉被调往前线作战，战事结束复回京代理京兆尹，一年后正式任职。据《汉书·赵广汉传》记载：“广汉为人强力，天性精于吏职。见吏民，或夜不寝至旦。尤善为钩距，以得事情。钩距者，设欲知马贾，则先问狗，已问羊，又问牛，然后及马，参伍其贾，以类相准，则知马之贵贱不失实矣。唯广汉至精能行之，他人效者莫能及。”所谓“钩距”，即今善于推理之意。“广汉钩距”成为善于推理断案之成语。

京兆地区豪强众多，赵广汉在京城依法办案难免触及其利益。大将军霍光主谋立刘询为帝，女儿为皇后，权势炙手可热。霍光死后不久，其家人非法酿酒，赵广汉亲自带人上门搜查。霍光女儿向汉宣帝哭诉，宣帝把赵广汉叫来责备一顿。其后，赵广汉因办案又得罪丞相魏相和司直萧望之，二人捏造罪名，赵广汉被处以腰斩。

行刑日，长安城数万百姓、官员为赵广汉送别，哭声一片，有人动情地说：“我活着对国家也没什么帮助，自愿替赵京兆去死，好让他继续庇护百姓。”赵广汉“虽坐法诛，为京兆尹廉明，威制豪强，小民得职。百姓追思，歌之至今”。赵广汉被誉为中国古代十大清官之一。

葛丰刺举不避

葛丰，全名诸葛丰（生卒年不详），字少季，西汉琅琊（今山东青岛黄岛区琅琊镇）人。

诸葛丰因通晓经术而被地方政府聘为“郡文学”，专门负责本郡所辖地域的教育行政事务。诸葛丰当时即以性格特立刚直闻名于同僚。

汉元帝时，贡禹任御史大夫，贡禹和诸葛丰是同乡，早就听说诸葛丰的名声，于是任命诸葛丰为其属官，推荐为侍御史。汉元帝对诸葛丰也非常赏识，不久又提拔诸葛丰做司隶校尉。诸葛丰坚持原则，不避权贵，调查案情、揭发罪恶无所回避，史书称其“刺举无所避”，“京师为之语曰：‘间何阔，逢诸葛。’”意为官员同僚很久不相见了，是因为近来被诸葛丰弹劾了。汉元帝肯定诸葛丰的节操，进官衔为光禄大夫。

当时侍中许章为君王所亲近，奢侈淫逸，不守法度。他门下宾客犯法，都与许章相勾连。诸葛丰准备上奏他的事情，恰逢许章私自外出，诸葛丰停下车举起符节对许章说：“下车！”打算拘捕他。许章急忙赶着车子逃去。诸葛丰急忙追赶。许章跑进宫门，向天子乞求保护。诸葛丰亦向天子上奏许章不法，汉元帝庇护许章，收去诸葛丰的符节。史书称司隶校尉失去符节即从诸葛丰开始。

不久，诸葛丰被降为城门校尉。但他继续上书检举官员们的不法行为，权贵们对他恨之入骨，奏报朝廷称诸葛丰诬陷好人，予以治罪。诸葛丰本要服刑，汉元帝念其年老，故罢官为庶人。后病死家中。有研究者称，考究诸葛亮之祖先，可追溯到西汉元帝时的诸葛丰。

寇恂治理颍川

寇恂（？～36），字子翼，上谷昌平（今属北京市）人。

寇恂出身世家大姓。年轻时任郡功曹，太守耿况很器重他。更始皇帝新立，派遣使臣巡行郡国，称“先降者复爵位”。耿况恭迎使臣交上印绶，但使臣却不履行诺言。寇恂大怒，勒兵入见使臣，请还印绶。使臣不给，并且说：“天王使者，功曹想要威胁吗？”寇恂讲道理没有结果，于是命手下以使臣名义召见耿况。耿况进见，寇恂抢步向前取回印绶交给他，使臣见事已如此，只好承制命耿况仍任原职。

刘秀起兵，寇恂跟耿况之子耿弇到广阿去投奔刘秀。刘秀任命寇恂为偏将军，赐号承义侯。让他随军征战。公元23年，刘秀南定河内，寇恂经邓禹推荐，被任命为河内太守，为刘秀平定各地做出重要贡献。

建武二年(26)，颍川人严终、赵敦聚众万余起兵。寇恂被任命为颍川太守，平定颍川。光武帝封他为雍奴侯，食邑万户。执金吾贾复部将在颍川杀人，寇恂把犯事将领逮捕明正典刑，斩首示众。贾复深以此事为耻，心怀怨恨。后来贾复经过颍川，对手下人说："大丈夫岂有怀侵怨而不决之者乎？我今天见了寇恂，一定要杀了他。"寇恂得知贾复的想法，不想与贾复相见。部将谷崇建议带剑陪同寇恂去见贾复，寇恂以蔺相如避让廉颇典故制止谷崇，然后命令下属各县盛陈食物、供应酒肴。贾复部队一经入界，一个人供应两个人的酒食。寇恂本人则先到路上迎接，旋即称病退回。贾复想整兵追赶寇恂，无奈将士皆醉，只好过境而去。

建武七年(31)，寇恂任执金吾，次年颍川盗贼蜂起，光武帝带寇恂征伐，盗贼见寇恂到来，不战而降。光武所经之处，百姓们纷纷遮道请求寇恂复为颍川太守，光武帝不许，百姓们说："能借寇君一年也好。"光武帝只好命寇恂暂驻长社县，镇抚吏民，受纳余降。

建武十二年(36)，寇恂去世，谥"威侯"。汉明帝将其列为"云台二十八将"之一。

鲍永

鲍永(？～42)，字君长，上党屯留(今山西屯留)人。父亲鲍宣在汉哀帝时任司隶校尉。

鲍永初为郡功曹。王莽因鲍宣不依附自己，有害鲍永之意。都尉路平迎合王莽的心意，打算杀害鲍永。上党太守苟谏招鲍永在府中避难。苟谏病故，鲍永亲自扶柩送归其故里扶风。路平这时趁机抓了鲍永的弟弟鲍升。新太守赵兴到任，知道这事叹息说："我接受汉朝廷的册封，却不能成就名节，现在鲍宣为名节而死了，我怎么能害他的儿子啊！"于是命令县令释放鲍升，又恢复了鲍永的功曹一职。

更始帝(刘玄)二年(24)，鲍永被朝廷征召，担任尚书仆射，并履行大将军职务。他到了河东，攻打青犊，大破敌军，朝廷封他为中阳侯。鲍永身为将帅，他乘的车辆、穿的衣服却陈旧而俭朴，路上人凭这一特点就知道是鲍永的车辆。

光武帝刘秀即位，派谏议大夫储大伯拿着符节征召鲍永。鲍永有所怀疑而扣押了储大伯，然后派人骑快马赶到长安去打探情况。待知道更始帝已死，鲍永释放储大伯等人，封存上将军、列侯印绶，为更始帝发丧后遣散士兵，只用幅巾束发(幅巾谓不着冠，只用幅巾束首)，和诸将以及自己心腹百余人到河内去见刘秀。

光武帝见到鲍永，问："你的士兵在哪里？"鲍永离开座席叩头说："臣侍奉更始帝，却不能保全他，我确实为率领他的士兵来求得富贵而惭愧，所以解散了他们。"当时汉军攻打河内郡治所怀县而未能攻下，光武帝对鲍永说："我攻打怀县三天都没能攻下，关东的人都敬佩你，你可以暂且带你的人去城下劝说他们。"于是就授予鲍永谏议大夫之职。鲍永到了怀县，劝说更始帝封的河内大守，于是河内太守打开城门降汉。光武帝大喜，赐给鲍永住宅，鲍永固辞不受。

当时，董宪副将屯兵于鲁郡，危害百姓，朝廷授鲍永为鲁郡太守。鲍永到了以后大败敌军，投降的就达数千人。皇帝表彰他的功劳，封他为关内侯，调任扬州牧。正赶上鲍永母亲去世，鲍永辞去官职，把财产全都分给那些贫苦孤弱的弟子。

建武十一年(35)，鲍永被朝廷征召任司隶校尉。他上任不久，就以弹劾赵王刘良一事名震京师。赵王刘良是光武帝的叔父，曾抚育刘秀兄弟长大成人，新莽末年又随刘秀起事，妻子和两个儿子皆为王莽军所杀害。刘秀称帝后，刘良被封为赵王，成为当时权势熏天的皇亲贵戚。这年中郎将来生病故，赵王去参加葬礼，在回来的路上，恰与右郎将张邯的车马相逢在城门中，因道路狭窄，交通阻塞。刘良遂大发王爷脾气，破口大骂张邯的车夫，又将守门官岑尊召去斥责了一顿，并让他马前叩头。鲍永闻知，上疏弹劾刘良"知为诸侯藩臣，蒙恩入侍，明知岑尊为六百石之帝城门侯吏，而肆意羞辱，逼令磕头认错，奔走马头前，无藩臣之礼，大不敬"。赵王刘良因此被降为赵公。

由于鲍永不避权贵、严于执法，使朝廷风纪肃然，王公大臣莫不戒慎。鲍永还将鲍恢辟为都官司从事，同他一道纠纷不法。这位鲍恢也是一个"抗直不避强御"的猛士，从此，鲍永更是如虎添翼，就连光武帝刘秀也常对身边的人说："贵戚且宜敛手，以避二鲍。""二鲍纠慝"这个典故成为执法者不避权贵、严明执法的典范。

董宣洛阳强项

董宣(生卒年不详)，字少平，东汉陈留郡圉地(今河南杞县南)人。

董宣起初为司徒侯霸征召，官至北海相。郡中武官公孙丹建造豪宅，风水先生说这是凶宅，入住后家里一定要死人。公孙丹就纵使儿子杀了一个过路人，移尸新宅，作替死鬼。董宣得知后，就把公孙丹父子收捕斩杀。公孙氏是个大家族，其族亲纠集 30 余名丁壮，拿着兵器到府衙闹事。董宣以公孙丹从前曾依附过篡位的王莽的罪名，认为公孙亲党有串通海贼的嫌疑，于是把这 30 余人一网打尽，下在死囚牢中，指使门下书佐水丘岑尽数杀戮。

青州知府弹劾董宣滥杀无辜，把董宣和水丘岑一并拿下，移交廷尉处理，判了死刑。就在行刑之际，光武帝派来的特使快马驰至，特赦董宣缓刑，押回大牢。特使审问董宣，为何滥杀无辜。董宣把公孙氏一案的前因后果、来龙去脉一一具告，并言明水丘岑是受他的指令杀人的，不应判罪。特使向光武帝如实禀奏，光武帝下旨贬董宣为怀县县令，并让青州府不再追究水丘岑罪责。后来水丘岑官至司隶校尉。

江夏一带有夏喜为首的贼寇作乱，一郡不得安宁。朝廷派董宣为江夏太守。董宣到境，发文书说："朝廷派太守擒拿贼寇，所以我担任了这个职务。现在统兵到边界，文书已到，希望你们考虑该怎么做吧。"夏喜等一帮贼寇对董宣的铁腕早有所闻，十分害怕，纷纷缴械归顺。当时外戚阴氏（皇后阴丽华的亲戚）做江夏郡都尉。董宣不仅不巴结攀附，反而时时轻慢他，所以不久即被罢官。

后来朝廷特地征召董宣为洛阳令。当时湖阳公主家的奴仆杀人，因藏匿在公主家里，官吏无法抓捕。等到公主出行，这个家奴当随从，董宣闻讯在夏门亭等候他们。待公主来到，董宣拦住车马，用刀在地上比画，大声数落公主的过失，呵斥那个家奴下车，并当场杀了那个家奴。湖阳公主立即回宫向弟弟告状。光武帝很生气，召来董宣，要用木槌打死他。董宣叩首说："请让我说一句话再死。"光武帝说："你想说什么？"董宣说："陛下圣德，使国家中兴，却放纵家奴杀害良民，将如何治理天下呢？我不需用木槌打，请让我自杀。"说完用头撞击房柱，血流满面。光武帝为给公主一个面子，命令宦官挟持董宣，让他磕头向公主谢罪，董宣不从。宦官强使董宣磕头，董宣两手撑地，始着终不肯低头。公主挑拨说："文叔（光武帝刘秀的字）做普通人的时候，私藏逃亡罪人，官吏们不敢上门搜捕。如今做了天子，威势竟然不能使一个洛阳令听命吗？"光武帝笑着说："天子与一般人身份不同。"于是就释放董宣，敕封为强项令，赐钱 30 万。董宣把钱全部分给了下属官员，从此洛阳境内皇亲贵族不敢横行不法。京师百姓称颂董宣为卧虎，做歌谣说："董少平做洛阳令，鸣冤之鼓不再响（枹鼓不鸣董少平）。"

董宣当了五年洛阳令，74 岁死于任上。光武帝遣使到他家里吊唁慰问，只见粗布被褥覆盖遗体，妻子儿女相对而哭。家里只有几斛大麦、一辆破车。光武帝闻报伤心地说："董宣清正廉洁，直到他死了我才知道！"于是赐以绿色印绶（艾绶），按大夫礼节安葬。并拜其子为郎中，后官至齐相。

张纲埋轮刺奸

张纲（108～143），字文纪，东汉犍为郡武阳（今四川彭山）人。

张纲少时勤奋好学，对经学有一定研究。他虽出身官宦家庭，但无纨绔习气，司徒举荐他担任御史。

东汉顺帝时期，外戚与宦官专横跋扈，危邦乱国。目睹此情，张纲深以为忧，毅然上书，希望皇上“割损左右”，以顺天下人心。奏章呈上去，竟被搁置。

汉安元年(142)，顺帝选派侍中杜乔、光禄大夫周举、郭遵、冯羡、栾巴、张纲、周栩、刘班等八人巡行州郡，负责推荐人才，弹劾奸佞。

杜乔等人接诏后皆受命而行，张纲却将车轮埋在洛阳近郊的都亭，愤然宣称：“豺狼当道，安问狐狸！”随即草拟奏章，弹劾太尉桓焉、司徒刘寿“尸位素餐，不堪其职”，揭露司隶校尉赵峻、河南尹梁不疑、汝南太守梁乾等贪赃枉法、违法乱纪，并用槛车将他们送交廷尉治罪。还指控鲁相寇仪有犯罪行为，寇仪畏罪自杀。其后张纲又不顾个人安危，上书历数当朝国舅、大将军梁冀等 15 条罪状，京城为之震动。顺帝知道张纲仗义直言，既不采纳，也不降罪。

梁冀对张纲十分忌恨，伺机报复。当时，广陵郡有个叫张婴的人，聚集数万人在扬州和徐州之间抗击官府，前后达 10 余年，朝廷深感棘手。梁冀意欲借刀杀人，指使尚书推荐张纲出任广陵太守。

张纲赴广陵，亲率郡吏十余人到张婴营垒，以祸福利害晓喻，张婴很受感动，决定投诚。朝廷欲论功行赏，但因梁翼从中阻挠而作罢。朝廷器重张纲，要召他入朝任职，被张婴等知道，上书挽留，得到顺帝准许。

张纲在广陵一年，即病殁于任上，当时仅 36 岁。百姓前去哀悼的不计其数。自张纲染疾，当地父老为他祷告求福。人们说：“千年万载，何时才能再遇此君。”张婴等 500 余人披麻戴孝，扶柩送至武阳，直到安葬完毕才挥泪而去。

苏章不以私情枉法

苏章(生卒年不详)，字孺文，东汉扶风平陵(今陕西咸阳西北)人。

苏章出身官宦世家，祖父苏纯，字桓公，士人见面后都说：“见到苏桓公，害怕他教诲责备；见不到他，却又思念他。”

苏章年少博学，能写文章。安帝时举贤良方正，因对策高第，被授为议郎。在任上数陈得失，其言甚直。出为武原县令，一年发生灾荒，苏章下令开仓廪赈济，3000 余户居民因此得以活命。

顺帝时，苏章曾担任冀州刺史，恰逢有位老友在他治下清河郡任太守。苏章巡视所属郡县，发现这位老友有贪赃枉法行为，于是请太守赴宴，畅谈平日交情。太守高兴地说：“别人都只有一个天作为遮护，唯独我有两重天保护自己！”苏章说：“今晚我请你饮酒，是出自私人的感情；明天我要查办你的事，那可就是执行国法了。”到第二天，苏章果然秉法治了老友的罪，全州官员受到震动，不敢玩忽职守。

后苏章为并州刺史，以“推折权豪，忤旨”被免官。苏章隐身乡里，不交当世。后征为河南尹，不就。“时天下日敝，民多悲苦，论者举章有干国才，朝廷不能复用，卒于家”。

包拯铁面无私

包拯(999～1062)，字希仁，北宋庐州(今安徽肥东)人。

包拯出身官宦家庭，28岁考中进士，初为大理评事，又授建昌知县、监和州税，但因父母在堂没有赴任，延至36岁父母辞世后才出任天长县(今安徽天长)知县。在天长任上因断案出名，两年后升任知州。

包拯曾在庐州为官，亲朋故友认为有了靠山，但包拯却“平居无私书，故人、亲党皆绝之”。并在一次断案中将横行乡里的堂舅当堂打了70大板，有人埋怨包拯不讲人情，包拯写诗一首，表达了自己要做清官的愿望：

清心为治本，直道是身谋。秀干终成栋，精钢不作钩。
仓充鼠雀喜，草尽狐兔愁。史册有遗训，无贻来者羞。

宝元三年(1040)，包拯出任端州知州。端州出产端砚，每年要进贡朝廷。历任知州为中饱私囊，加大征收数量，给达官贵人送礼行贿。包拯则于进贡数量之外不额外加征一块砚台。百姓称善，待包拯三年后离任，砚工精制一方砚台相送，被包拯婉言谢绝。

离开端州，包拯任监察御史，曾出使契丹，不辱王命。仁宗庆历六年(1046)任三司户部判官，三年后升任三司使。在任上提出减裁冗兵、冗员，节省开支等改革主张。期间曾奉命调查陈州受灾情况，他回朝后连奏7本，终于废除“折变”法，并将转运使王逵撤职。

皇祐二年(1050)，包拯任知谏院，行谏官之责。包拯曾连续3次上书，弹劾张贵妃伯父张尧佐。史称包拯“立朝刚毅，贵戚宦官为之敛手，闻其者皆惮之”。

两年后，包拯以龙图阁直学士先后在扬州、庐州、池州为知州，在江宁府、开封府任知府。开封是北宋京师重地，权贵们多仗势横行霸道。包拯办案铁面无私，无所畏惧，朝野上下呼为“包青天”，开封百姓作歌称“关节不到，有阎罗包老”。

包拯一生清正廉洁，极恨贪欲之人，曾说：“廉者，民之表也；贪者，民之贼也。”他曾写过一则家训刻石在墙：“后世子孙仕宦有犯赃滥者，不得放归本家；亡殁之后，不得葬于大茔之中。不从吾志，非吾子孙。”

嘉祐七年(1062)夏天，包拯正在枢密副使府衙理事，突然发病，不久去世。谥号“孝肃”。

赵抃铁面御史

赵抃(1008～1084),字阅道,谥号"清献",北宋浙江衢县人。赵抃,有作"赵卞"或"赵忭",皆误。

北宋景祐年间进士、翰林学士曾公亮并不认识赵抃,闻其名推荐其为殿中侍御史。赵抃弹劾不避权幸,京师目为"铁面御史",又称"铁面春风"。他曾解释说:"小人即使犯了小小的过失,也应当尽力遏制;君子不幸有所贻误,则应当保全爱惜,以成就他的德行。"赵抃为官清廉、刚正,欧阳修、苏洵、周敦颐等名臣、名士都曾受过他的提携。

嘉祐六年(1041),赵抃入蜀任益州知州。蜀地偏远,百姓势弱,官吏肆意违法。赵抃以身作则,使得当地风气为之改变。益州治下偏远的小城,有的百姓一生也没有见过知州。赵抃巡视属县无处不到,当地百姓高兴地互相告慰,贪官污吏惊恐慑伏。赵抃后调任虔州知州,虔州素来难以治理,他召见各县县令,告诫他们勤于政事。为发展生产,教化百姓,赵抃在虔州凿十八滩,建章贡台,创清溪书院,致虔州"岁丰无盗,狱冷无冤"。

后赵抃任度支副使,又升为天章阁待制、河北都转运使。原先朝廷下令召募乡兵,过了期限也未能完成任务,主管官员因此被判罪的有800多人。朝廷下诏让赵抃督办,赵抃上奏说:"黄河以北地区连年丰收,所以应征的人少。请求宽限时间,等待农闲的时候再行召募。"获罪的官员们都被免罪,而召募乡兵的事不久也就完成了。

英宗治平元年(1065),调赵抃知成都府。赵抃携带一琴一鹤,匹马上任。英宗曾与赵抃说起此事:"闻卿匹马入蜀,以一琴一鹤自随;为政简易,亦称是乎!"其后人为纪念此事,以此为堂号曰"琴鹤堂"。赵抃先前在蜀地任知州时,有人聚众非法祭祀妖邪,赵抃以严刑处置。这次又发生了此类案件,大家都认为赵抃一定会严刑处置。赵抃查明并无其他原因,将为首的人判了刑,其余的人都释放了,蜀地百姓都非常高兴。英宗曾与京东转运使荣諲论及此事,称赞"赵抃为成都,中和之政也"。今四川尚存二贤祠,为后人为纪念赵抃与杜甫二人所建。

神宗即位,征召赵抃回朝任知谏院。不久,赵抃请求回越州。其时吴越瘟疫盛行,死的人超过一半。赵抃致力于救灾,掩埋死者,救治病人,而活着的人则去修筑城墙,以工代赈,让他们能够自食其力。

赵抃为人宽厚,清正有修养,别人从未看到他喜怒于色。他为政,善于依据当时当地的情况和风气来处置,为当时的人所称赞。

元丰年间,赵抃以太子少保辞官归居。据《宋人轶事汇编》卷九《罗湖野录》记载:"赵清献元丰间以太子少保归三衢,与里民不间位貌,名所居为高斋,有诗见意曰:腰佩黄金已退藏,个中消息也寻常。时人要识高斋老,只是阿村赵四郎。”

元丰七年(1084),赵抃逝世,追赠太子少师,谥“清献”。苏轼撰《赵清献公神道碑》,赞称:“东郭顺子之清,孟献子之廉,郑子产之惠,晋叔向之贤”抃一人“兼而有之”。宰相韩琦赞为“世人标表”。

陈瓘议论正直

陈瓘(1057～1124),字莹中,号了翁,又号“华严居士”。北宋南剑州沙县(今福建沙县)人。

陈瓘元丰二年(1079)科举考中探花,授官湖州掌书记,后任礼部贡院检点官。陈瓘为人谦和,不争财物,闲居矜庄自持,不苟言谈,通《易经》。元祐四年(1089),陈瓘出任越州通判。当时,奸相蔡京的胞弟蔡卞为越州太守。蔡卞听说陈瓘很有才华,想收为己用,便多方加以笼络。陈瓘知道蔡卞心术不正,不愿与之同流合污,多次以生病为借口,要求辞官归隐。

后来,陈瓘改任温州通判。北宋沿袭唐代职分田制,按内外官和服务性质的不同,授予官员 80 亩到 12 顷的职分田,以其租充作俸禄的一部分。陈瓘认为自己的职分田收入颇丰,只取其中一部分作为生活费用,其余全部充公。

绍圣元年(1094),章惇为相,主动征询陈瓘当今朝政应以什么为重。陈瓘直言相告说:“当今处理朝政应该公正,不能再搞朋党政治。”章惇不同意这种观点,说:“司马光奸邪,对其进行惩治是当务之急。”陈瓘反驳说:“这就错了,就像乘舟一样,偏重左右任何一边,都有失天下之所望。”章惇大怒说:“司马光不务缵述先烈,而大改成绪,如此误国,不算奸邪又是什么呢?”陈瓘以理力争说:“不了解人的心迹,就怀疑人家的行为,是不可为的;没有罪证,就指责他人奸邪,盲目处治才是最大的误国。当今之急是消除朋党,公平持正,才可以救弊治国。”章惇虽然十分气愤,但也不得不佩服陈瓘的胆识和学识。

陈瓘被任命为太学博士。蔡卞等人抓住司马光的《资治通鉴》大做文章,大举排除异己。陈瓘上书言朋党之争误国,因而忤犯了蔡卞一伙,被贬官。

宋徽宗即位,陈瓘被任命为右正言,后又升为左司谏。陈瓘身为谏官,认为职责所在,不能不对朝政秉公进言。他在回答徽宗询问时说:“做事应该持公正态度,顾及大体,不要抓住人家枝节小事不放,以其一点,攻击其余。尤其是作为谏官更应该尊重事实,不要以自己的孤见寡闻来妖言惑众。”御史龚尖因弹劾蔡京误国,被蔡京一党驱逐出京。陈瓘不畏强权,挺身而出,严正陈词:“绍圣以来七年间就有五次驱逐朝廷大臣的事件。被罢免放逐的都是与蔡京政见不同的官员。今天又要驱逐龚尖,公理何在?”

陈瓘公然上书奏请治蔡京等人结党营私、误国误民之罪，并上书抨击皇太后干预朝政等事，得罪太后一党，被贬为扬州粮科院监官；不久又转任无为军知事。翌年，陈瓘被召回京城，任著作郎，后改任右司马员外郎兼代理给事中。其时，蔡京的党羽曾布为相。曾布派门客私下告诉陈瓘，将授予他实职，企图以高官收买他。陈瓘不为所动，对儿子陈正汇说："我与宰相议事多有不合，现在他们以官爵为饵来笼络我，如果我接受他们的推荐，那么与他们所为有什么区别呢？这样做于公于私都有愧。"不久，陈瓘就被贬为泰州知府。

后来，陈瓘被贬置通州。蔡京一党变本加厉地迫害陈瓘，宣和六年(1124)，陈瓘病逝于楚州，终年65岁。

宋钦宗即位，蔡京一党失势，朝廷追封陈瓘为谏议大夫，并在县学中建斋祠奉祭。绍兴二十六年(1156)，宋高宗赵构对辅臣们说："陈瓘当初为谏官，议论正直，对国家大事多次陈言，现在看来都是对的。"因此，特谥陈瓘为"忠肃"，赐葬扬州禅智寺。

陈表铁面御史

陈表(1490～1573)，字献忠，号草池，明玉溪北城(今云南玉溪)人。

陈表嘉靖二年(1523)考中进士，授任四川汉安县知县。不久因父母相继去世回家守制。守孝期满改任四川云阳县知县。他在四川任知县期间，严惩土豪恶霸，奖励农业生产，政绩十分突出。嘉靖十一年(1532)升任浙江道监察御史。第二年受命为钦差大臣，"持节"巡按直隶、淮阳(今河南沁阳)等地政务。所到之处，以"洗冤泽物"为己任，坚持秉公办事，敢于惩治残民肥己的贪官污吏，热忱解救患难无告的平民百姓。

当时淮阳知府是内阁首辅夏言的侄子，历届巡按明知他贪婪暴虐，但慑于夏言权势，都不敢过问。陈表来到淮安，就有好心人劝他少管闲事，以免和夏言结怨引火烧身。陈表下定决心要为民除害，说："吾今代天巡狩，讵可容私。……吾职宁休，民害必除。"他这种嫉恶如仇的态度、刚正不阿的性格和敢说敢做的气魄，一时广为传颂，人们称他为"铁面御史"。夏言因此嫉恨陈表，必欲除之，不到一年时间，陈表就以"忠直见忤"而削职罢官。

陈表被罢官以后，在江南漫游几年，然后自楚归滇。陈表回到新兴，为家乡办了许多好事，最突出的有两件：一是兴办学校。嘉靖二十年(1541)创办"草池书院"，邀其学生吕淮和他一起在书院讲学。当时新兴未设官办州学。陈表回玉溪之前，知州杨杰已多次上疏朝廷，申请建学，但主管部门借口事关重大，一直拖延不予批准。为了振兴教育、培养人才，70多岁的陈表联合父老乡亲，再次呈请设立州学。鉴于他的身份、名望，明穆宗隆庆元年(1567)批准了陈表的呈请，从此结束了新兴没有官学的历史。二是兴修水利。当时新兴坝子东部干旱严重，常年缺水，经常颗粒无收。陈表亲自察勘地形，捐出资金，组织当地农民在灵照山下凿涵洞，引来撒喇沟水，使千余亩农田得到灌溉。

嘉靖三十五年(1556)，陈表著《家训》一书，要求子孙"勤俭治家为先，清心励学为要"。黔国公"雅慕"陈表人品，多次要把自己的"勋庄"相赠，但被他坚决拒绝。陈表80岁生日，知州要为他庆寿，他也婉言谢绝。

万历元年(1573)，陈表去世，葬新兴豸绣山。因陈表生前兴学、治水有功于百姓，知州张子京等人上疏朝廷，为他在新兴州建乡贤祠，以供后人缅怀。这是新兴州建乡贤祠的开始。

海瑞守廉治贪

海瑞(1515～1587)，字汝贤、国开，自号刚峰，回族，广东琼山海厝(今属海南海口)人。

海瑞自幼攻读诗书经传，博学多才，嘉靖二十八年(1550)中举。初任福建南平教谕，后升浙江淳安知县。海瑞身为县令，清廉自守，穿布袍，吃粗粮、糙米，让老仆人种菜自给。一日母亲大寿，海瑞仅买了两斤肉。胡宗宪的儿子路过淳安县，索要见面礼。海瑞说："过去胡总督按察巡部，命令所路过的地方不要供应太铺张。现在这个人行装丰盛，一定不是胡公的儿子。"打开袋子有金子数千两，收入到县库中，并派人乘马报告胡宗宪。胡宗宪吃了个哑巴亏，没有因此治罪。都御史鄢懋卿巡查路过淳安县，海瑞酒饭供应十分简单，并声称县邑狭小不能容纳众多的车马。鄢懋卿十分气愤，海瑞因此贬为兴国州判官。

嘉靖四十一年(1562)，海瑞任诸暨知县；嘉靖四十五年(1566)任户部云南司主事。当时明世宗迷信巫术，生活奢华，不理朝政，海瑞买棺材，别妻子，散童仆，以死上书，劝说世宗不要相信方士的骗术，应振理朝政，因而激怒世宗，诏命下狱论死。

首辅徐阶力救海瑞，刑部尚书黄光升则把海瑞上书比拟儿子骂父，以减轻其罪责，营护海瑞甚力。同年十二月世宗驾崩，穆宗即位，海瑞获释出狱。

隆庆三年(1569)，海瑞调升右佥都御史，他一如既往，惩治贪官，打击豪强，疏浚河道，修筑水利工程，并推行一条鞭法，遂有"海青天"之誉，深受百姓的爱戴。

徐阶告老还乡，其子徐瑛仗势霸占民田，气死赵玉山之子，又抢走赵玉山的孙女小兰。小兰母亲洪氏赴县衙控告。华亭县令王明友受贿，当堂打死赵玉山，轰出洪氏。海瑞正调任应天巡抚，得知冤情，复审此案。徐阶自恃有恩于海瑞，代子求情，提出交田赎罪。海瑞坚持占田应退，犯法当诛。徐阶恼怒，唆使朝臣弹劾海瑞，新巡抚戴凤翔亲来摘印。海瑞于交印前，斩了徐瑛及县令王明友。

海瑞革职闲居16年之久。万历十三年(1585)，重被起用，先后任南京吏部右侍郎、南京右都御史，力主严惩贪官污吏，禁止徇私受贿。后病死于南京。

秦士奇不避权贵

秦士奇(生卒年不详)，字庸理，一字公庸，号一水，明山东金乡人。

秦士奇天启五年(1625)中进士，授江苏昆山知县。秦士奇到任不久接到应天巡抚一张檄文，原来是巡抚毛一鹭依附阉党，要为魏忠贤在苏州虎丘立生祠。秦士奇不予理睬，未捐分文。县里一位老书办劝秦士奇不要过于倔强，秦士奇回答说："我只知有大明天子，他魏忠贤算个什么？为他造生祠，岂有此理！我不管别人怎么做，要杀要剐，随他去吧。"

不久，生祠建成，魏忠贤指名要秦士奇为生祠撰写对联。毛一鹭把秦士奇请到抚台衙门，告诉他魏忠贤的意思。秦士奇拒不应命，毛一鹭几番劝说无效，把秦士奇软禁起来。幸好秋后天启皇帝驾崩，魏忠贤失势，秦士奇被释放回家。

不久，朝廷对"不拜魏祠者加级超补"，秦士奇被委任为获鹿县知县。崇祯四年(1631)冬，秦士奇因勤王有功，调任固安县知县。在秦士奇到任之前，有一桩案子久拖未决。原来，固安县有一个恶霸叫刘仲，依仗弟弟刘侨在京城做御前金吾，鱼肉乡里，无恶不作，被绅民联名上告，收入监牢。前任知县在刘侨威压下，判刘仲"延缓外讯"，实际是让刘仲逍遥法外。

秦士奇上任，绅民已经先把状子递到京城，崇祯皇帝下旨重申。刘侨携重金回固安造访秦士奇。秦士奇待之以礼，但拒收礼金。刘侨回到京城又托人捎话说："只要秦知县能开脱刘仲死罪，当在皇上面前保奏升迁。"秦士奇不为所动，经过两个月的明察暗访，查清了刘仲的犯罪事实，比照大明律处以死刑。

刘侨衔恨搬弄是非，秦士奇差一点被下狱治以死罪。其后朝中老臣三次保荐秦士奇，皆因刘侨作梗而未成。

清兵入关，秦士奇渡江南下，投入史可法麾下为幕府。后随史可法守扬州。扬州失守，秦士奇不知所终。

九、抗颜直谏

龙逢忠谏被杀

龙逢(生卒年不详)，姓关，名龙逢，又称豢龙，夏末时豢龙部族人。

关龙逄在夏末君主发时就任大夫。发之子癸弑父即位，癸因谥号为桀，史称“夏桀”。夏桀施行暴政，残杀忠臣良将，蹂躏黎民百姓，天怒人怨，朝政日衰。龙逄多次向夏桀进谏，最后因此为夏桀所杀。

龙逄之死，史书上有三种记载：

其一：一天，夏桀让龙逄陪他在瑶台观看炮烙之刑。夏桀问：“观看这种刑罚快乐吗？”龙逄答：“快乐！”桀反问：“观看酷刑为什么不悲伤？”龙逄答：“天下人认为最苦的恰恰是君认为最乐的，我是君的臣，为什么会不高兴呢？”夏桀说：“现在我听你说，说得对我就改正，说得不对我就对你施加酷刑。”龙逄说：“我看君王头上悬着危石，脚下踏着春冰，头顶危石无不为石覆压，脚踏春冰无不下陷。”夏桀笑道：“你是说国家灭亡，我要同国家一起灭亡。你只知我要灭亡，却不知你现在就要灭亡吗？”夏桀对龙逄施以炮烙之刑，关龙逄赴火而死。

其二：夏桀建造的酒池中可以运船；堆起的酒糟足有十里长，池中之酒可供牛饮者3000人。龙逄向夏桀进谏说：“古代君王，讲究仁义，爱民节财，因此国家长治久安。如今您如此挥霍财物，上天会降下灾祸，那时定会有不测的结果。”说毕立于朝廷不肯离去。夏桀大怒，命人把他囚而杀之。

其三：龙逄献黄图进谏。所谓黄图就是一种地图，龙逄想借此说明形势危急，君王应多关心朝政。龙逄献了黄图却立而不去。夏桀心里很不耐烦，什么也不问便把黄图烧毁，接着喊来兵士把关龙逄囚禁起来，不久就杀了。

龙逄墓有两处：一处在今河南灵宝孟村村西；一处在河南长垣东南龙相村。唐朝时为龙逄墓立碑，碑上刻：“夏直谏臣关公之墓。”

柳下惠直道事人

柳下惠(前720～前621)，展氏，名获，字禽，春秋时期鲁国人，是鲁孝公的儿子公子展的后裔。“柳下”是他的食邑，“惠”则是他的谥号，所以后人称他“柳下惠”。据说他又字“季”，所以有时也称“柳下季”。《孟子》中说“柳下惠，圣之和者也”，所以柳下惠也有“和圣”之称。

柳下惠直道事人，史书中有几处记载。鲁僖公二十六年(前631)夏，齐孝公出兵讨伐鲁国，权臣臧文仲问柳下惠如何措辞，才可以使齐国退兵。柳下惠说，听说大国做好小国的榜样，小国好好侍奉大国，这样才能防止祸乱；现在鲁国作为小国却狂妄自大，触怒大国，无异自取其祸，怎么措辞都是没有用的。柳下惠这样说，相当于对臧氏在鲁国的执政行为直言不讳地表示了批评。

鲁僖公派柳下惠的弟弟展喜去慰劳士兵以便迎战。柳下惠得知，便向展喜授以方略，让他到齐营去见齐孝公。孝公问：“我齐国现在大军压境，你们害怕了吧？”展喜笑道：“小人才会害怕呢，君子是不会害怕的！”孝公问为什么。展喜说："凭先王之命。当初鲁之始封国君周公和齐的始封国君太公曾共同辅佐周成王，成王曾赐以盟书，说齐鲁两国今后要世代修睦敦好，不可以互相残杀。现在盟约尚藏在内府，载于史书，每当新君即位都要郑重地宣誓永志不忘。你这才即位几天，怎么能把这事抛在了脑后？"齐孝公无言可对，自知理亏，只好撤兵。

齐国国君派人向鲁国索要传世之宝岑鼎。鲁庄公舍不得，却又怕得罪齐国，遂打算以一假鼎冒充。但齐国人说："我们不相信你们，只相信以真诚正直闻名天下的柳下惠。如果他说这个鼎是真的，我们才放心。"庄公只好派人求柳下惠。柳下惠说："信誉是我一生唯一的珍宝，我如果说假话，那就是自毁我珍宝。以毁我的珍宝为代价来保住你的珍宝，这样的事我怎么会做呢？"庄公无奈，只得以真鼎送往齐国。

《国语》还记载了柳下惠批评臧文仲祭祀海鸟的故事。一只名为"爰居"的海鸟停留在了鲁国都城东门外好几天了，臧文仲让都城的人都去祭祀它。柳下惠却说，臧氏治国简直就是乱来，祭祀是国家的重要制度，圣王只祭祀对人民和国家有功劳的人和事物，而海鸟"爰居"飞到鲁国，还不知道它为什么飞来，也不见得它对人民有什么功德，这样就决定祭祀它，实在不是仁德和明智的举措。柳下惠猜测海鸟是为躲避灾难而来，而事实证明了他的猜测是对的。

中国历史上广泛流传一则柳下惠坐怀不乱的故事，元朝胡炳文《纯正蒙求》记述说：鲁国人柳下惠，姓展名禽，一次出远门的晚上住在都城门外。当时天气严寒，忽然有一位女子来投宿，柳下惠恐怕她冻死，就让她坐在怀中，用衣服盖住她，一直到第二天天亮也没有发生越礼的事。

据《论语・微子》记载，柳下惠道德、学问名满天下，但却仕途坎坷，屡受打击排挤，曾三次被罢黜。诸侯都争着以高官厚禄礼聘他，但都被他一一拒绝了。有人问其原因，柳下惠回答道："我在鲁国之所以屡被黜免，是因为坚持了做人的原则。如果一直坚持下去，到了哪里也难免被黜免的结果；如果放弃做人的原则，在鲁国也可以得到高官厚禄。那又何必离开生我养我的故乡呢？"孔子在谈到柳下惠的遭遇时十分气愤，说："臧文仲其窃位者与？知柳下惠之贤而不与立也！"（《论语・卫灵公》）

《孟子》一书曾把柳下惠和伯夷、伊尹、孔子并称"四大圣人，认为他不因为君主不圣明而感到羞耻，不因官职卑微而辞官不做；身居高位时不忘推举贤能的人，被遗忘在民间时也没有怨气；贫穷困顿时不忧愁，与普通百姓相处，也会觉得很愉快；他认为自己和任何人相处，都能不受不良影响。因此，听说了柳下惠为人处世的气度，原来心胸狭隘的人会变得宽容大度，原来刻薄的人会变得老实厚道。孟子认为像柳下惠这样的圣人，是可以成为"百世之师"的。

史鱼黜殡尸谏

史鱼(生卒年不详),又名史鳅、史佗,字子鱼,春秋时卫国大夫。

史鱼在卫灵公时任祝史,故称“祝佗”,负责卫国对社稷神的祭祀。吴延陵季子过卫时,赞史鱼为卫国君子、柱石之臣。卫灵公三十八年(前497),大夫公叔曾设家宴招待灵公。史鱼告诫叔子说:臣子富而君主贫,必将遭祸;免祸的办法,只有富而不骄,谨守臣道。

卫国有个贤人叫蘧伯玉,史鱼多次向卫灵公推荐而不见用;有个官员叫弥子瑕,史鱼因其不正,多次建议卫灵公将其罢黜而不得结果。

后来,史鱼得了重病,奄奄一息,临终前嘱咐儿子说:“我在朝内做官,屡次向国君谈到蘧伯玉之贤,但是不能进用;又屡次谈到弥子瑕是个不肖的人,但是他现在还留在位子上。不能进贤而退不肖,是我身为臣子却没有能够扶正君王的过失啊!生前无法正君,那么死了也无以成礼。我死后,你将我的尸体放在窗下,这样对我就算完成丧礼了。”

史鱼的儿子听了,不敢不从父命,于是在史鱼去世后,便将尸体移放在窗下。

卫灵公前来吊丧时,见大臣史鱼的尸体竟然被放置在窗下,如此轻慢不敬,因而责问史鱼的儿子。史鱼的儿子于是将史鱼的遗命告诉了卫灵公。卫灵公听后很惊愕,脸色都变了,说道:“这是我的过失啊!”于是马上让史鱼的儿子将史鱼的尸体按礼仪安放妥当。回去后,便重用了蘧伯玉,接着又辞退了弥子瑕并疏远他。

史鱼“生以身谏,死以尸谏”,是刚直不阿的典型。孔子对此事评价说:“好一个刚直的史鱼!国家政治清明时他像箭一样直,国家政治黑暗时他还是像箭一样直。好一个君子蘧伯玉!国家政治清明时他做官,国家政治黑暗时他便隐退藏身了。”

翟璜巧谏文侯

翟璜(生卒年不详),出身狄族,战国时期魏国人。

翟璜当过魏国的相,帮助文侯灭了中山国,又向魏文侯举荐了吴起、西门豹、乐羊、李克、屈侯鲋,这几个人都是叱咤当时的人物。

《吕氏春秋》《资治通鉴》等典籍都讲述了翟璜巧谏魏文侯,免除任座之罪的故事。魏文侯与几位士大夫宴饮,席间他问大家:“我是一个什么样的君主?”大家纷纷赞仁称智,说的都是赞扬之语。轮到任座发言,任座不客气地说:“您是一位不贤明的君主。攻取了中山不封给弟弟,却封给儿子,以此知道你不贤明。”文侯很不高兴,怒形于色,准备处罚任座,任座吓得快步跑了出去。

接下来轮到翟璜发言，翟璜说："您是贤明的君主。我听说过，贤明的君主，他的臣子说话就直率。刚才任座的话很直率，由此可知您很贤明。"文侯听了很高兴，急忙将任座请回来，拜为上卿。

汲黯直谏匡君

汲黯(？～前112)，字长孺，西汉濮阳(今河南濮阳)人。

汲黯在汉景帝时因父荫做太子洗马，因为严肃使人畏惧。汉武帝即位，派汲黯做谒者观察东越斗殴的情况，不想汲黯半道上就回来了，他说越人风俗喜斗，这件事不值得天子派使臣前往。黄河以北地区失火，汉武帝派汲黯视察，汲黯回来说："黄河北失火，并不值得担忧；黄河南百姓因水旱灾害，以致父子相食，我拿朝廷令牌开仓赈济。请皇上治我假传圣旨之罪。"

汉武帝贬汲黯为荥阳县令，汲黯耻于做这小官，托病回乡。不久汉武帝召回汲黯，任命为中大夫。汲黯多次急谏，汉武帝改派他任东海郡太守。汲黯以黄老无为之术治理地方，善于任用官吏，抓大放小，一年时间，东海郡大治，百姓称赞。汉武帝召回汲黯，任命为主爵都尉，地位在九卿之列。

这时，太后的弟弟武安侯田蚡为丞相，二千石以上的官吏来拜见，田蚡都不答礼。但是汲黯见田蚡从不行礼，拱手而已。汉武帝下诏征求天下学高德望之人，问朝臣自己如何，汲黯应答说："陛下内心多欲望却表面上行仁义，怎么能效法唐虞之治呢！"汉武帝生气退朝。公卿群臣都埋怨汲黯，汲黯说："天子任命公卿等辅佐大臣，难道是让我们讨好奉承，把主上置于不义的境地吗？况且我已身在其位，纵使爱惜自己，那又怎能辱没朝廷呢！"汉武帝没有贬汲黯官职，只是对左右说："太过分了，汲黯真是卤莽！"

汉武帝把汲黯比作社稷之臣，非常尊重，每次见他都要戴上帽子。一次，汉武帝坐在帐中，适逢汲黯前来，汉武帝因自己没戴帽子，连忙进后帐躲避。

张汤因制定刑律法令做了廷尉，汲黯当汉武帝面多次问难，说："天下人都说绝不能让刀笔之吏身居公卿之位，果真如此。如果非依张汤之法行事不可，必令天下人恐惧得双足并拢站立而不敢迈步，眼睛也不敢正视了！"

淮南王刘安阴谋反叛，畏惧汲黯，说："汲黯爱直言相谏，固守志节而宁愿为正义捐躯，很难用不正当的事情诱惑他。至于游说丞相公孙弘，就像揭掉盖东西的蒙布或者把快落的树叶振掉那么容易。"

汲黯曾因事被免官，在家几年后又被任命为淮阳太守。汲黯进宫对汉武帝说："我自以为死后尸骨将被弃置沟壑，再也见不到陛下了，想不到陛下又收纳任用我。我常有这病那病的，体力难以胜任太守之职的烦劳。我希望当中郎，出入宫禁之门，为您纠正过失，补救缺漏。这就是我的愿望。"

汉武帝坚持原来的任命，汲黯只好赴任，把淮阳郡治理得井井有条。后张汤获罪，汉武帝念汲黯忠直，让其享受诸侯相国俸禄，仍旧任淮阳太守。七年后汲黯病逝。

朱云折槛切谏

朱云(生卒年不详)，字游，东汉鲁(今山东)人。

朱云年少时轻财好义，到40多岁才拜师好好读书，曾任槐里令。

汉成帝时，丞相安昌侯张禹晋升为帝师，地位显赫。朱云上书求见成帝，当着诸大臣的面，对成帝说："现今朝廷内有一位大臣，上不能匡扶主上，下不能有益于人民，每天占着高位不做事，光拿俸禄不谋其政。就像孔子所说的，鄙夫不可与事君。如果不把这种人除掉，国家就不知道会发生什么事。臣请陛下赐给我尚方斩马剑，杀一奸臣，以激励其他官员。"

成帝问："你要斩的是谁呀?"朱云回答说："安昌侯张禹。"成帝大怒，道："你一个小官居于下位而毁谤上官，在朝廷上侮辱我的老师，处以死罪，决不宽恕!"

御史奉命推朱云下殿，欲斩之。朱云一面死死抓住御殿栏槛不放，一面在殿上大声疾呼："臣在九泉之下与龙逢、比干作伴足矣，臣死不足惜，但不知朝廷该怎么办！陛下将蒙受杀直谏大臣的恶名。"

在场的左将军辛庆忌，摘掉自己的官帽，解下官印和绶带，在殿下叩头说："朱云性情狂直，早已尽人皆知，陛下对他不可太认真，假如他说得有点道理，不能杀；说得不对，也应该宽恕他。臣愿以死相保，请求免他一死。"成帝怒气稍解，免了朱云死罪。

御殿上的栏槛被朱云折断了，当工匠要来修理时，成帝制止说："不要改变!就原样补合一下，我要用它来表彰直臣!"

宋代宋祁《咏汉史》诗云："朱石(云，一作游)英气凛生风，濒死危言悟帝聪。殿槛不修旌直谏，安昌依旧汉三公。"

张湛白马

张湛(生卒年不详)，字子孝，扶风平陵(今陕西咸阳西北)人。

张湛矜严好礼，动止有则，居处幽室，必自修整，与人谈话严肃审慎，即使和妻子见面，亦如正人君子。关中士人将其视为楷模。也有人说张湛是伪君子，张湛听说后笑笑说："我的确是伪君子。现在社会上人人皆装成恶人，只有我自己装成善人，这难道不可以吗?"

西汉成帝、哀帝年间，张湛出仕，官至二千石；王莽新朝时担任过太守、都尉之职。

东汉建武初期，张湛担任左冯翊，管理关中东部地区。时值东汉初建，典章礼制多废，张湛首先重新进行修订，用以管理和教化百姓，使全郡恢复正常秩序。建武五年(29)，拜光禄勋。

光武帝刘秀临朝听政，偶尔有倦容，张湛立即向皇帝指出。因张湛爱骑白马，刘秀一见到他就说："白马生且复谏矣。"在朝中与侯霸、郭丹等名臣并著于当时。"张湛白马"，是敢言直谏的著名典故。

建武七年(31)，张湛因病请求辞官，光武帝不准，任命他为光禄大夫。后接替王丹为太子太傅。建武十七年(41)，郭皇后被废，张湛称病不再上朝，改任为太中大夫。张湛因住在洛阳中东门官舍中养病，当时人们称他为"中东门君"。建武二十年(44)，大司徒戴涉因前太仓令奚涉一事下狱死，光武帝要起用张湛，他认为自己病情严重，不能再担此重任，光武帝也就不再勉强。几年后，张湛在家中病逝。

辛毗引裾正谏

辛毗(？～235)，字佐治，东汉豫州阳翟(今河南禹州)人。

初，辛毗跟随其兄辛评追随袁绍。建安九年(204)，曹操攻下邺城，上表推荐辛毗任议郎，后为丞相长史。公元220年，曹丕即皇帝位，是为魏文帝，以辛毗为侍中，赐爵关内侯。

魏文帝发现京城洛阳周围由于连年战争，人烟稀少，到处是废墟。他为了充实河南的人口，便打算从冀州(今河北一带)迁移百姓10万户。

当时正值大旱之年，蝗虫遍地，朝中百官都认为在这种时候作出这个决定，是逆天而行，万万做不得的。可是魏文帝固执己见，一意孤行。这一天，辛毗与大臣一起上朝求见皇上，文帝知道他们想进谏，接见时表情非常严厉，大臣们都不敢说话。辛毗上前进言说："如今久旱不雨，陛下怎么会在这时候忍心迁移百姓呢？"文帝责问辛毗说："怎么，爱卿以为朕迁民不对吗？"辛毗说："臣确实认为不对。"文帝把脸一扭说："朕不和你谈这些。"辛毗说："陛下不以为我没有才能，把我安置在您身边，怎么能不和我议论呢？我所说的不是私事，而是国家的忧虑，怎么能对我发怒呢？"文帝不回答，起身往宫里走；辛毗跟上去拉住皇帝的衣襟，死不松手。文帝拿他没有办法，说："爱卿帮朕治理国家，也不能这么急迫呀。"辛毗说："在这灾荒之年，如果迁移户口的话，既失去了民心，又没有粮食给他们吃。所以老臣不得不力争。"曹丕见辛毗如此坚决，无可奈何地摇了摇头，作出妥协让步，把原计划迁移10万户改为5万户。

魏明帝曹睿登基后，进封辛毗为颍乡侯，食邑300户。当时中书监刘放、中书令孙资为明帝所信任，大臣们争相与之交好，可是辛毗却不与他们交往。冗从仆射毕轨上表说："尚书仆射王思是专心勤奋的老吏，但是忠直谋略不如辛毗，辛毗应该代替王思。"明帝为此事咨询刘放、孙资，刘放、孙资回答说："陛下任用王思，确实是想看到他尽力效劳，不是看重他的虚名。辛毗确实忠诚耿直，然而性情刚愎专断，这是圣上考虑时应当详加考察的。"魏明帝因此不任用辛毗为仆射，不久让辛毗出京做卫尉。

青龙二年(234)，诸葛亮出兵渭南。司马懿上表举荐辛毗为大将军军师，加使持节号。诸葛亮病逝后辛毗返回，仍任卫尉。不久逝世，谥"肃侯"。

陈寿《三国志·辛毗传》称"辛毗刚亮公直，正谏匪躬，亚乎汲黯之高风焉"。"辛毗引裾"也成为敢于强谏的典范。

苏世长讽谏唐高祖

苏世长(生卒年不详)，雍州武功(今属陕西西安)人。

苏世长父亲苏振，北周封为建威县侯。苏世长十几岁时，上书北周武帝，武帝很惊奇，特地召见他，问他读什么书？回答说："研究《孝经》《论语》。"武帝问："有什么道理要讲吗?"回答说："为政以德。治理国家的人，对鳏夫寡妇都不要怠慢。"武帝很欣赏，让他入兽门馆读书。

隋朝建立，苏世长初为长安令，大业末年为都水少监。隋末战乱，苏世长投靠王世充做太子太保，与大将豆卢行褒驻守汉南。唐高祖李渊曾与他们有交情，多次派使者劝降，都被杀掉了。高祖平定王世充，苏世长才来归顺。高祖杀了豆卢行褒，责备苏世长。苏世长叩首谢罪，说："自古帝王登基，都以逐鹿比喻。一人得之，万夫敛手。难道还有猎获鹿的人，会忿恨其他一起猎鹿的人吗?况且我们武功地方的老人，自乱离以来，差不多都死了，只有我能看到天下太平。如果杀了我，是灭绝我们这些老朋友啊!"这一番话把高祖说笑了，任命他为玉山屯监。然后说起过去的事情，高祖调侃说："你认为自己是邪佞之人还是正直之人?"回答说："我虽然愚鲁，但很正直。"高祖问："你如果是正直的人，就不会背叛王世充而归顺我。"回答说："洛阳平定，天下一统。我智穷力竭，才归顺陛下。如果王世充不死，我仍会据守汉南，成为您的劲敌。"高祖大笑，嘲讽说："为什么你名字叫长而意气却短？口中说正直而心中却净些歪门邪道?"苏世长回答说："名长意短，确实如圣上所说；口正心邪，不敢领旨。过去窦融以河西地方归降汉朝，十世封侯；我今天以汉南地方来归顺，却只给了个屯监小官。"高祖很高兴，任命苏世长为谏议大夫。

后来苏世长跟随高祖在泾阳围猎，收获很多。围猎结束后高祖问群臣："今天围猎快乐吗?"苏世长回答说："皇上您停下纷繁的政务来围猎，不到百日，不算是十分快乐!"高祖脸色一变，接着又笑了，问："你是发疯了吗?"苏世长回答说:“如果仅从我的角度来考虑,便是发疯了,但如果从您的角度来考虑,我这是一片忠心呀!”

苏世长曾经在披香殿陪高祖饮宴,喝到尽兴时,他上奏道:“这座宫殿是隋炀帝建的吧?为什么装饰得这么华丽呢?”高祖说:“你好进谏像个直率的人,其实内心狡诈。你明明知道这座宫殿是我建的,为什么假装不知道,说是隋炀帝建的呢?”苏世长回答说:“我只是看见倾宫、鹿台,不是一位受天命的君王所做的。您在武功所住的房屋仅能够遮住风雨,当时您认为很好了。现在因隋朝奢侈,百姓不能承受驱使,因而归顺有道之君。您本应当去除奢侈,恢复朴素。现在却在隋朝的宫殿大加装饰,想拨乱反正,难道可能吗?”高祖认为苏世长的话十分正确。

魏征以谏诤为己任

魏征(580～643),字玄成,巨鹿下曲阳(今河北巨鹿,一说今河南晋县西)人。

魏征少年孤贫,胸有大志,勤奋好学,手不释卷,为避乱曾以出家道士身份隐居。隋末瓦岗起义,魏征被征召主管军中文书。魏征曾向李密进10条图霸策略,但不见用。

瓦岗军败,魏征随李密投降李渊,在招抚旧部时被窦建德俘获,被任命为起居舍人。两年后窦建德兵败,魏征逃至关中,被唐朝太子李建成召为洗马。此后数年,魏征多次劝李建成除掉李世民,但都没有结果。

唐武德九年(626),李世民发动玄武门之变,取得太子地位。李世民召见魏征责备说:“你为什么要离间我们兄弟呢?”魏征神情自若,回答说:“先太子早从征言,必无今日之祸。人各为其主,我有什么过错呢?管仲不是曾射中小白的带钩吗?”李世民见魏征应对有理有据,又素敬其才华,授官为詹事主簿,不久又升为谏议大夫。

李世民即位后,“励精求治,数引魏征入卧内,访以得失;魏征知所不言,太宗皆欣然嘉纳”。一年秋天,唐太宗在丹霄殿大宴群臣,说魏征每次谏争,如若不从,则不再应答。魏征回答说:“臣以为事不可,故谏;陛下不从而臣应之,则事遂行,故不敢应。”太宗说:“你先答应下来再进谏,这有什么妨碍呢?”魏征引大舜典故回答说:“臣心知其非而口应陛下,乃面从也。这难道是稷、契侍奉舜的态度吗?”太宗大笑说:“有人说魏征举止疏慢,我倒是很喜欢他这种性格。”魏征起身拜谢说:“陛下开臣使言,故臣得尽其愚;若陛下拒而不受,臣何敢数犯颜色乎?”

唐贞观中期以后,太宗骄傲自满情绪有所滋长,生活上也逐渐骄奢。魏征

“耻君不及尧舜，以谏争为己任”，先后上《论时政》《谏所行事与贞观初有异》《谏十思疏》等，规劝太宗居安思危，选贤任能，择善而从。太宗在一次宴会上表扬魏征说：“贞观之后，尽心于我，献纳忠谠，安国利人，成我今日功业，为天下所称者，惟魏征而已。古之名臣，何以加也。”

贞观十七年(643)，魏征病故，太宗命给羽葆鼓吹，陪葬昭陵。魏征妻裴氏辞谢说：“征平生俭素，今葬以一品羽仪，非亡者之志。”于是以布车载柩而葬。其后太宗追思魏征，说：“夫以铜为镜，可以正衣冠；以古为镜，可以知兴替；以人为镜，可以明得失。朕常保此三镜以防己过，今魏征殂逝，遂亡一镜矣。”

李绛忠忱善谏

李绛(762～829)，字深之，赵郡赞皇(今河北赞皇)人。

李绛初举进士，登宏辞科，授秘书省校书郎。秩满补渭南尉。贞元末，拜监察御史。元和二年(807)，以本官充翰林学士，知制诰。元和六年拜相，封高邑男。后历任华州刺史、兵部尚书、河中观察使、御史大夫、尚书左仆射、太子少师、太常卿、山南西道节度使，封赵郡公。宝历三年(829)被乱兵杀害。

李绛以匡谏为己任，皇帝很欣赏，曾说：“李臣所言，朕应该把它记下来绑在腰带上，天天拿来作为警诫省查。”

宪宗元和二年，唐宗室李锜举兵反叛，兵败被杀。宪宗下诏抄没李锜的家财，悉数载运至京城。李绛上奏，认为“李锜凶狡叛戾，僭侈诛求，刻剥六州之人，积成一刀之苦”，不如赏赐给当地道府，代替贫穷人家今年的租税。宪宗听从了他的建议。

李绛一生不同小人为伍，虽然多次劝谏触犯皇上，但最后他都能巧言善辩，化解危机。有一次，白居易劝谏皇上要容纳群言，皇上要治他的罪。李绛劝皇上说：“白居易一片忠贞，如果皇上治他的罪，天下人都必须把嘴闭上。”皇上听到李绛说此话，很难看的脸色转变过来了。

皇上曾经责备李绛太过分了。李绛哭啼着说：“我因为怕您左右的人每一个人都爱着自己，而不敢说真话，这是辜负了殿下，对不起天下人，更对不起皇上啊！如果臣子跟你说的话你不爱听，皇上就辜负了臣子的一片忠心。”皇帝听了这一番话，怒气便没有了。

十、礼贤下士

周公握发吐哺

周公(生卒年不详),姓姬名旦,公是周代爵位,因采邑在周(今陕西岐山北),故称“周公”或“周公旦”。

周公是周文王第四子,文王死后,周公先后辅佐哥哥武王、侄子成王,为建立和巩固周王朝做出巨大贡献。

周朝初建,周公受封于曲阜,国号为鲁。因政务繁忙,周公一直未去封国。儿子伯禽成人后,代父就封,临行前周公再三告诫说:“我作为文王的儿子、武王的弟弟、成王的叔父,地位与天下众人相比也不算低贱了,但我仍然时刻小心谨慎,虚己待人。我洗一次头,常常要好几次握着头发去接见要见我的人;我吃一顿饭,也常常是好几次吐出还未咽下的饭去礼遇天下贤士。就是这样,我还总是害怕天下有遗漏的贤人。你现在到鲁国去,千万不可因为自己是一国之君就怠慢别人啊!”

周公吐哺,天下归心。周公握发吐哺,成为后人礼贤下士的典范。

齐桓公选贤任能

齐桓公(? ~前643),姜姓,名小白。春秋五霸之首。

小白哥哥齐襄公在位,国政混乱,公子纠避难于鲁,管仲、召忽辅佐;公子小白避难于莒,鲍叔辅佐。前684年,齐国无君,公子纠与公子小白争夺君位。管仲带兵射中小白带钩,小白装死,先于公子纠回国,夺得君位,是为齐桓公。

齐鲁之战,鲁国战败,公子纠被杀,召忽殉死,管仲请囚,被送回齐国。齐桓公本想杀管仲以报一箭之仇,鲍叔劝阻说:“如果您要治理齐国,只需高傒和我就足够了;如果您想称霸天下,就非管仲辅佐不可。”齐桓公遂释前嫌,沐浴更衣,拜管仲为大夫。

第二年,齐桓公不听管仲劝阻,两次与鲁国开战,两次失利,由此认识到管仲才识,欲拜管仲为相。管仲劝齐桓公任用有用之才,说:“建成大厦,决不能单凭一根木材;汇成大海,也决不能仅靠几条涓涓细流。君欲成就大业必须任用五杰——举动讲规范、进退合礼节、言辞刚柔相济,我不如隰朋,请任命他为大司行,负责外交;开荒建城、垦地蓄粮、增加人口,我不如宁戚,请任命为大司田,掌管农业生产;在广阔的原野上使战车不乱、兵士不退,擂鼓指挥将士视死如归,我不如王子城父,请任命他为大司马,统帅三军;能够断案合理公道,不杀无辜者，不诬无罪者，我不如宾胥无，请任命他为大司理，负责司法刑律；敢于犯颜直谏，不避死亡、不图富贵，我不如东郭牙，请任命他为大谏之臣，主管监察谏议。想要富国强兵有这五位就足够了，想要成就霸王之业，还要有我管仲在这里。”

桓公听从管仲建议，令五人各掌其事，并拜管仲为相，开始进行大刀阔斧的改革。齐国强盛后，齐桓公又打出“尊王襄夷”旗号，九合诸侯，一匡天下，成就霸主事业。

燕昭王纳贤图治

燕昭王（？～前279），名姬职，周召公38代孙，公元前311年即位，在位32年。

燕国在战国七雄中最小，屡次败于齐国。燕昭王发誓报仇，向名士郭隗求教说：“齐国趁着我国内乱入寇，先君死难，这一奇耻大辱，我誓死要报复。但是我深知燕国力量薄弱，现在还不是时候。如果能得到贤士与我共同治理国家，那是我的迫切愿望。希望先生能帮助我物色人才。”郭隗回答说：“人主所抱的态度不同，得到的人才高下也就不同——想称帝的和师长相处，想称王的和朋友相处，想称霸的和臣僚相处，想亡国的和仆役相处。”“国君对于贤士，如果能以师事之，那么胜过自己百倍的人才就会到来；国君对于贤士如果能认真思考他们的意见，那么胜过自己十倍的人才就会到来；国君如能平等待人，那么和自己能力差不多的人才就会到来；国君如果架子很大，派头十足，对贤士颐指气使，随意呵叱，那么奴性十足之人就会到来。总之，能够以贤者为师，虚心受教，才能招来贤者，这是自古以来的‘服道至士’的方法。”

燕昭王连连称善，问郭隗说：“我将要拜访谁好呢？”郭隗说：“我听说古时一位国君，想用千金求购千里马，三年也没买到。一个太监对他说：‘请允许我去寻求它。’国君派遣他去了。三个月后获得千里马，马已死，用五百金买了死马的头。国君很生气，说：‘我所要的是活马，死马有什么用！你竟然还花费了五百金买它。’太监答道：‘死马尚且要花五百金购买，何况活马呢？天下必定认为大王您是能出高价买马的人，千里马很快就会到来了。’于是不到一年，千里马来了好几匹。现在大王果真想要招揽贤士，先从我开始吧；像郭隗我这样的人尚且被重用，何况比我更贤能的人呢？他们难道会嫌路远而不来燕国吗？”燕昭王觉得有道理，于是就为郭隗建造宫殿，拜郭隗为师。

燕昭王为求贤才还别出心裁，“筑黄金台，置千金于台上，以延请天下名士”。“乐毅自魏往，邹衍自齐往，剧辛自赵往。士争趋燕。”

燕昭王悼念死者，慰问活着的人，与百姓同甘共苦。燕昭王二十八年（前

284)，燕国殷实富足，士兵们生活安乐舒适，不怕打仗。于是拜乐毅为上将军，与秦、楚、赵、魏、韩联合策划攻打齐国。齐军败，齐闵王逃亡至莒，不久被杀。燕军一直打到齐都临淄，掠尽齐国财宝，烧毁齐国宫殿和宗庙。齐国70余座城邑没被攻下的，只剩下莒和即墨。

信陵君广纳门客

信陵君(？～前243)，本名魏无忌，因受封于信陵(今河南宁陵)，故称“信陵君”。

信陵君礼贤下士，广纳门客，据说有食客3000人。当时魏国有个隐士叫侯嬴，已经70岁，只是一个守门小吏。信陵君听说此人后，带一份厚礼前往拜访，但侯嬴不肯接受。信陵君于是设筵席大会宾客，等人来齐后，信陵君带着车马和随从，亲自到夷门去接侯嬴。侯嬴径直坐上信陵君为他空出的上座，还让信陵君载他去拜访在街市做屠夫的朋友。信陵君当即驾车来到街市，侯嬴下车前去会见他的朋友朱亥，而信陵君则手执马缰在一边等待。信陵君的随从都在暗骂侯嬴，而信陵君仍然是面色和悦，一直等到侯嬴聊完，才载着侯嬴回去赴宴。

公元前257年，秦围赵都邯郸(今属河北)，赵王求救于魏王。初，魏王派晋鄙往救。但魏王害怕秦国，又令禁止，故晋鄙率兵驻在邺(今河北临漳)。信陵君窃虎符，杀晋鄙，率军救赵，打败了秦国。在这场惊心动魄的战争中，侯嬴和朱亥功不可没。

信陵君救赵后，留在赵国为客十年。他在赵国广交隐士，连隐于赌徒的毛公和隐于酒馆里的薛公等地位卑微的有才之人都会与他们交游，以求取贤士人才。所以天下的很多士人，包括平原君的门客都有很多转归于信陵君的门下。

公元前247年，秦国攻打魏国时，魏王被迫任他为上将军，他联合五国击退秦军进攻，破秦军于河外。秦收买人中伤他，魏王听信谗言，疏远了信陵君。他因此闭门托病，耽酒而亡。

楚元王置醴尊贤

楚元王刘交(？～前179)，字游，沛郡丰邑中阳里(今江苏丰县)人。

刘交为汉高祖刘邦四弟，喜好读书，多才多艺。少年时代曾与鲁地的穆生、白生、申公一同向浮丘伯学习《诗经》。“浮丘伯”意思是浮丘县一个叫“伯”的人，他曾经是荀子的门人。秦始皇三十四年(前213)焚书，刘交与老师、同学离别回到家乡。

刘邦起兵，刘交成为其得力助手，入关后受封文信君。汉高祖六年(前201)刘交受封楚王，因谥号为“元”，史称“楚元王”。刘交同年就国，定都彭城(今江苏徐州),统辖薛郡、东海、彭城共3郡36县。

楚元王文武双全,称王后息武兴文,将其同窗穆生、白生、申公请到楚国,拜为中大夫。楚元王和穆生等及自己的几个儿子都在楚国读《诗经》和先秦典籍。刘交还曾为《诗经》作传注,号称《元王诗》,成为当时《诗经》学中的一个派别。

后来楚元王听说浮丘伯在长安,就派儿子郢客与申公到长安完成学业。高后时,任命郢客为宗正,封上邳侯。楚元王在位23年去世,太子辟非先卒,文帝乃以郢客世袭,是为夷王。申公最早为《诗经》作传注,号称《鲁诗》。文帝时,闻申公为《诗》最精,聘为博士。失官后随郢客归国,复拜为中大夫。

初,楚元王礼敬申公等,穆生不喝酒,元王每设酒宴,即为穆生单独设置甜酒(醴),"设醴"或"置醴",后来成为崇道尊贤的典实。

李膺慧眼识才

李膺(110～169),字元礼,东汉颍川襄城(今属河南)人。

李膺出仕之初举孝廉,后历任青州等地太守、乌桓校尉、度辽将军、河南尹。李膺为官期间,敢于反对宦官专擅,纠劾奸佞,被太学生标榜为"八俊"第一,号称"天下楷模李元礼"。

李膺慧眼识人。有一个人叫郭泰,经人介绍与李膺认识。李膺对郭泰非常欣赏,"吾见士多矣,未有如郭林宗者也。其聪识通朗,高雅密博,今之华夏,鲜见其俦"。后李膺回乡时独与郭泰同船,"众宾望之,以为神仙焉"。"同舟共济"这个成语典故即出于此。

李膺有个老乡聂季宝,出身低微,有人介绍李膺与聂季宝会面。他们坐在台阶下一件为牛御寒的蓑衣上面谈了一次话,李膺便断定说:"这个人将来会成为国家的栋梁之才。"后来果然如李膺所预料的一样,聂季宝成为国家大才。

李膺为官清正,惩治贪污腐败手不留情,却被一个贪官羊元群贿赂宦官罢免官职。后经同僚为之辩解,"复拜司隶校尉"。李膺仍坚持原则,对贪污腐败毫不手软。一次竟追到宦官张让家里把他弟弟张朔抓住正法。张让恶人先告状,皇帝责问李膺,李膺回答说:"昔仲尼为鲁司寇,七日而诛少正卯。今臣到官已积一旬,私惧以稽留为愆,不意获速疾之罪。诚自知衅责,死不旋踵,特乞留五日,克殄元恶,退就鼎镬,始生之愿也。"皇帝无言以对,回头对张让说:"这是你弟弟作恶,司隶有什么过错呢?"自此宦官们不敢轻易出宫,皇帝问是怎么回事,宦官"叩头泣曰:'畏李校尉'。"

李膺举荐名士为官,政事为之一振,世人开始期待太平盛世。但终究是社会腐败太甚,李膺和追随他的士人,不但没有实现政治抱负,反而为阉宦所害,遭受"党锢之祸"。此后党锢解禁,但东汉已名存实亡,军阀割据,社会动荡,三国时期由此开始。

蔡邕倒履迎宾

蔡邕(133～192),字伯喈,东汉陈留圉(今河南开封陈留镇)人。

蔡邕为著名文学家、书法家。权臣董卓当政时拜左中郎将,故后人也称他"蔡中郎"。蔡邕以才华著称于世,被朝廷看重,来访的车马经常挤满闾巷,宾客满座。

东汉初平元年(190)一天,年逾花甲的蔡邕正与满座宾客高谈阔论,忽然管家走来,向他俯耳禀报。蔡邕急忙起身,一边往外走,一边口中连声说"迎客、迎客"!宾朋们甚为惊讶,因为他们看到蔡邕慌得连鞋子都倒穿了——这会是什么贵客呢?

待蔡邕挽着客人出现在客厅,宾客们更加惊讶了,一个形貌矮小的十多岁年轻后生,怎么能让主人这么看重呢?蔡邕对大家介绍说:"这位是故司空王大人之孙,山阳高平(今山东微山一带)人氏王仲宣,讳粲。仲宣才思过人,老朽远不如也。我家的书籍全要送给他了。"

王粲果然不负蔡邕所敬重,在中国文学史上与孔融、陈琳、孔融、陈琳、徐幹、阮瑀、应玚、刘桢一起,被称为"建安七子",而王粲被《文心雕龙》作者刘勰称誉为"七子之冠冕"。

"带履起迎""屣履迎门""倒屣迎之"等词语,均形容对客人急切欢迎的心情。后来一般都作"倒履相迎"或"倒屣相迎""倒屣而迎"。

曹操不拘一格用人才

曹操(155～220),字孟德,小名阿瞒,又名吉利,沛国谯郡(今安徽亳县)人。

曹操19岁举孝廉,不久任洛阳北尉,一次汉灵帝所宠幸的宦官蹇硕的祖父违禁夜行,被抓来打死于五色棒下。22岁,曹操被征为议郎,直言敢谏,弹劾三公贪污受贿,为大将军窦武、太傅陈蕃鸣冤。黄巾起义后,曹操曾任济南相、典军校尉、奋武将军等职。东汉初平三年(192),曹操为兖州牧,他设伏兵打败黄巾军,收降兵30余万,组建青州兵,为逐鹿中原奠定了基础。

曹操目光深邃,气魄宏大,他采纳毛玠建议,"奉天子以令不臣,修耕植以蓄军资",礼贤下士,广纳人才,曾三次下令求贤。他深知金无足赤,人无完人,明确提出"明扬仄陋,唯才是举"的方针,"士有偏短,庸可废乎!有司明思此义,则士无遗滞,官无废业矣"。他"知人善察,难眩以伪,拔于禁、乐进于行阵之间,取张辽、徐晃于亡虏之内,皆佐命立功,列为名将;其余拔出细微,登于牧守者,不可胜数"。

曹操认为，“天地间，人为贵”，“为国失贤则亡”。当刘备四处流亡如丧家之犬时，他待之以礼，与刘备煮酒论英雄；在下邳俘虏关羽后，他先拜关羽为偏将军，后封为汉寿亭侯。

官渡之战，袁绍谋士许攸曾向袁绍献奇计，未被采纳，又受审配迫害，投往曹操。曹操倒履相迎，正是曹操采纳许攸计策，先断袁绍乌巢之粮，才使袁绍败绩。

文人陈琳曾替袁绍起草檄文笔伐曹操，辱及曹操祖先。曹操攻破冀州后俘获陈琳，身边人劝杀陈琳，曹操怜其文才，赦其不死，命为从事。

特别是曹操在对待建忠将军张绣的态度上，更是耐人寻味。张绣先曾投降曹操，后生嫌隙，张绣偷袭曹操，曹操长子曹昂、侄子曹安民、爱将典韦，均死于此。两年后张绣再降，曹操不计前嫌，封张绣为扬武将军，并为自己儿子曹均娶了张绣的女儿。

建安二十三年(217)，曹操第三次求贤，在《举贤勿拘品行令》中，列举伊尹、傅说、管仲、萧何、曹参、韩信、陈平、吴起等人，说他们虽然“负污辱之名，有见笑之耻”，但却“卒能成王业，声著千载”。为此，他下令：“今天下得无有至德之人放在民间，及果勇不顾，临敌力战，见笑之人，或不仁不孝而有治国用兵之术，其各举所知，勿有所遗。”三次求贤令，实实在在地反映出曹操求贤若渴以成王业的迫切心情。

狄仁杰举贤为国

狄仁杰(630～700)，字怀英，号德英，并州太原(今山西太原)人。

狄仁杰出生于一个官宦之家，青年时经明经科考试及第，出任汴州判佐，不久被人诬告。河南道黜陟使阎立本亲审此案，不仅弄清了事情真相，而且还发现狄仁杰德才兼备，是“河曲之明珠，东南之遗宝”，于是推荐狄仁杰任并州都督府法曹。

仪凤元年(676)，狄仁杰升任大理寺丞。他刚正廉明、执法不阿，一年中判决处理大量积压案件，一时名声大振。后来，狄仁杰官迁度支郎中，唐高宗准备巡幸汾阳宫，以狄仁杰为知顿使，先行布置中途食宿之所。并州长史李冲玄以道出妒女祠，征发数万人别开御道。狄仁杰说：“天子之行，千乘万骑，风伯清尘，雨师洒道，何妒女之害耶?”俱令作罢，免除并州数万人劳役。唐高宗闻之赞叹说“真大丈夫矣”!

武则天垂拱二年(686)，狄仁杰出任宁州(今甘肃宁县、正宁一带)刺史。其时宁州为各民族杂居之地，狄仁杰注意妥善处理少数民族与汉族的关系，“抚和戎夏，内外相安，人得安心”。御史郭翰巡察陇右，返朝后上表举荐狄仁杰为冬官(工部)侍郎,充江南巡抚使。狄仁杰针对当时吴、楚多淫祠的弊俗,奏请焚毁祠庙1700余所,唯留夏禹、吴太伯、季札、伍员四祠,减轻了江南人民的负担。

垂拱四年(688),博州刺史、琅琊王李冲起兵反对武则天当政,豫州刺史、越王李贞起兵响应,武则天平定叛乱,派狄仁杰出任豫州刺史。狄仁杰以宽仁理政,稳定了豫州的局势。其时,宰相张光辅恃功自傲。狄仁杰据理驳斥,张光辅怀恨在心,奏狄仁杰出言不逊。狄仁杰被贬为复州(今湖北沔阳西南)刺史,入为洛州司马。

天授二年(691)九月,狄仁杰被任命为地官(户部)侍郎、同凤阁鸾台平章事,开始了他短暂的第一次宰相生涯。身居要职,狄仁杰谨慎自持,严于律己。一日,武则天对他说:“卿在汝南,甚有善政,卿欲知谮卿者乎?”狄仁杰谢曰:“陛下以臣为过,臣当改之;陛下明臣无过,臣之幸也。臣不知谮者,并为善友。臣请不知。”武则天对他坦荡豁达的胸怀深为叹服。

长寿二年(693)正月,武承嗣勾结酷吏来俊臣诬告狄仁杰等大臣谋反,将他们逮捕下狱。狄仁杰受审时当即服罪:“大周革命,万物惟新,唐室旧臣,甘从诛戮,反是实!”来俊臣得到满意的口供,将狄仁杰等收监,待日行刑,不复严备。狄仁杰拆被头布帛书冤,置棉衣中,请狱吏转告家人去其棉。狄仁杰的儿子狄光远得其冤状,持书上告。武则天召见狄仁杰问为什么要承认“谋反”,狄仁杰从容不迫回答说:“向若不承反,已死于鞭笞也。”武则天下令释放此案7人,俱贬为地方官。狄仁杰被贬为彭泽(今江西彭泽)令。

赴任当年,彭泽干旱无雨,营佃失时,百姓无粮可食,狄仁杰上奏疏要求朝廷发散赈济,免除租赋,救民于饥馑之中。万岁通天元年(696)十月,契丹攻陷冀州(今河北临漳),河北震动。为了稳定局势,武则天起用狄仁杰为与冀州相邻的魏州(今河北大名一带)刺史。狄仁杰到职后,改变了前刺史独孤思庄尽趋百姓入城、缮修守具的做法,让百姓返田耕作。契丹部闻之引众北归,使魏州避免了一次灾难。当地百姓歌颂之,相与立碑以记恩惠。

武则天为了表彰狄仁杰的功绩,赐给他紫袍、龟带,并亲自在紫袍上写了“敷政木,守清勤,升显位,励相臣”12个金字。神功元年(697)十月,狄仁杰被武则天召回朝中,恢复宰相职务。狄仁杰在此期间曾犯颜直谏,力劝武则天续立唐嗣,唐祚得以维系。

狄仁杰曾先后举荐张柬之、桓彦范、敬晖、窦怀贞及姚崇等数十位干练的官员,皆为唐朝中兴之臣,朝中政风为之一变。有人对他说:“天下桃李,悉在公门矣。”狄仁杰回答:“举贤为国,非为私也。”

久视元年(700),狄仁杰病故,朝野凄恸,武则天流泪说:“朝堂空也。”赠文昌右相,谥曰“文惠”。唐中宗继位,追赠司空。唐睿宗又封之为梁国公。

廉希宪优礼秀才

廉希宪(1231～1280)，字善甫，维吾尔族。他出生那天，正值其父拜燕南诸路廉访使，遂以官为姓，子孙皆姓廉。

廉希宪自幼熟读经书，深通儒家之道，人称“廉孟子”。19岁时入侍忽必烈王府，因“笃好经史，手不释卷”，深得忽必烈赏识。宪宗四年(1254)，任京兆宣抚使，政绩显著。九年(1259)，随忽必烈攻宋鄂州，运筹帷幄，参谋军机。宪宗死后，廉希宪帮助忽必烈在与阿里不哥争夺皇位的斗争中占据主动地位，并最终夺得帝位。此间，他再次出镇关中，任京兆、四川道宣抚使，力挫阿里不哥的支持者浑都海。因战功升任平章政事。中统三年(1262)，又进拜中书平章政事。

一天，中书右丞、都元帅刘整登门求见。廉希宪的弟弟蓟国公廉希贡为他通报。廉希宪此时正在读书，没有回答。蓟公出来，刘整再次求见。廉希宪令人撤去座椅，自己坐在中间，让刘整进入。刘整拜倒起身，站在一边，廉希宪却不说一句话。刘整请求退去，廉希宪正色说：“这里是我的私人宅院，你要有什么话，明天到政事厅。”刘整羞愧得变了脸色。

不一会，前宋十几个居住在旅馆里的读书人，饥寒交迫，衣帽破败，衣袖中揣着自己写的诗稿求见廉希宪。蓟公又为他们通报，廉希宪急忙让人铺设座椅，准备酒菜，自己出来迎到大门外，严肃地接入，对面坐下，命人拿出酒菜，礼节很恭敬，并且记下他们居住的地方。书生们诉说在京生活困顿，请求回去。第二天廉希宪就向皇上进言，皇上答应了他的请求。

这天夜里，兄弟们问廉希宪：“皇上非常倚重刘元帅，你反而看不起他；江南穷秀才，你却对他们以礼相待到这种地步。我们不能没有疑惑啊。”廉希宪说：“我是国家大臣，一言一行，一颦一动，都关系到天下的轻重。刘整虽然地位高，但他是卖国的反叛臣子，所以要折磨、羞辱他，让他知道君臣的恩义重大。这些读书人，都是诵读孔子经义的人，在前宋不能被朝廷重用，为什么要被羁留在这里？何况当今国家起于北方，礼法微薄，我要是再不尊崇读书人，那么儒家经义将被扫地出门了。”

廉希宪官居显位，手握大权，却能以“大丈夫见义勇为，祸福不足以动摇”自戒，不考虑个人进退荣辱。他一生清贫廉洁，为政刚直不阿，曾因面忤世祖被罢官。他几十年如一日，忠于职守，深察民间疾苦，并致力于除暴安良，为百姓做了很多好事，一直为后人所称颂和赞扬。

元世祖至元十七年(1280)，廉希宪在上都病故。大德八年(1304)，追封魏国公，谥“文正”，加封恒阳王。

党和国家领导人论政德

一、毛泽东论政德

这些干部和领袖懂得马克思列宁主义,有政治远见,有工作能力,富于牺牲精神,能独立解决问题,在困难中不动摇,忠心耿耿地为民族、为阶级、为党而工作。党依靠着这些人而联系党员和群众,依靠着这些人对于群众的坚强领导而达到打倒敌人之目的。这些人不要自私自利,不要个人英雄主义和风头主义,不要懒惰和消极性,不要自高自大的宗派主义,他们是大公无私的民族的阶级的英雄,这就是共产党员、党的干部、党的领袖应该有的性格和作风。

——《为争取千百万群众进入抗日民族统一战线而斗争》(1937 年 5 月 8 日)

我们要用马克思主义的积极精神,克服消极的自由主义。一个共产党员,应该是襟怀坦白,忠实,积极,以革命利益为第一生命,以个人利益服从革命利益;无论何时何地,坚持正确的原则,同一切不正确的思想和行为作不疲倦的斗争,用以巩固党的集体生活,巩固党和群众的联系;关心党和群众比关心个人为重,关心他人比关心自己为重。这样才算得一个共产党员。

——《反对自由主义》(1937 年 9 月 7 日)

共产党员在政府工作中,应该是十分廉洁、不用私人、多做工作、少取报酬的模范。共产党员在民众运动中,应该是民众的朋友,而不是民众的上司,是诲人不倦的教师,而不是官僚主义的政客。共产党员无论何时何地都不应以个人利益放在第一位,而应以个人利益服从于民族的和人民群众的利益。因此,自私自利,消极怠工,贪污腐化,风头主义等等,是最可鄙的;而大公无私,积极努力,克己奉公,埋头苦干的精神,才是可尊敬的。

——《中国共产党在民族战争中的地位》(1938 年 10 月 14 日)

在这个使用干部的问题上,我们民族历史中从来就有两个对立的路线:一个是"任人唯贤"的路线,一个是"任人唯亲"的路线。前者是正确的路线,后者是不正确的路线。共产党的干部政策,应该是以能否坚决地执行党的路线,服从党的纪律,和群众有密切的联系,有独立的工作能力,积极肯干,不谋私利为标准,这就是"任人唯贤"的路线。

——《中国共产党在民族战争中的地位》(1938 年 10 月 14 日)

我们大家要学习他毫无自私自利之心的精神。从这点出发,就可以变为大有利于人民的人。一个人能力有大小，但只要有这点精神，就是一个高尚的人，一个纯粹的人，一个有道德的人，一个脱离了低级趣味的人，一个有益于人民的人。

——《纪念白求恩》(1939 年 12 月 21 日)

共产党是为民族、为人民谋利益的政党，它本身决无私利可图。它应该受人民的监督，而决不应该违背人民的意旨。它的党员应该站在民众之中，而决不应该站在民众之上。

——《在陕甘宁边区参议会的演说》(1941 年 11 月 6 日)

共产党员是一种特别的人，他们完全不谋私利，而只为民族与人民求福利。他们生根于人民之中，他们是人民的儿子，又是人民的教师，他们每时每刻地总是警戒着不要脱离群众，他们不论遇着何事，总是以群众的利益为考虑问题的出发点，因此他们就能获得广大人民群众的忠心拥护，这就是他们的事业必然获得胜利的根据。

——《中国共产党中央委员会为抗战六周年纪念宣言》
(1943 年 7 月 2 日)

我们共产党人区别于其他任何政党的又一个显著的标志，就是和最广大的人民群众取得最密切的联系。全心全意地为人民服务，一刻也不脱离群众；一切从人民的利益出发，而不是从个人或小集团的利益出发；向人民负责和向党的领导机关负责的一致性；这些就是我们的出发点。

——《论联合政府》(1945 年 4 月 24 日)

共产党人的一切言论行动，必须以合乎最广大人民群众的最大利益，为最广大人民群众所拥护为最高标准。

——《论联合政府》(1945 年 4 月 24 日)

夺取全国胜利，这只是万里长征走完了第一步。如果这一步也值得骄傲，那是比较渺小的，更值得骄傲的还在后头。在过了几十年之后来看中国人民民主革命的胜利，就会使人们感觉那好像只是一出长剧的一个短小的序幕。剧是必须从序幕开始的，但序幕还不是高潮。中国的革命是伟大的，但革命以后的路程更长，工作更伟大，更艰苦。这一点现在就必须向党内讲明白，务必使同志们继续地保持谦虚、谨慎、不骄、不躁的作风，务必使同志们继续地保持艰苦奋斗的作风。

——《在中国共产党第七届中央委员会第二次全体会议上的报告》
(1949 年 3 月 5 日)

我们历来提倡艰苦奋斗，反对把个人物质利益看得高于一切，同时我们也历来提倡关心群众生活，反对不关心群众痛痒的官僚主义。

——《论十大关系》(1956 年 4 月 25 日)

共产党就是要奋斗，就是要全心全意为人民服务，不要半心半意或者三分之二的心三分之二的意为人民服务。革命意志衰退的人，要经过整风重新振作起来。

——《坚持艰苦奋斗，密切联系群众》(1957 年 3 月)

要强调个人利益服从集体利益，局部利益服从整体利益，眼前利益服从长远利益。要讲兼顾国家、集体和个人，把国家利益、集体利益放在第一位，不能把个人利益放在第一位。

——《读〈苏联政治经济学教科书〉的谈话》
(1959 年 12 月～1960 年 2 月)

二、邓小平论政德

热爱国家，热爱人民，热爱自己的党，是一个共产党员必须具备的优良品质。

——《庆祝刘伯承同志五十寿辰》(1942 年 12 月 15 日)

由于我们党现在已经是在全国执政的党，脱离群众的危险，比以前大大地增加了，而脱离群众对于人民可能产生的危害，也比以前大大地增加了。因此，目前在全党认真地宣传和贯彻执行群众路线，也就有特别重大的意义。

——《关于修改党的章程的报告》(1956 年 9 月 16 日)

中国共产党员的含意或任务，如果用概括的语言来说，只有两句话：全心全意为人民服务，一切以人民利益作为每一个党员的最高准绳。

——《马列主义要与中国的实际情况相结合》(1956 年 11 月 17 日)

我们进了城，执了政，是做官呢，还是当人民的勤务员呢？这个问题是毛泽东同志过去多次讲过的。可以有两种态度：一种是做官，一种是当人民的勤务员。如果不是做官，而是当人民的勤务员，那就要以普通劳动者的面貌出现，要平等待人，要全心全意地为人民服务。

——《在扩大的中央工作会议上的讲话》(1962 年 2 月 6 日)

党是整个社会的表率,党的各级领导同志又是全党的表率。如果党的组织把群众的意见和利害放在一边,不闻不问,怎么能要求群众信任和爱戴这样的党组织的领导呢?如果党的领导干部自己不严格要求自己,不遵守党纪国法,违反党的原则,闹派性,搞特殊化,走后门,铺张浪费,损公利私,不与群众同甘苦,不实行吃苦在先、享受在后,不服从组织决定,不接受群众监督,甚至对批评自己的人实行打击报复,怎么能指望他们改造社会风气呢!

——《坚持四项基本原则》(1979 年 3 月 30 日)

我们的历史经验是,越是困难的时候,越要关心群众。只要你关心群众,同群众打成一片,不仅不搞特殊化,而且同群众一块吃苦,任何问题都容易解决,任何困难都能够克服。

——《高级干部要带头发扬党的优良传统》(1979 年 11 月 2 日)

我们从来主张,在社会主义社会中,国家、集体和个人的利益在根本上是一致的,如果有矛盾,个人的利益要服从国家和集体的利益。为了国家和集体的利益,为了人民大众的利益,一切有革命觉悟的先进分子必要时都应当牺牲自己的利益。我们要向全体人民、全体青少年努力宣传这种高尚的道德。

——《党和国家领导制度的改革》(1980 年 8 月 18 日)

要教育全党同志发扬大公无私、服从大局、艰苦奋斗、廉洁奉公的精神,坚持共产主义思想和共产主义道德。我们要建设的社会主义国家,不但要有高度的物质文明,而且要有高度的精神文明。所谓精神文明,不但是指教育、科学、文化(这是完全必要的),而且是指共产主义的思想、理想、信念、道德、纪律,革命的立场和原则,人与人的同志式关系,等等。学习和培养这些革命精神,并不需要多么好的物质条件,也不需要多么高的教育程度。我们不是靠马克思主义的科学理论和上述的革命精神参加革命到现在吗?从延安到新中国,除了靠正确的政治方向以外,不是靠这些宝贵的革命精神吸引了全国人民和国外友好人士吗?没有这种精神文明,没有共产主义思想,没有共产主义道德,怎么能建设社会主义?党和政府愈是实行各项经济改革和对外开放的政策,党员尤其是党的高级负责干部,就愈要高度重视、愈要身体力行共产主义思想和共产主义道德。否则,我们自己在精神上解除了武装,还怎么能教育青年,还怎么能领导国家和人民建设社会主义!我们在新民主主义革命时期,就已经坚持用共产主义的思想体系指导整个工作;用共产主义道德约束共产党员和先进分子的言行;提倡和表彰"全心全意为人民服务""个人服从组织""大公无私""毫不利己、专门利人""一不怕苦、二不怕死"。现在已经进入社会主义时期,有人居然对这些庄严的革命口号进行"批判",而这种荒唐的"批判"不仅没有受到应有的抵制,居然还得到我们队伍中一些人的同情和支持。每一个有党性、有革命性的共产党员，难道能够容忍这种状况继续下去吗？

——《贯彻调整方针，保证安定团结》(1980 年 12 月 25 日)

必须发扬爱国主义精神，提高民族自尊心和民族自信心。否则我们就不可能建设社会主义，就会被种种资本主义势力所侵蚀腐化。

——《贯彻调整方针，保证安定团结》(1980 年 12 月 25 日)

我们多年奋斗就是为了共产主义，我们的信念理想就是要搞共产主义。在我们最困难的时期，共产主义的理想是我们的精神支柱，多少人牺牲就是为了实现这个理想。

——《改革是中国发展生产力的必由之路》(1985 年 8 月 28 日)

要把我们的军队教育好，把我们的专政机构教育好，把共产党员教育好，把人民和青年教育好。中国要出问题，还是出在共产党内部。对这个问题要清醒，要注意培养人，要按照"革命化、年轻化、知识化、专业化"的标准，选拔德才兼备的人进班子。我们说党的基本路线要管一百年，要长治久安，就要靠这一条。真正关系到大局的是这个事。

——《在武昌、深圳、珠海、上海等地的谈话要点》(1992 年 1～2 月)

三、习近平论政德

在理念上，提出提高党的建设和组织工作科学化水平，提出坚持德才兼备、以德为先用人标准，提出树立注重品行、科学发展、崇尚实干、重视基层、鼓励创新、群众公认用人导向，提出科学发展人才优先、人才发展以用为本，提出把服务群众、做群众工作作为基层党组织的核心任务和基层干部的基本职责等，都起到很好的指导引领作用。

——《在全国组织部长会议上的讲话》(2011 年 12 月 18 日)

把干部的德考察准、考察实。对各级领导干部来说，德是为官之魂。德不是空洞的、抽象的，而是实在的、具体的。对干部德的考察，要坚持把个人述职、民主测评、个别谈话、民意调查、实绩分析和年度考核、巡视监督、关键时刻考验等多方面多渠道的考察有机结合起来，全面、历史、辩证地评价干部的德，重点看干部是否遵守党的政治纪律，能否在思想上政治上行动上与党中央保持高度一致，看干部对党的理论路线方针政策和中央决策部署是认真贯彻执行还是取其所需，在大是大非面前是清醒坚定还是模糊动摇，对人民群众是满怀真情还是感情淡漠，在急难险重任务面前是挺身而出还是临阵退缩，对个人名利是淡泊处之还是热衷追逐，在道德操守上是模范遵守还是言行不一。干部之德在为民，考察领导干部的德，要到干部和群众中听听他们怎么说、怎么看。要注重用鲜活生动的语言对干部的德进行具体而准确的表述，为正确识人用人提供可靠依据。

——《在全国组织部长会议上的讲话》(2011 年 12 月 18 日)

我们要牢记全心全意为人民服务的根本宗旨，认真组织开展以为民务实清廉为主要内容的党的群众路线教育实践活动，始终保持同人民群众的血肉联系，牢固树立正确政绩观，多做打基础、利长远的事，不搞脱离实际的盲目攀比，不搞劳民伤财的“形象工程”“政绩工程”，坚决反对形式主义、官僚主义。要坚持真理，坚持原则，真抓实干，勇于担当，言必信、行必果，真正做到对历史和人民负责。要自觉遵守廉政准则，严以律己，廉洁自律，正确行使人民赋予的权力，自觉接受监督，乐于接受监督。要严格管好自己的亲属和身边工作人员，坚决反对一切消极腐败现象，坚决不搞特权，始终保持共产党人清正廉洁的政治本色。要深入抓好反腐倡廉工作，坚持有案必查、有腐必惩，任何人触犯了党纪国法都要依纪依法严肃查处，决不姑息，党内决不允许腐败分子有藏身之地。

——《在党的十八届一中全会上的讲话》(2012 年 11 月 15 日)

我们的党是全心全意为人民服务的政党。党领导人民已经取得举世瞩目的成就，我们完全有理由因此而自豪，但我们自豪而不自满，决不会躺在过去的功劳簿上。新形势下，我们党面临着许多严峻挑战，党内存在着许多亟待解决的问题。尤其是一些党员干部中发生的贪污腐败、脱离群众、形式主义、官僚主义等问题，必须下大气力解决。全党必须警醒起来。打铁还需自身硬。我们的责任，就是同全党同志一道，坚持党要管党、从严治党，切实解决自身存在的突出问题，切实改进工作作风，密切联系群众，使我们党始终成为中国特色社会主义事业的坚强领导核心。

——《在十八届中共中央政治局常委同中外记者见面时的讲话》(2012 年 11 月 15 日)

坚定理想信念，坚守共产党人精神追求，始终是共产党人安身立命的根本。对马克思主义的信仰，对社会主义和共产主义的信念，是共产党人的政治灵魂，是共产党人经受住任何考验的精神支柱。形象地说，理想信念就是共产党人精神上的“钙”，没有理想信念，理想信念不坚定，精神上就会“缺钙”，就会得“软骨病”。现实生活中，一些党员、干部出这样那样的问题，说到底是信仰迷茫、精神迷失。全党要按照党的十八大部署，深入学习实践中国特色社会主义理论体系特别是科学发展观，讲党性、重品行、作表率，矢志不渝为实现中国特色社会主义共同理想而奋斗。

——《紧紧围绕坚持和发展中国特色社会主义学习宣传贯彻党的十八大精神》（2012 年 11 月 17 日）

各级党委要旗帜鲜明地反对腐败，更加科学有效地防治腐败，做到干部清正、政府清廉、政治清明，永葆共产党人清正廉洁的政治本色。各级领导干部特别是高级干部要自觉遵守廉政准则，既严于律己，又加强对亲属和身边工作人员的教育和约束，决不允许以权谋私，决不允许搞特权。对一切违反党纪国法的行为，都必须严惩不贷，决不能手软。

——《紧紧围绕坚持和发展中国特色社会主义学习宣传贯彻党的十八大精神》（2012 年 11 月 17 日）

党风廉政建设，要从领导干部做起，领导干部首先要从中央领导做起。正所谓己不正，焉能正人。最重要的就是要防微杜渐，不要温水煮青蛙。现在，有些形式主义、官僚主义的东西，有些铺张浪费、豪华奢侈的东西，上上下下都有些表现，我们不能安之若素、司空见惯、见怪不怪。既然作规定，就要朝严一点的标准去努力，就要来真格的。不痛不痒的，四平八稳的，都是空洞口号，就落不到实处，还不如不做。定规矩，就要落实一些已经有明确规范的事情，就要约束一些不合规范的事情，就要规范一些没有规范的事情。规矩是起约束作用的，所以要紧一点。紧一点自然就不舒服了，舒适度就有问题了，就是要不舒服一点、不自在一点，我们不舒服一点、不自在一点，老百姓的舒适度就好一点、满意度就高一点，对我们的感觉就好一点。

——《在中央政治局会议上关于改进工作作风、密切联系群众的讲话》（2012 年 12 月 4 日）

我们决不可抛弃中华民族的优秀文化传统，恰恰相反，我们要很好传承和弘扬，因为这是我们民族的“根”和“魂”，丢了这个“根”和“魂”，就没有根基了。例如，中华民族有着不屈不挠、生生不息、顽强奋斗的精神。特别是近现代以来，一代又一代仁人志士为了改变半殖民地半封建社会的地位，为了追求民族独立和人民解放，不惜流血牺牲，靠的就是一种信仰，为的就是一个理想。尽管他们也知道，自己追求的理想并不会在自己手中实现，但他们坚信，一代又一代人持续努力，一代又一代人为此作出牺牲，崇高的理想就一定能实现。现在有人批评理想主义。脱离实际的理想主义固然不可取，但符合历史发展规律、顺应历史发展趋势的理想万万不能丢。

——《在广东考察工作时的讲话》（2012 年 12 月 7～11 日）

实干兴邦，空谈误国。这个道理，我们都要牢记在心。各级领导干部要坚持为民务实清廉，切实转变工作作风，做到讲实话、干实事，敢作为、勇担当，言必信、行必果。

——《在中央经济工作会议上的讲话》(2012 年 12 月 15 日)

为人民服务是我们党的根本宗旨。不论政府职能怎么转，为人民服务的宗旨都不能变。要坚持以人为本、执政为民，接地气、通下情，想群众之所想，急群众之所急，解群众之所忧，在服务中实施管理，在管理中实现服务。要加强公务员队伍建设和政风建设，改进工作方式，转变工作作风，改变门难进、脸难看、事难办现象，纠正老爷作风、衙门习气，杜绝吃拿卡要那一套，提高工作效率和服务水平，提高政府公信力和执行力。

——《在党的十八届二中全会第二次全体会议上的讲话》

(2013 年 2 月 28 日)

一个国家、一个民族的强盛，总是以文化兴盛为支撑的，中华民族伟大复兴需要以中华文化发展繁荣为条件。对历史文化特别是先人传承下来的道德规范，要坚持古为今用、推陈出新，有鉴别地加以对待，有扬弃地予以继承。习近平指出，国无德不兴，人无德不立。必须加强全社会的思想道德建设，激发人们形成善良的道德意愿、道德情感，培育正确的道德判断和道德责任，提高道德实践能力尤其是自觉践行能力，引导人们向往和追求讲道德、尊道德、守道德的生活，形成向上的力量、向善的力量。只要中华民族一代接着一代追求美好崇高的道德境界，我们的民族就永远充满希望。

——《在考察曲阜时的讲话》(2013 年 11 月 26 日)

作风问题本质上是党性问题。抓作风建设，就要返璞归真、固本培元，重点突出坚定理想信念、践行根本宗旨、加强道德修养。他为此提出四点要求：一是正确认识和处理人际关系，做到既有人情味又按原则办，特别是当个人感情同党性原则、私人关系同人民利益相抵触时，必须毫不犹豫站稳党性立场，坚定不移维护人民利益。二是下决心减少应酬，保持健康的工作方式和生活方式，多学习充电、消化政策，多下基层调查研究、掌握第一手情况，多系统思考和解决存在的突出问题，自觉远离那些庸俗的东西。三是实实在在做人做事，做到严以修身、严以用权、严以律己，谋事要实、创业要实、做人要实，堂堂正正、光明磊落，敢于担当责任，勇于直面矛盾，善于解决问题，不搞“假大空”。四是对一切腐蚀诱惑保持高度警惕，慎独慎初慎微，做到防微杜渐。

——《大力学习弘扬焦裕禄精神，继续推动教育实践活动取得实效》

(2014 年 3 月 17～18 日)

我们国家历来讲究读书修身、从政以德。古人讲,“修其心、治其身,而后可以为政于天下”“为政以德,譬如北辰,居其所而众星拱之”“读书即是立德”,说的都是这个道理。传统文化中,读书、修身、立德,不仅是立身之本,更是从政之基。按照今天的说法,就是要不断加强党员领导干部的思想道德修养和党性修养,常修为政之德、常思贪欲之害、常怀律己之心,自觉做到为政以德、为政以廉、为政以民。

“为政之道,务于多闻。”我们的文化传统中包含了丰富的廉政文化理念和文化实践。要修炼道德操守,提升从政道德境界,最好的途径就是加强学习,读书修德,并知行合一,付诸实践。广大党员干部要养成多读书、读好书的习惯,使读书学习成为改造思想、加强修养的重要途径,成为净化灵魂、培养高尚情操的有效手段。要真正把读书当成一种生活态度、一种工作责任、一种精神追求、一种境界要求,使一切有益的知识、一切廉洁的文化入脑入心,沉淀在我们的血液里,融汇到我们的从政行为中,做到修身慎行,怀德自重,敦方正直,清廉自守,拒腐蚀、永不沾,永葆共产党员的先进性。

——《多读书,修政德》(2006 年 2 月 17 日)

俗话讲,做官先做人,做人先立德;德乃官之本,为官先修德。还有,“百行以德为首”“修其心治其身,而后可以为政于天下”等等,这些讲的都是做人与做官、修身与立德的道理。古往今来,为官者“不患无位而患德之不修”“不患位之不尊,而患德之不崇”。在历史的长河中,那些帝国的崩溃、王朝的覆灭、执政党的下台,无不与其当政者不立德、不修德、不践德有关,无不与其当权者作风不正、腐败盛行、丧失人心有关。

领导干部也是一个普通的人,也是一个普通的百姓,要会做人,做好人,注意自己的言行举止,珍惜自己的人格魅力,洁身自好,做一个有高尚品德的人。

领导干部又不是一个普通的人,其一言一行对社会具有重要的导向作用。每一位领导干部都要清醒地认识到这一点,时刻以“君子检身,常若有过”的谦诫态度,常修为政之德,常思贪欲之害,常怀律己之心,在实践中把做人与做官统一起来,把学习与改造统一起来,把“立言”与“立行”统一起来,真正做到为民、务实、清廉,把做人的过程看做是完善自我人格、夯实从政基石的过程,把做官的过程看做是提升政德境界、践行为民宗旨的过程,就像毛主席当年号召共产党员的那样,把自己培养成“一个高尚的人,一个纯粹的人,一个有道德的人,一个脱离了低级趣味的人,一个有益于人民的人”。

——《做人与做官》(2007 年 2 月 7 日)

古人说:“大学之道,在明明德,在亲民,在止于至善。”核心价值观,其实就是一种德,既是个人的德,也是一种大德,就是国家的德、社会的德。国无德不兴，人无德不立。如果一个民族、一个国家没有共同的核心价值观，莫衷一是，行无依归，那这个民族、这个国家就无法前进。

——《同各界优秀青年代表座谈时的讲话》(2013 年 5 月 4 日)

每个时代都有每个时代的精神，每个时代都有每个时代的价值观念。国有四维，礼义廉耻，“四维不张，国乃灭亡。”这是中国先人对当时核心价值观的认识。在当代中国，我们的民族、我们的国家应该坚守什么样的核心价值观？这个问题，是一个理论问题，也是一个实践问题。经过反复征求意见，综合各方面认识，我们提出要倡导富强、民主、文明、和谐，倡导自由、平等、公正、法治，倡导爱国、敬业、诚信、友善，积极培育和践行社会主义核心价值观。富强、民主、文明、和谐是国家层面的价值要求，自由、平等、公正、法治是社会层面的价值要求，爱国、敬业、诚信、友善是公民层面的价值要求。这个概括，实际上回答了我们要建设什么样的国家、建设什么样的社会、培育什么样的公民的重大问题。

——《同各界优秀青年代表座谈时的讲话》(2013 年 5 月 4 日)

各级领导干部都要既严以修身、严以用权、严以律己，又谋事要实、创业要实、做人要实。严以修身，就是要加强党性修养，坚定理想信念，提升道德境界，追求高尚情操，自觉远离低级趣味，自觉抵制歪风邪气。严以用权，就是要坚持用权为民，按规则、按制度行使权力，把权力关进制度的笼子里，任何时候都不搞特权、不以权谋私。严以律己，就是要心存敬畏、手握戒尺，慎独慎微、勤于自省，遵守党纪国法，做到为政清廉。谋事要实，就是要从实际出发谋划事业和工作，使点子、政策、方案符合实际情况、符合客观规律、符合科学精神，不好高骛远，不脱离实际。创业要实，就是要脚踏实地、真抓实干，敢于担当责任，勇于直面矛盾，善于解决问题，努力创造经得起实践、人民、历史检验的实绩。做人要实，就是要对党、对组织、对人民、对同志忠诚老实，做老实人、说老实话、干老实事，襟怀坦白，公道正派。要发扬钉钉子精神，保持力度、保持韧劲，善始善终、善作善成，不断取得作风建设新成效。

——《参加十二届全国人大二次会议安徽代表团审议时的讲话》(2014 年 3 月 9 日)

研究孔子、研究儒学，是认识中国人的民族特性、认识当今中国人精神世界历史来由的一个重要途径。春秋战国时期，儒家和法家、道家、墨家、农家、兵家等各个思想流派相互切磋、相互激荡，形成了百家争鸣的文化大观，丰富了当时中国人的精神世界。虽然后来儒家思想在中国思想文化领域长期取得了主导地位，但中国思想文化依然是多向多元发展的。这些思想文化体现着中华民族世世代代在生产生活中形成和传承的世界观、人生观、价值观、审美观等，其中最核心的内容已经成为中华民族最基本的文化基因。这些最基本的文化基因，是中华民族和中国人民在修齐治平、尊时守位、知常达变、开物成务、建功立业过程中逐渐形成的有别于其他民族的独特标识。

——《在纪念孔子诞辰2565周年国际学术研讨会暨国际儒学联合会第五届会员大会开幕会上的讲话》

（2014年9月24日）

从严管理干部，总的是要坚定理想信念，加强道德养成，规范权力行使，培育优良作风，使各级干部自觉履行党章赋予的各项职责，严格按照党的原则和规矩办事。要坚持以严的标准要求干部、以严的措施管理干部、以严的纪律约束干部，使干部心有所畏、言有所戒、行有所止。一方面，要根据形势变化，完善干部管理规定，既重激励又重约束，把哪些能做、哪些不能做真正搞得清清楚楚、明明白白。另一方面，要严格执行干部管理各项规定，讲原则不讲关系，发现问题该提醒的提醒、该教育的教育、该处理的处理，让干部感到身边有一把戒尺，随时受到监督。特别是要把对一把手的监督、管理作为重中之重。对干部选拔任用要严格把关，坚决防止带病提拔。有的干部身上有那么多毛病，而且早就有群众不断反映，但那里的党委和组织部门都不知道，或者知道了也没当回事，让这些人一而再、再而三被提拔起来，岂非咄咄怪事！这里面的深刻教训，各级党委和组织部门要举一反三、深刻总结。

我一再强调，领导干部要严以修身、严以用权、严以律己，谋事要实、创业要实、做人要实。这些要求是共产党人最基本的政治品格和做人准则，也是党员、干部的修身之本、为政之道、成事之要。我们现在对党员、干部的要求是不是过严了？答案是否定的。很多要求早就有了，是最基本的要求。现在的主要倾向不是严了，而是失之于宽、失之于软，不存在严过头的问题。

——《在党的群众路线教育实践活动总结大会上的讲话》

（2014年10月8日）

全心全意为人民服务是我们党的根本宗旨。县委书记是直接面对基层群众的领导干部，必须心系群众、为民造福。大家心中要始终装着老百姓，先天下之忧而忧，后天下之乐而乐，做到不谋私利、克己奉公。对个人的名誉、地位、利益，要想得透、看得淡。要着力解决好人民最关心最直接最现实的利益问题，特别是要下大气力解决好人民不满意的问题，多做雪中送炭的事情。

——《同中央党校第一期县委书记研修班学员进行座谈时的讲话》

（2015年1月12日）

我们的权力是党和人民赋予的，是为党和人民做事用的，只能用来为党分忧、为国干事、为民谋利。要正确行使权力，依法用权、秉公用权、廉洁用权，做到心有所畏、言有所戒、行有所止，处理好公和私、情和法、利和法的关系。要带头执行民主集中制，按照程序进行决策，做到总揽不包揽、分工不分家、放手不撒手。要注意听取班子成员意见，带头增进和维护县委班子团结。依法治国的根基在基层。县委书记要做学法尊法守法用法的模范，做决策、开展工作多想一想法律的依据、法定的程序、违法的后果，自觉当依法治国的推动者、守护者。要始终严格要求自己，自觉弘扬和践行社会主义核心价值观，加强道德修养，追求健康情趣，把好权力关、金钱关、美色关，做到清清白白做人、干干净净做事、坦坦荡荡为官，引导全县形成健康向上的社会风尚。

——《同中央党校第一期县委书记研修班学员进行座谈时的讲话》
（2015 年 1 月 12 日）

各级领导干部尤其要弄明白法律规定我们怎么用权，什么事能干、什么事不能干，心中高悬法律的明镜，手中紧握法律的戒尺，知晓为官做事的尺度。

每个党政组织、每个领导干部必须服从和遵守宪法法律，不能把党的领导作为个人以言代法、以权压法、徇私枉法的挡箭牌。权力是一把双刃剑，在法治轨道上行使可以造福人民，在法律之外行使则必然祸害国家和人民。把权力关进制度的笼子里，就是要依法设定权力、规范权力、制约权力、监督权力。

——《在省部级主要领导干部学习贯彻十八届四中全会精神全面推进依法治国专题研讨班开班式上的讲话》
（2015 年 2 月 2 日）

各级领导干部要强化使命担当，践行“三严三实”要求，在实现强军目标中发挥模范带头作用。要带头坚定理想信念，毫不动摇坚持党对军队的绝对领导，深入学习党的创新理论，弘扬延安精神等优良传统，严守政治纪律和政治规矩，永远听党的话、跟党走。要带头真抓实干，坚持战斗力标准，扎实推进军队建设、改革和军事斗争准备各项工作，立说立行，善作善成。要带头廉洁自律，巩固和拓展党的群众路线教育实践活动成果，自觉依法用权、秉公用权、廉洁用权，营造风清气正的政治生态。要带头维护军政军民团结，牢记我军根本宗旨，严守群众纪律，自觉拥政爱民，推动军民融合深度发展，为经济社会建设贡献力量。

——《在视察驻西安部队时的讲话》（2015 年 2 月 16 日）

我们党是一个具有长期奋斗历史和优良革命传统的党，也是一个紧跟时代步伐、善于与时俱进的党。党的建设必须坚持继承和创新相结合，结合时代条件发扬党的光荣传统和优良作风。老一辈革命家和老一代共产党人在延安时期留下的优良传统和作风，培育形成的延安精神，是我们党的宝贵精神财富。今天，全面从严治党要继续从延安精神中汲取力量。要把抓理想信念贯穿始终，提高辩证思维、系统思维能力，保持党同人民群众的血肉联系，始终为党和人民事业艰苦奋斗、不懈奋斗。

——《2015 年春节前夕赴陕西看望慰问广大干部群众时的讲话》（2015 年 2 月 17 日）

要突出领导干部这个关键，教育引导各级领导干部立正身、讲原则、守纪律、拒腐蚀，形成一级带一级、一级抓一级的示范效应，积极营造风清气正的从政环境。

——《在参加吉林代表团审议时的讲话》（2015 年 3 月 9 日）

要建立健全党和政府主导的维护群众权益机制，抓住劳动就业、技能培训、收入分配、社会保障、安全卫生等问题，关注一线职工、农民工、困难职工等群体，完善制度，排除阻碍劳动者参与发展、分享发展成果的障碍，努力让劳动者实现体面劳动、全面发展。要面对面、心贴心、实打实做好群众工作，把人民群众安危冷暖放在心上，雪中送炭，纾难解困，扎扎实实解决好群众最关心最直接最现实的利益问题、最困难最忧虑最急迫的实际问题。

——《在庆祝“五一”国际劳动节暨表彰全国劳动模范和先进工作者大会上的讲话》（2015 年 4 月 28 日）

干在实处永无止境，走在前列要谋新篇。要深入贯彻党的十八大和十八届三中、四中全会精神，协调推进全面建成小康社会、全面深化改革、全面依法治国、全面从严治党进程，切实解决改革发展中的突出矛盾和问题，努力实现经济社会持续健康发展。

从严治党是一个永恒课题，党要管党丝毫不能松懈，从严治党一刻不能放松。要坚持标本兼治，加大治本的工作力度，严格按照纪律和法律的尺度，把执法和执纪贯通起来。对一些干部在工作中出现的问题，要采取有针对性的措施加以解决。属于能力不足的，就要加强培训，加强实践锻炼，加强总结提高；属于担当精神缺乏的，就要明确责任、加强督查；属于不作为的，就要严肃批评教育，认真执纪问责。

——《在浙江调研时的讲话》（2015 年 5 月）

新时期政德规范

一、《中华人民共和国宪法》(节选)

(2004 年 3 月 14 日十届全国人大二次会议修订)

国家通过普及理想教育、道德教育、文化教育、纪律和法制教育,通过在城乡不同范围的群众中制定和执行各种守则、公约,加强社会主义精神文明的建设。

国家提倡爱祖国、爱人民、爱劳动、爱科学、爱社会主义的公德,在人民中进行爱国主义、集体主义和国际主义、共产主义的教育,进行辩证唯物主义和历史唯物主义的教育,反对资本主义的、封建主义的和其他的腐朽思想。

——《中华人民共和国宪法》第二十四条

一切国家机关实行精简的原则,实行工作责任制,实行工作人员的培训和考核制度,不断提高工作质量和工作效率,反对官僚主义。

一切国家机关和国家工作人员必须依靠人民的支持,经常保持同人民的密切联系,倾听人民的意见和建议,接受人民的监督,努力为人民服务。

——《中华人民共和国宪法》第二十七条

二、《中华人民共和国公务员法》(节选)

(2006 年 1 月 1 日)

公务员的任用,坚持任人唯贤、德才兼备的原则,注重工作实绩。

——《中华人民共和国公务员法》第七条

公务员应当具备下列条件:(一)具有中华人民共和国国籍;(二)年满十八周岁;(三)拥护中华人民共和国宪法;(四)具有良好的品行;(五)具有正常履行职责的身体条件;(六)具有符合职位要求的文化程度和工作能力;(七)法律规定的其他条件。

——《中华人民共和国公务员法》第十一条

公务员应当履行下列义务:(一)模范遵守宪法和法律;(二)按照规定的权限和

程序认真履行职责，努力提高工作效率；（三）全心全意为人民服务，接受人民监督；（四）维护国家的安全、荣誉和利益；（五）忠于职守，勤勉尽责，服从和执行上级依法作出的决定和命令；（六）保守国家秘密和工作秘密；（七）遵守纪律，恪守职业道德，模范遵守社会公德；（八）清正廉洁，公道正派；（九）法律规定的其他义务。

——《中华人民共和国公务员法》第十二条

公务员或者公务员集体有下列情形之一的，给予奖励：（一）忠于职守，积极工作，成绩显著的；（二）遵守纪律，廉洁奉公，作风正派，办事公道，模范作用突出的；（三）在工作中有发明创造或者提出合理化建议，取得显著经济效益或者社会效益的；（四）为增进民族团结、维护社会稳定做出突出贡献的；（五）爱护公共财产，节约国家资财有突出成绩的；（六）防止或者消除事故有功，使国家和人民群众利益免受或者减少损失的；（七）在抢险、救灾等特定环境中奋不顾身，做出贡献的；（八）同违法违纪行为作斗争有功绩的；（九）在对外交往中为国家争得荣誉和利益的；（十）有其他突出功绩的。

——《中华人民共和国公务员法》第四十九条

公务员必须遵守纪律，不得有下列行为：（一）散布有损国家声誉的言论，组织或者参加旨在反对国家的集会、游行、示威等活动；（二）组织或者参加非法组织，组织或者参加罢工；（三）玩忽职守，贻误工作；（四）拒绝执行上级依法作出的决定和命令；（五）压制批评，打击报复；（六）弄虚作假，误导、欺骗领导和公众；（七）贪污、行贿、受贿，利用职务之便为自己或者他人谋取私利；（八）违反财经纪律，浪费国家资财；（九）滥用职权，侵害公民、法人或者其他组织的合法权益；（十）泄露国家秘密或者工作秘密；（十一）在对外交往中损害国家荣誉和利益；（十二）参与或者支持色情、吸毒、赌博、迷信等活动；（十三）违反职业道德、社会公德；（十四）从事或者参与营利性活动，在企业或者其他营利性组织中兼任职务；（十五）旷工或者因公外出、请假期满无正当理由逾期不归；（十六）违反纪律的其他行为。

——《中华人民共和国公务员法》第五十三条

三、《中国共产党章程》（节选）

（2012年11月14日）

中国共产党领导人民发展社会主义先进文化。建设社会主义精神文明，实行依法治国和以德治国相结合，提高全民族的思想道德素质和科学文化素质，为改革开放和社会主义现代化建设提供强大的思想保证、精神动力和智力支持，建设社会主义文化强国。加强社会主义核心价值体系建设，坚持马克思主义指导思想，树立中国特色社会主义共同理想，弘扬以爱国主义为核心的民族精神和以改革创新为核心的时代精神，倡导社会主义荣辱观，增强民族自尊、自信和自强精神，抵御资本主义和封建主义腐朽思想的侵蚀，扫除各种社会丑恶现象，努力使我国人民成为有理想、有道德、有文化、有纪律的人民。对党员还要进行共产主义远大理想教育。大力发展教育、科学、文化事业，弘扬民族优秀传统文化，繁荣和发展社会主义文化。

——《中国共产党章程》总纲

坚持全心全意为人民服务。党除了工人阶级和最广大人民群众的利益，没有自己特殊的利益。党在任何时候都把群众利益放在第一位，同群众同甘共苦，保持最密切的联系，坚持权为民所用、情为民所系、利为民所谋，不允许任何党员脱离群众，凌驾于群众之上。党在自己的工作中实行群众路线，一切为了群众，一切依靠群众，从群众中来，到群众中去，把党的正确主张变为群众的自觉行动。我们党的最大政治优势是密切联系群众，党执政后的最大危险是脱离群众。党风问题、党同人民群众联系问题是关系党生死存亡的问题。党坚持标本兼治、综合治理、惩防并举、注重预防的方针，建立健全惩治和预防腐败体系，坚持不懈地反对腐败，加强党风建设和廉政建设。

——《中国共产党章程》总纲

发扬社会主义新风尚，带头实践社会主义荣辱观，提倡共产主义道德，为了保护国家和人民的利益，在一切困难和危险的时刻挺身而出，英勇斗争，不怕牺牲。

——《中国共产党章程》第三条第八款

党的干部是党的事业的骨干，是人民的公仆。党按照德才兼备、以德为先的原则选拔干部，坚持五湖四海、任人唯贤，反对任人唯亲，努力实现干部队伍的革命化、年轻化、知识化、专业化。

——《中国共产党章程》第三十三条

正确行使人民赋予的权力，坚持原则，依法办事，清正廉洁，勤政为民，以身作则，艰苦朴素，密切联系群众，坚持党的群众路线，自觉地接受党和群众的批评和监督，加强道德修养，讲党性、重品行、作表率，做到自重、自省、自警、自励，反对官僚主义，反对任何滥用职权、谋求私利的不正之风。

——《中国共产党章程》第三十四条第五款

四、《党政领导干部选拔任用工作条例》(节选)

(2014年1月15日)

为认真贯彻执行党的干部路线方针政策，落实从严治党、从严管理干部的要求，建立科学规范的党政领导干部选拔任用制度，形成有效管用、简便易行、有利于优秀人才脱颖而出的选人用人机制，推进干部队伍革命化、年轻化、知识化、专业化，建设一支高举中国特色社会主义伟大旗帜，以马克思列宁主义、毛泽东思想、邓小平理论、"三个代表"重要思想和科学发展观为指导，信念坚定、为民服务、勤政务实、敢于担当、清正廉洁的高素质党政领导干部队伍，保证党的基本路线全面贯彻执行和中国特色社会主义事业顺利发展，根据《中国共产党章程》和有关法律法规，制定本条例。

——《党政领导干部选拔任用工作条例》第一条

选拔任用党政领导干部，必须坚持下列原则：(一)党管干部原则；(二)五湖四海、任人唯贤原则；(三)德才兼备、以德为先原则；(四)注重实绩、群众公认原则；(五)民主、公开、竞争、择优原则；(六)民主集中制原则；(七)依法办事原则。

——《党政领导干部选拔任用工作条例》第二条

选拔任用党政领导干部，必须符合把领导班子建设成为坚持党的基本理论、基本路线、基本纲领、基本经验、基本要求，全心全意为人民服务，具有领导社会主义现代化建设能力，结构合理、团结坚强的领导集体的要求。

——《党政领导干部选拔任用工作条例》第三条

党政领导干部应当具备下列基本条件：

(一)自觉坚持以马克思列宁主义、毛泽东思想、邓小平理论、"三个代表"重要思想和科学发展观为指导，努力用马克思主义立场、观点、方法分析和解决实际问题，坚持讲学习、讲政治、讲正气，思想上、政治上、行动上同党中央保持高度一致，经得起各种风浪考验。

(二)具有共产主义远大理想和中国特色社会主义坚定信念，坚决执行党的基本路线和各项方针政策，立志改革开放，献身现代化事业，在社会主义建设中艰苦创业，树立正确政绩观，做出经得起实践、人民、历史检验的实绩。

(三)坚持解放思想，实事求是，与时俱进，求真务实，认真调查研究，能够把党的方针政策同本地区本部门实际相结合，卓有成效开展工作，讲实话，办实事，求实效，反对形式主义。

（四）有强烈的革命事业心和政治责任感，有实践经验，有胜任领导工作的组织能力、文化水平和专业知识。

（五）正确行使人民赋予的权力，坚持原则，敢抓敢管，依法办事，清正廉洁，勤政为民，以身作则，艰苦朴素，勤俭节约，密切联系群众，坚持党的群众路线，自觉接受党和群众批评和监督，加强道德修养，讲党性、重品行、作表率，带头践行社会主义核心价值观，做到自重、自省、自警、自励，反对官僚主义，反对任何滥用职权、谋求私利的不正之风。

（六）坚持和维护党的民主集中制，有民主作风，有全局观念，善于团结同志，包括团结同自己有不同意见的同志一道工作。

——《党政领导干部选拔任用工作条例》第七条

考察党政领导职务拟任人选，必须依据干部选拔任用条件和不同领导职务的职责要求，全面考察其德、能、勤、绩、廉。

突出考察政治品质和道德品行，深入了解理想信念、政治纪律、坚持原则、敢于担当、开展批评和自我批评、行为操守等方面的情况。

注重考察工作实绩，深入了解履行岗位职责、推动和服务科学发展的实际成效。考察地方党政领导班子成员，应当把有质量、有效益、可持续的经济发展和民生改善、社会和谐进步、文化建设、生态文明建设、党的建设等作为考核评价的重要内容，更加重视劳动就业、居民收入、科技创新、教育文化、社会保障、卫生健康等的考核，强化约束性指标考核，加大资源消耗、环境保护、消化产能过剩、安全生产、债务状况等指标的权重，防止单纯以经济增长速度评定工作实绩。考察党政工作部门领导干部，应当把执行政策、营造良好发展环境、提供优质公共服务、维护社会公平正义等作为评价的重要内容。

加强作风考察，深入了解为民服务、求真务实、勤勉敬业、奋发有为，反对形式主义、官僚主义、享乐主义和奢靡之风等情况。

强化廉政情况考察，深入了解遵守廉洁自律有关规定，保持高尚情操和健康情趣，慎独慎微，秉公用权，清正廉洁，不谋私利，严格要求亲属和身边工作人员等情况。

——《党政领导干部选拔任用工作条例》第二十七条

五、《中国共产党党校工作条例》(节选)

(2008年10月29日)

党校教育的总体要求是，围绕党和国家工作大局，按照实事求是、与时俱进、艰苦奋斗、执政为民的要求，尊重和研究干部成长规律和党校教育规律，针对干部成长的特点和需求，以马克思主义理论特别是中国特色社会主义理论体系为主课，培养忠诚于中国特色社会主义事业、德才兼备的党员领导干部和理论干部。

——《中国共产党党校工作条例》第四条

围绕党校教育的目标要求，提高学员以下五个方面的素质和能力：(一)掌握马克思主义的立场、观点、方法，具有履行职责所需的马克思主义理论水平；(二)具有共产主义远大理想，坚定不移地走中国特色社会主义道路，始终同党中央保持一致；(三)坚持解放思想、实事求是、与时俱进，树立大局意识，注重调查研究，善于分析解决改革发展中的重大问题；(四)坚持全心全意为人民服务的根本宗旨，增强立党为公、执政为民的意识，严于律己，言行一致，艰苦奋斗，清正廉洁；(五)有强烈的事业心和责任感，具备胜任本职工作所需的基本知识和领导能力。

——《中国共产党党校工作条例》第六条

党性教育是党校的必修课。党校要增强党性教育的针对性，把学习马克思主义基本理论与加强党性锻炼结合起来，把改造客观世界与改造主观世界结合起来，致力于坚定党员领导干部的理想信念和宗旨观念，提高党员领导干部的道德品行和精神境界。党性教育要贯穿于党校教学全过程。

——《中国共产党党校工作条例》第二十四条

六、《中共中央组织部关于加强对干部德的考核意见》(节选)

(2011年10月13日)

对干部德的考核，要体现国家公职人员职业特点和所肩负的责任，坚持政治性、先进性、示范性要求，以对党忠诚、服务人民、廉洁自律为重点，加强政治品质和道德品行的考核。

——《中共中央组织部关于加强对干部德的考核意见》第二条

考核干部的政治品质，主要考核干部在政治方向、政治立场、政治态度、政治纪律、党性原则等方面的表现，重点了解干部坚定理想信念，坚持中国特色社会主义道路、理论体系和制度，忠于党、忠于国家、忠于人民，贯彻落实科学发展观，执行党的路线方针政策，确立正确的世界观、权力观、事业观，实践党的宗旨、坚持执政为民、密切联系群众，坚持原则、敢于负责和执行民主集中制等情况。

——《中共中央组织部关于加强对干部德的考核意见》第三条

考核干部的道德品行，主要考核干部的社会公德、职业道德、个人品德、家庭美德，重点了解干部在践行社会主义核心价值体系、模范遵守社会公共道德、抵制各种不文明行为方面，在敬业奉献、真抓实干、锐意进取方面，在公道正派、诚实守信、品行端正、情趣健康方面，在遵守廉洁从政行为准则、秉公用权、清正廉洁、不谋私利、严格要求配偶和子女以及其他亲属等方面的表现。

——《中共中央组织部关于加强对干部德的考核意见》第四条

把考核干部在关键时刻、重要事件中的表现作为考核干部德的主要途径。着重从干部在贯彻落实中央重大决策部署、完成重大任务、面临重大考验、应对突发事件、抗御自然灾害、解决复杂问题、对待名利地位和进退留转等方面的表现，了解分析干部的德。同时，要注意从干部履行岗位职责和日常学习生活表现中鉴别干部的德，运用巡视、审计、个人事项报告、信访举报等相关信息，对照历次考核情况，进行印证分析，重视一贯表现，全面掌握干部德的真实情况。

——《中共中央组织部关于加强对干部德的考核意见》第七条

对干部德的考核，要在全面考核的基础上，根据干部不同层级和岗位，分级分类提出德的考核重点。对中高级干部要突出考核理想信念、政治立场、与党中央保持一致和贯彻落实科学发展观等方面的情况，对高级干部还要按照政治家的标准来要求。对基层领导干部特别是县乡领导干部，要突出考核宗旨意识、群众观念、办事公道和工作作风等方面的情况。对党政正职，要按照关键岗位重点管理的要求，突出考核党性和贯彻党的路线方针政策、执行民主集中制、坚持原则、履行廉政职责等方面的情况。要注意根据不同地区、部门和行业干部队伍的实际，确定和建立各有侧重、各具特色的德的考核项目，突出重点和针对性。

——《中共中央组织部关于加强对干部德的考核意见》第十条

把德的考核结果作为干部选拔任用的首要依据。对德表现好的干部，在同等条件下优先使用，注重选拔理想信念坚定、对党忠诚的干部，注重选拔自觉贯彻落实科学发展观、善于推动科学发展的干部，注重选拔坚持原则、敢于负责的干部，注重选拔求真务实、真抓实干的干部，注重选拔执政为民、清正廉洁的干部。坚决不用政治上不强、贯彻落实科学发展观不力的人，坚决不用品质不好、为政不廉的人，坚决不用群众观念淡漠、对人民群众没有感情的人，坚决不用作风不正、热衷做表面文章和搞形式主义的人，坚决不用不坚持原则、奉行好人主义和严重闹不团结的人，已在领导岗位上的要撤换下来。

——《中共中央组织部关于加强对干部德的考核意见》第十二条

运用德的考核结果加强对干部的管理监督。落实从严管理干部的要求，对考核中发现有倾向性、苗头性问题的，要有针对性地进行提醒谈话，早打招呼；对有一般性问题的，及时进行批评教育和诫勉谈话，督促整改；对有不道德行为、公众形象不好的，在关键时刻、完成急难险重任务和应对突发事件中表现不好、经不起考验的，视情节作出组织处理。发挥组织监督、群众监督和舆论监督作用，建立对干部德的监督约束机制，促使广大干部特别是领导干部自觉守德、律德。

——《中共中央组织部关于加强对干部德的考核意见》第十四条

七、《关于加强廉政文化建设的意见》（节选）

（2009 年 12 月 29 日）

树立领导干部秉公用权、廉洁从政的价值理念。扎实开展中国特色社会主义理论体系教育，组织广大党员干部深入学习实践科学发展观，牢固树立马克思主义世界观、人生观、价值观，打牢廉洁从政的思想政治基础。以树立正确的权力观、地位观、利益观为重点，深入开展理想信念、党风党纪、廉洁从政、艰苦奋斗教育，引导领导干部正确对待和依法行使权力。着力加强领导干部党性修养，树立和弘扬优良作风，始终保持共产党人的高尚品格、廉洁操守和政治本色。把从政道德建设放到更加突出的位置，教育引导领导干部时刻牢记立党为公、执政为民的执政理念，常修为政之德、常思贪欲之害、常怀律己之心，做到为民、务实、清廉。坚持把廉洁从政教育贯穿于领导干部培养、管理和使用的全过程，引导领导干部讲党性、重品行、作表率，自觉遵守廉洁自律的有关规定。把培育廉洁价值理念与廉洁从政实践结合起来，引导领导干部做到学与用、知与行相统一。加强廉洁从政行为规范教育，大力宣传秉公用权、廉洁从政的先进典型，努力形成有利于落实廉洁从政行为规范的社会氛围。

八、《关于培育和践行社会主义核心价值观的意见》（节选）

（2013 年 12 月 23 日）

党员、干部要做培育和践行社会主义核心价值观的模范。党员、干部特别是领导干部要在培育和践行社会主义核心价值观方面带好头，以身作则、率先垂范，讲党性、重品行、作表率，为民、务实、清廉，以人格力量感召群众、引领风尚。加强理想信念教育，引导党员、干部着力增强走中国特色社会主义道路、为党和人民事业不懈奋斗的自觉性和坚定性，做共产主义远大理想和中国特色社会主义共同理想的坚定信仰者。加强党性教育，引导党员、干部贯彻党的群众路线，弘扬党的优良传统和作风，以优良党风促政风带民风。加强道德建设，引导党员、干部始终保持高洁生活情趣，坚守共产党人精神追求。

九、《2013～2017 年全国干部教育培训规划》（节选）

（2013 年 9 月 28 日）

重点培训内容：

（一）深入开展马克思主义基本原理学习培训。组织广大干部深入学习马克思列宁主义、毛泽东思想，原原本本研读马克思、恩格斯、列宁和毛泽东同志的经典著作，引导干部深入理解马克思列宁主义、毛泽东思想的精神实质和思想精髓，掌握基本原理和科学体系，深化对共产党执政规律、社会主义建设规律、人类社会发展规律的认识，坚定对马克思主义的信仰、对社会主义和共产主义的信念，增强运用马克思主义立场、观点、方法分析解决问题的能力。

（二）突出抓好中国特色社会主义理论体系学习培训。组织广大干部深入学习邓小平理论、“三个代表”重要思想、科学发展观和党的十八大以来习近平同志一系列重要讲话精神，引导干部深刻领会中国特色社会主义的科学内涵，准确把握夺取中国特色社会主义新胜利的基本要求，增强中国特色社会主义道路自信、理论自信、制度自信，矢志不渝为中国特色社会主义共同理想而奋斗。特别是要组织广大干部深入学习实践科学发展观，引导干部深刻领会科学发展观的精神实质，准确把握贯彻落实科学发展观的第一要义、核心立场、基本要求、根本方法，增强贯彻落实科学发展观的自觉性和坚定性，坚定不移走科学发展之路。把学习中国特色社会主义理论体系与研读马克思主义经典著作结合起来，与学习党的路线方针政策结合起来，与改革开放和现代化建设的生动实践结合起来，引导干部深刻理解中国特色社会主义理论体系与马克思列宁主义、毛泽东思想一脉相承又与时俱进的关系，牢固树立辩证唯物主义和历史唯物主义世界观和方法论，提高战略思维、创新思维、辩证思维、底线思维能力，增强辨别大是大非问题的本领。

（三）大力加强党性党风党纪和党史国史教育。加强党章学习培训，引导广大党员干部把党章作为加强党性修养的根本标准，自觉遵守党章、贯彻党章、维护党章。加强党的纪律特别是政治纪律教育，引导干部坚持党的基本理论、基本路线、基本纲领、基本经验、基本要求，在思想上政治上行动上始终同以习近平同志为总书记的党中央保持高度一致，坚决维护中央权威，确保中央政令畅通。突出马克思主义群众观点和党的群众路线教育，引导干部牢固树立正确的世界观、权力观、事业观，增强宗旨意识和公仆意识。加强作风教育，引导干部牢记“两个务必”，认真落实中央八项规定精神，坚决反对形式主义、官僚主义、享乐主义和奢靡之风，切实做到求真务实、艰苦奋斗、勤俭节约。加强反腐倡廉教育，引导干部保持廉洁操守，筑牢拒腐防变思想防线，提高抵御腐败风险的能力。加强党史国史特别是党领导人民的奋斗史、创业史、改革开放史教育，将其作为必修课，帮助干部了解党和国家事业发展的来龙去脉，深刻认识党的两个历史问题决议总结的经验教训，切实做到知史爱党、知史爱国。把党史国史教育与世情国情党情教育结合起来，引导干部增强忧患意识、使命意识，自觉为党分忧、为国尽责、为民奉献。

（四）深入开展社会主义核心价值体系教育。组织广大干部深入学习社会主义核心价值体系，引导他们把握其科学内涵和实践要求，自觉转化为精神信仰，自觉践行社会主义核心价值观。加强中国特色社会主义共同理想教育，大力开展民族精神和时代精神教育，引导广大干部牢记责任、敢于担当，坚持与时俱进、改革创新，团结带领人民群众为实现中华民族伟大复兴的中国梦而奋斗。加强社会主义道德教育，通过先进典型和道德模范现身说法等方式，引导干部模范践行社会主义荣辱观，讲党性、重品行、作表率，自觉做社会主义道德的示范者、诚信风尚的引领者和公平正义的维护者。

培训对象及要求：

（一）党政干部：

1. 领导班子成员。着眼于培养造就一支政治坚定、能力过硬、作风优良、奋发有为的执政骨干队伍，以理论武装为根本、党性教育为核心、能力提升为主线，加强县处级及以上领导班子成员特别是党政主要负责同志的培训。

2. 机关内设机构公务员。着眼于培养造就一支政治坚定、业务精湛、作风过硬、人民满意的机关公务员队伍，以加强思想政治建设和业务能力建设为重点，加强机关内设机构公务员培训。

（四）中青年干部：着眼于培养造就忠诚党和人民事业、堪当历史重任的优秀中青年干部队伍，以理想信念、优良传统教育和实践锻炼为重点，加强中青年干部培训。

（五）基层干部：着眼于培养守信念、讲奉献、有本领、重品行的高素质基层干部队伍，以提高政策执行、推动发展、服务群众、促进和谐能力为重点，加强基层干部培训。

十、《中共中央关于全面深化改革若干重大问题的决定》（节选）

（2013 年 11 月 12 日）

坚持党管干部原则，深化干部人事制度改革，构建有效管用、简便易行的选人用人机制，使各方面优秀干部充分涌现。发挥党组织领导和把关作用，强化党委（党组）、分管领导和组织部门在干部选拔任用中的权重和干部考察识别的责任，改革和完善干部考核评价制度，改进竞争性选拔干部办法，改进优秀年轻干部培养选拔机制，区分实施选任制和委任制干部选拔方式，坚决纠正唯票取人、唯分取人等现象，用好各年龄段干部，真正把信念坚定、为民服务、勤政务实、敢于担当、清正廉洁的好干部选拔出来。

十一、《中共中央关于全面推进依法治国若干重大问题的决定》(节选)

(2014年10月23日)

坚持依法治国和以德治国相结合。国家和社会治理需要法律和道德共同发挥作用。必须坚持一手抓法治、一手抓德治,大力弘扬社会主义核心价值观,弘扬中华传统美德,培育社会公德、职业道德、家庭美德、个人品德,既重视发挥法律的规范作用,又重视发挥道德的教化作用,以法治体现道德理念、强化法律对道德建设的促进作用,以道德滋养法治精神、强化道德对法治文化的支撑作用,实现法律和道德相辅相成、法治和德治相得益彰。

加强公民道德建设,弘扬中华优秀传统文化,增强法治的道德底蕴,强化规则意识,倡导契约精神,弘扬公序良俗。发挥法治在解决道德领域突出问题中的作用,引导人们自觉履行法定义务、社会责任、家庭责任。

建设高素质法治专门队伍。把思想政治建设摆在首位,加强理想信念教育,深入开展社会主义核心价值观和社会主义法治理念教育,坚持党的事业、人民利益、宪法法律至上,加强立法队伍、行政执法队伍、司法队伍建设。抓住立法、执法、司法机关各级领导班子建设这个关键,突出政治标准,把善于运用法治思维和法治方式推动工作的人选拔到领导岗位上来。畅通立法、执法、司法部门干部和人才相互之间以及与其他部门具备条件的干部和人才交流渠道。

依法执政是依法治国的关键。各级党组织和领导干部要深刻认识到,维护宪法法律权威就是维护党和人民共同意志的权威,捍卫宪法法律尊严就是捍卫党和人民共同意志的尊严,保证宪法法律实施就是保证党和人民共同意志的实现。各级领导干部要对法律怀有敬畏之心,牢记法律红线不可逾越、法律底线不可触碰,带头遵守法律,带头依法办事,不得违法行使权力,更不能以言代法、以权压法、徇私枉法。

党的纪律是党内规矩。党规党纪严于国家法律,党的各级组织和广大党员干部不仅要模范遵守国家法律,而且要按照党规党纪以更高标准严格要求自己,坚定理想信念,践行党的宗旨,坚决同违法乱纪行为作斗争。对违反党规党纪的行为必须严肃处理,对苗头性倾向性问题必须抓早抓小,防止小错酿成大错、违纪走向违法。

提高党员干部法治思维和依法办事能力。党员干部是全面推进依法治国的重要组织者、推动者、实践者,要自觉提高运用法治思维和法治方式深化改革、推动发展、化解矛盾、维护稳定能力，高级干部尤其要以身作则、以上率下。把法治建设成效作为衡量各级领导班子和领导干部工作实绩重要内容，纳入政绩考核指标体系。把能不能遵守法律、依法办事作为考察干部重要内容，在相同条件下，优先提拔使用法治素养好、依法办事能力强的干部。对特权思想严重、法治观念淡薄的干部要批评教育，不改正的要调离领导岗位。

后　记

习近平总书记在山东济宁考察时指出："孔子和儒家思想的很多观点方法，对人类文明思想宝库有很大的贡献，提出了很多基本观念，有些是和世界其他国家思想一致的，不约而同的，有些是独自的贡献，如'仁''己所不欲，勿施于人'。孔子集中代表中国传统文化重要部分，在历史上发挥了重要作用。"进一步强调："国无德不兴，人无德不立。"政德作为干部的思想行为准则和从政道德规范，是干部的立身之本、为官之魂、从政之基。孔子曰："为政以德，譬如北辰，居其所而众星共之。"习近平总书记多次论及政德建设，强调要把思想道德建设放在十分突出的位置，教育引导党员干部自觉践行社会主义核心价值观，始终保持道德品行的纯洁性，用自己的模范行为和高尚人格感召群众、引领社会风尚。这为我们加强新形势下党员干部特别是领导干部政德建设指明了方向、提供了遵循。

近年来，市委党校认真学习贯彻落实习近平总书记关于弘扬优秀传统文化系列重要讲话精神和市委有关部署要求，举全校之力抓政德教育，并以政德教育基地建设为抓手做了大量开拓性的工作。为更好地推进政德教育工作，市委党校组织编写了《政德教育》专用教材。

该教材编写过程中，得到了市委和省、市委组织部的大力支持。市委书记、市委党校校长马平昌亲自作序。省委组织部有关领导对重点篇目进行了审阅。市委常委、组织部部长何思清担任编委会名誉主任。市委党校党委书记、常务副校长张晓玉担任编委会主任、主编，具体策划和终审。市委组织部副部长张茂瑞担任编委会副主任。

市委党校副校长王峰、刘忠和科研处长刘克运担任副主编，进行初审。《政德概论》由刘克运、任广峻、肖亚飞编撰；《政德箴言》由陈力、柳红玲、孔聪、刘长利编撰；《政德典范》由时鑑编撰；《党和国家领导人论政德》《新时期政德规范》由杨宪福选编。该书《政德概论》部分在编撰过程中参考了临沂大学赵长芬老师著作《官德论》相关内容，在此表示感谢。

本书在编写中如有不当之处，诚望读者批评指正。

编委会

2015 年 6 月 7 日